15 séquences de sciences au CE2

Bernadette Aubry
formatrice SVT en IUFM

Laurence Dedieu
formatrice SVT en IUFM

Michel Kluba
formateur Sciences physiques en IUFM

Atouts Disciplines

www.editions-retz.com
9 bis, rue Abel Hovelacque
75013 Paris

RETZ

Sommaire

Présentation générale 4
Sommaire des compétences travaillées 5

Le fonctionnement du vivant

1 Comment les plantes se développent-elles ? 9
- Comment les plantes poussent-elles à partir de graines ? 12
- Comment les arbres grandissent-ils ? 16

2 Comment se développent les animaux ? 22
- Comment sont les petits des animaux à la naissance ? 27
- Élever des petits animaux en classe et observer leur développement. Ex. : De l'asticot à la mouche, un développement indirect avec métamorphoses complètes 29
- Tous les animaux se développent-ils de la même manière ? 32

3 Comment se reproduisent les animaux ? 36
- Comment naissent les animaux ? 41
- Qui sont les parents des petits ? Comment se rencontrent-ils ? 43
- Quel est le rôle de chacun dans la reproduction ? 46
- Que devient l'œuf ? Comment vivent les petits après leur naissance ? 49

Les êtres vivants dans leur environnement

4 Comment les êtres vivants s'adaptent-ils à leur milieu ? 55
- Où vivent les animaux et les végétaux dans la nature ? 59
- Comment les êtres vivants s'adaptent-ils à la ville ? 61
- Comment les hommes, les animaux et les végétaux peuvent-ils cohabiter harmonieusement en ville ? 67
- Comment les vers de terre sont-ils adaptés à leur milieu de vie ? 71
- Que font les êtres vivants quand les conditions de leur milieu changent ? 74
- Comment l'homme agit-il sur les êtres vivants qui peuplent les différents milieux ? 80

5 Quels sont la place et le rôle des êtres vivants dans les milieux ? 89
- Qui vit dans la mare ? Quelles sont les relations entre les animaux de la mare ? 92
- Que deviennent les feuilles mortes en forêt ? 101

Le corps humain et l'éducation à la santé

6 Comment se font les mouvements corporels ? 111
- Comment notre bras peut-il se plier et se tendre ? 114

7 Comment rester en bonne santé ? 120
- De quoi avons-nous besoin pour être en bonne santé ? 123
- Le sport, c'est la santé. D'accord ou pas d'accord ? 125
- Pourquoi être propre ? 128
- Peut-on vivre sans dormir ? 131

8 Comment bien se nourrir pour être en bonne santé ? 137
- Comment bien se nourrir ? 142

Les objets techniques

9 Le courant électrique : conducteurs et isolants 151

- Quelles sont les conditions pour établir un courant électrique dans un circuit ? 154

10 Circuits électriques (parallèles et en série) 160

- Comment allumer plusieurs lampes avec une seule pile ? 162

11 Les leviers 168

- Comment soulever quelque chose de très lourd en faisant un effort peu important ? 171

Le ciel et la Terre

12 Ombre et lumière 176

- Comment se forme une ombre ? 178

La matière

13 L'air, de la matière ? 183

- L'air est-il vraiment de la matière ? 187

14 Les changements d'état de l'eau 191

- La fusion et la solidification de l'eau. Comment caractériser le changement d'état liquide-solide de l'eau ? 195
- La vapeur d'eau. Lors de l'ébullition, l'eau disparaît-elle ? 198

15 Le cycle de l'eau (parcours de l'eau dans la nature) 204

- Pourquoi pleut-il ? Où va l'eau de pluie ? 207

Documents en couleur 217

Posters

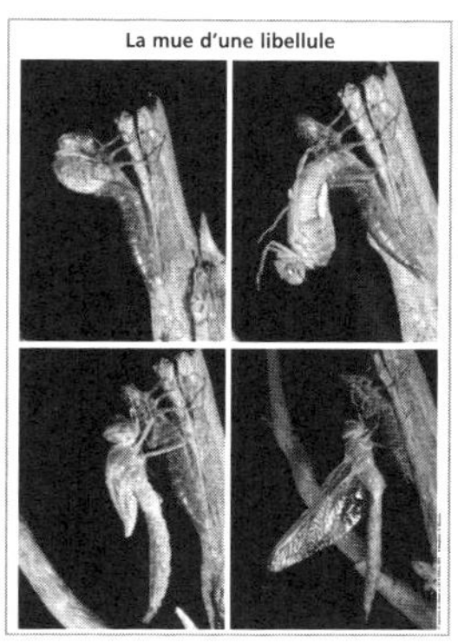

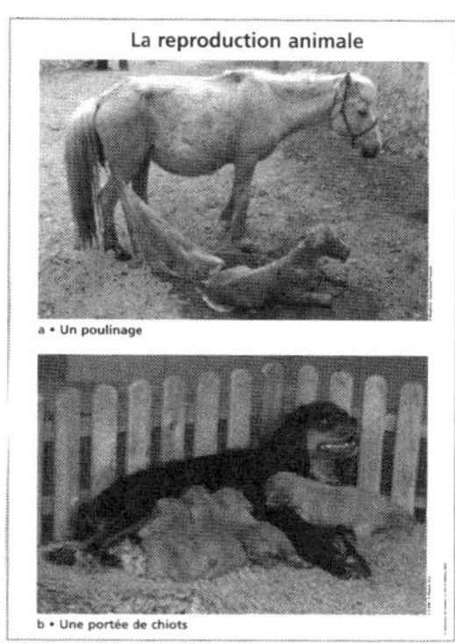

ISBN : 978-2-7256-2753-3

Présentation générale

Les finalités de la culture scientifique au cycle 3

Les nouveaux programmes de l'école[1] s'appuient sur le socle commun de connaissances et de compétences institué par la loi d'orientation et de programme pour l'avenir de l'école du 23 avril 2005. Ceux-ci stipulent la nécessité de développer une culture scientifique et technologique dès l'école primaire, et notamment au cycle 3, pour amener les élèves à comprendre et à décrire le monde réel, celui de la nature et celui construit par l'homme, d'agir sur lui, et de maîtriser les changements induits par l'activité humaine.

Pour atteindre cet objectif et construire la troisième compétence du référentiel de fin de scolarité obligatoire, la pratique d'une démarche d'investigation est essentielle car elle favorise l'acquisition de capacités telles que savoir observer, questionner, formuler une hypothèse et la vérifier, manipuler, tâtonner et expérimenter, argumenter, exprimer et exploiter les résultats d'une mesure ou d'une recherche documentaire, modéliser et réaliser certains gestes techniques. Cette approche rationnelle permettra aux élèves de *saisir peu à peu la distinction entre faits et hypothèses vérifiables d'une part, opinions et croyances d'autre part,* et de développer des capacités inductives et déductives.

L'étude des sciences expérimentales développe également des attitudes comme le sens de l'observation, la curiosité, la créativité, l'ouverture d'esprit, l'esprit critique.

Une démarche éducative

En relation avec les enseignements de culture humaniste et d'instruction civique, l'étude de la nature et du corps humain s'effectue dans une démarche éducative et favorise ainsi le sens de la responsabilité face à l'environnement, au monde vivant, à la santé et au développement durable, qui permet aux élèves de faire des choix raisonnés avant d'agir.

Au service de la langue

L'enseignement des sciences expérimentales et de la technologie est au service de la maîtrise de la langue quand les élèves apprennent à réfléchir sur des textes et des documents scientifiques, ou encore à prélever et à interpréter les informations utiles pour construire une argumentation orale ou écrite. Mais aussi quand ils notent leurs observations, expliquent une démarche d'investigation et justifient leurs réponses dans leur carnet d'expériences.

Toutes les séances de sciences proposées dans cet ouvrage permettent de travailler les compétences en étude de la langue listées dans les programmes de 2008, qu'il s'agisse du langage oral (dire), de la compréhension de textes informatifs et documentaires (lire) ou de l'écrit de textes explicatifs, de compte rendus d'expériences… (écrire).

L'évaluation

L'évaluation régulière entraîne les élèves à mémoriser et à mobiliser leurs connaissances avec le vocabulaire spécifique aux sciences, ainsi qu'à transférer leurs compétences dans des contextes scientifiques différents et dans des activités de la vie courante.

La maîtrise des techniques usuelles de l'information et de la communication

Au cours de la démarche d'investigation, les élèves sont amenés à effectuer des recherches documentaires à la BCD, mais aussi sur Internet. Ceci les conduit à identifier et à trier les informations pertinentes et objectives en mettant à l'œuvre leur esprit critique pour vérifier leurs hypothèses ou leurs explications.

Après la validation collective des résultats de l'investigation menée par les élèves, ces derniers sont souvent sollicités pour communiquer et exposer leurs travaux aux autres élèves de l'école, voire aux parents et partenaires. Le traitement de texte devient alors un outil très utile au service de la culture scientifique.

Les choix des auteurs

Les contenus des séquences proposées sont en conformité avec les nouveaux programmes et correspondent au niveau que l'on peut attendre des élèves de CE2. Des prolongements sont parfois proposés et permettront aux enseignants de différencier leur pédagogie et de l'adapter au mieux aux besoins des élèves de leur classe.

Les démarches préconisées sont des **démarches actives** où l'élève est acteur de son apprentissage ; mais elles sont, dans leur diversité, résolument caractéristiques de l'investigation scientifique :
- observations du réel,
- manipulations,
- démarche expérimentale,
- recherches documentaires variées,
- enquêtes et études sur le terrain,
- modélisation…

Les **pratiques pédagogiques** suggérées sont diverses et ouvertes, mais suffisamment décrites et précises pour que chaque enseignant puisse y trouver son compte et personnaliser ses propres pratiques sans un surcroît de préparation.

L'aspect éducatif est abordé à l'occasion de certains sujets relatifs à la santé ou à l'environnement, en prenant en compte les représentations premières ou les conceptions des élèves et en les amenant progressivement à les faire évoluer vers des conceptions rationnelles et valides. Il s'agit d'une éducation à la responsabilité, aux choix éclairés et raisonnés… c'est tout simplement une éducation à la citoyenneté qui est préconisée.

Parce que l'investigation du réel a ses limites, les posters et les **cahiers couleur** – livrets de l'élève – viennent en complémentarité en proposant des documents iconographiques issus de technologies dont les outils ne sont pas disponibles en classe (vues microscopiques, imagerie médicale, instantanés d'animaux en mouvement…). Ces documents sont utilisés à différents moments de la démarche didactique choisie selon les sujets étudiés.

Enfin, les **concepts** étudiés sont interrogés sous forme d'informations pour le maître afin d'en préciser les définitions, le vocabulaire spécifique, les obstacles et les points d'ancrage possibles pour les transposer au niveau des élèves.

1. BOEN du 17/06/08.

Thèmes	Compétences scientifiques	Compétences méthodologiques
LE FONCTIONNEMENT DU VIVANT		
1. Comment les plantes se développent-elles ?		
Comment les plantes poussent-elles à partir de graines ?	• Connaître l'organisation d'une graine. • Connaître les étapes de la germination d'une graine.	• Savoir observer. • Savoir réaliser un dessin d'observation.
Comment les arbres grandissent-ils ?	• Connaître l'organisation d'un bourgeon. • Savoir que les branches d'arbres s'allongent grâce au développement de bourgeons.	• Savoir observer. • Savoir formuler une hypothèse. • Savoir concevoir un dispositif expérimental simple et expérimenter.
2. Comment se développent les animaux ?		
Comment sont les petits animaux à la naissance ?	• Connaître les caractéristiques du développement direct et du développement indirect.	• Observer, analyser et comparer des documents photographiques. • Pratiquer une recherche documentaire et enquêter.
Élever des petits animaux en classe et observer leur développement	• Savoir décrire et reconnaître les stades de développement d'un ou de deux animaux en élevage.	• Savoir gérer un élevage. • Savoir noter régulièrement des observations directes, décrire les différents stades, rendre compte. • Savoir questionner et émettre des hypothèses. • Savoir concevoir un protocole expérimental, manipuler et expérimenter. • Savoir exprimer et exploiter les résultats d'une expérience pour conclure.
Tous les animaux se développent-ils de la même manière ?	• Connaître quelques modes de développement des animaux familiers de notre environnement.	• Savoir réaliser une frise chronologique avec les différents stades de développement qui caractérisent la vie de quelques animaux. • Savoir comparer divers modes de développement et de croissance. • Savoir se documenter, enquêter, s'informer et questionner.
3. Comment se reproduisent les animaux ?		
Comment naissent les animaux ?	• Savoir que les animaux se reproduisent essentiellement selon deux modes : par l'éclosion d'œufs pondus par la femelle (ovipare), ou par la mise bas de petits portés dans le corps de la femelle (vivipare).	• Comprendre et analyser des documents variés. • Formuler des hypothèses et faire émerger des problèmes. • Procéder à des recherches documentaires (BCD, Internet).
Qui sont les parents des petits ? Comment se rencontrent-ils ?	• Savoir qu'il faut deux parents (un mâle et une femelle) d'une même espèce pour donner naissance à un nouvel être vivant de leur espèce (caractères communs) qui possède aussi des particularités uniques (procréation).	• Comprendre et analyser des documents variés. • Comparer des comportements animaux. • Formuler des hypothèses et faire émerger des problèmes. • Procéder à des recherches documentaires (BCD, Internet).
Quel est le rôle de chacun dans la reproduction ?	• Savoir que certains animaux doivent s'accoupler (les insectes, les oiseaux, les mammifères), mais d'autres non (les poissons). • Savoir que la rencontre d'un spermatozoïde produit par le mâle avec un ovule de la femelle donne un œuf : c'est la fécondation. • Savoir que la fécondation peut avoir lieu à l'intérieur ou à l'extérieur du corps de la femelle.	• Comprendre et analyser des documents variés. • Comparer des comportements animaux. • Formuler des hypothèses et faire émerger des problèmes. • Procéder à des recherches documentaires (BCD, Internet). • Interpréter un compte rendu d'expérience ; schématiser un processus.

Que devient l'œuf ? Comment vivent les petits après leur naissance ?	• Savoir qu'à la naissance, le petit peut être soit soigné par ses parents, soit abandonné et obligé de survivre seul.	• Comprendre et analyser des documents variés. • Comparer des comportements animaux. • Formuler des hypothèses et faire émerger des problèmes. • Procéder à des recherches documentaires (BCD, Internet).
LES ÊTRES VIVANTS DANS LEUR ENVIRONNEMENT		
4. Comment les êtres vivants s'adaptent-ils à leur milieu ?		
Où vivent les animaux et les végétaux dans la nature ?	• Prendre la mesure de la grande diversité des milieux et de leurs conditions de vie. • Comprendre que les êtres vivants se nourrissent, se reproduisent, se déplacent (pour les animaux), se défendent, se protègent, essaiment leurs graines (pour les végétaux), se multiplient et se développent dans ces milieux.	• Mobiliser ses connaissances et les structurer. • Comparer. • Se poser des questions. • Développer sa curiosité.
Comment les êtres vivants s'adaptent-ils à la ville ?	• Savoir qu'en ville, les hommes, les animaux et les végétaux cohabitent en étroite relation et que les espèces doivent s'adapter à des conditions de vie parfois difficiles. • Prendre conscience des conséquences de l'intervention humaine sur son environnement. • Recenser les espèces vivantes dans un milieu urbain donné. • Observer leurs comportements en les identifiant aux fonctions vitales. • Prendre conscience de la complexité et de la fragilité de l'environnement par l'exploration au cours d'une sortie.	• Pratiquer une démarche d'investigation : observer, prélever des indices, questionner, émettre des hypothèses. • Mobiliser des connaissances scientifiques antérieures dans un nouveau contexte. • Observer, mesurer, repérer et se repérer. • Poser des questions, vérifier, comparer. • Prélever des indices significatifs dans la nature, prendre des notes et les ordonner dans un tableau.
Comment les hommes, les animaux et les végétaux peuvent-ils cohabiter harmonieusement en ville ?	• Savoir que les hommes doivent préserver l'environnement en tenant compte des diverses adaptations des êtres vivants aux conditions de ce milieu. • Savoir que les hommes doivent intervenir régulièrement pour contrôler le développement des plantes et des animaux afin de préserver des relations équilibrées entre tous les êtres vivants.	• Vérifier des hypothèses, proposer des solutions et les argumenter. • Exprimer et exploiter les résultats d'une mesure ou d'une recherche en utilisant un vocabulaire scientifique à l'écrit et à l'oral. • Mobiliser des connaissances des diverses disciplines dans des contextes différents et dans des activités de la vie courante.
Comment les vers de terre sont-ils adaptés à leur milieu de vie ?	• Savoir que les vers de terre vivent dans la terre ; ils préfèrent l'humidité, l'obscurité et une température voisine de 11 °C qui caractérisent ce milieu.	• Émettre des hypothèses. • Concevoir un protocole expérimental, expérimenter, mesurer, analyser les résultats, conclure.
Que font les êtres vivants quand les conditions de leur milieu changent ?	• Savoir que les milieux de vie soumis à l'hiver obligent les êtres vivants qui les habitent à s'adapter à la sécheresse et au froid. • Savoir qu'en hiver la nourriture végétale est plus rare et que les animaux doivent trouver des stratégies pour survivre.	• Lire et analyser des images, prélever des indices, émettre des hypothèses, vérifier à l'aide d'une recherche documentaire (BCD et Internet).
Comment l'homme agit-il sur les êtres vivants qui peuplent les différents milieux ?	• Savoir que l'homme doit préserver la biodiversité en tenant compte des chaînes alimentaires pour respecter chaque maillon, mais qu'il doit aussi tenir compte des capacités d'adaptation des animaux nouvellement introduits dans un milieu.	• Effectuer une recherche documentaire. • Prélever des indices dans un texte, sur une image pour répondre aux questions posées ou vérifier des hypothèses. • Élaborer un résumé. • Réaliser un poster en vue d'une exposition.
5. Quels sont la place et le rôle des êtres vivants dans les milieux ?		
Qui vit dans la mare ? Quelles sont les relations alimentaires entre les animaux de la mare ?	• Reconnaître les principaux animaux d'une mare. • Connaître leur régime alimentaire. • Savoir que les êtres vivants de la mare ont des relations alimentaires qui déterminent leur place dans des chaînes alimentaires.	• Savoir observer. • Savoir utiliser une clé simple de détermination. • Savoir schématiser des chaînes alimentaires.

Que deviennent les feuilles mortes en forêt ?	• Savoir que les feuilles mortes sont dégradées par les animaux et transformées en sels minéraux par les champignons et les bactéries du sol. • Savoir que les sels minéraux, qui résultent de la dégradation des feuilles, sont utiles à la croissance des plantes. • Connaître le régime alimentaire de quelques animaux du sol.	• Savoir observer. • Savoir utiliser une clé simple de détermination. • Savoir concevoir un protocole expérimental, expérimenter et analyser des résultats expérimentaux.
LE CORPS HUMAIN ET L'ÉDUCATION À LA SANTÉ		
6. Comment se font les mouvements corporels ?		
Comment notre bras peut-il se plier et se tendre ?	• Connaître l'organisation d'une articulation. • Comprendre que les mouvements corporels sont dus à l'action de muscles qui déplacent des os articulés.	• Savoir observer, se questionner, formuler des hypothèses et construire un modèle pour tester des hypothèses. • Savoir réaliser une dissection simple.
7. Comment rester en bonne santé ?		
De quoi avons-nous besoin pour être en bonne santé ?	• Connaître les différentes catégories de besoins du corps pour être en bonne santé. • Prendre conscience de la dimension personnelle, sociale, environnementale et réglementaire de la santé.	• Confronter son point de vue à celui des autres, organiser sa pensée, faire une synthèse.
Le sport c'est la santé. D'accord ou pas d'accord ?	• Connaître l'adaptation du corps à l'effort. • Connaître les mouvements corporels, les actions des activités sportives sur les fonctions de l'organisme (respiration, circulation…).	• Exprimer son point de vue, argumenter, débattre. • S'informer pour faire des choix de comportements. • Utiliser ses connaissances sur les mouvements dans un autre contexte.
Pourquoi être propre ?	• Connaître la notion d'hygiène et ses fondements. • Connaître les notions de produits d'hygiène et de beauté. • Connaître les conséquences de son hygiène de vie. • Connaître le rôle de la peau. • Développer son esprit critique face aux messages publicitaires.	• Donner son point de vue, comparer, exercer son esprit critique. • Chercher des informations pour vérifier ses hypothèses. • Réaliser un poster.
Peut-on vivre sans dormir ?	• Connaître la notion de cycles de sommeil. • Connaître le rôle du sommeil sur l'organisme.	• Décrire une image, analyser un document. • Renseigner un tableau à l'aide de mesures. • Rechercher de l'information.
8. Comment bien se nourrir pour être en bonne santé ?		
Comment bien se nourrir ?	• Connaître les principaux constituants des aliments. • Comprendre les informations relatives à la composition des aliments. • Avoir connaissance des comportements alimentaires favorables à la santé.	• Savoir se questionner. • Savoir analyser les données d'un tableau. • Savoir exprimer son point de vue et le justifier. • Savoir exercer son esprit critique.
LES OBJETS TECHNIQUES		
9. Le courant électrique : conducteurs et isolants		
Quelles sont les conditions pour établir un courant électrique dans un circuit ?	• Connaître les principes élémentaires de fonctionnement de circuits électriques simples. • Connaître l'utilisation des matériaux conducteurs et isolants. • Connaître des principes élémentaires de sécurité électrique.	• Participer à la conception d'un protocole expérimental et le mettre en œuvre en utilisant les outils appropriés. • Percevoir la différence entre le réel et le virtuel. • Effectuer une recherche en ligne.

10. Circuits électriques (parallèles et en série)		
Comment allumer plusieurs lampes avec une seule pile ?	• Savoir allumer au moins deux lampes à l'aide d'une pile. • Distinguer montage en série et montage en dérivation.	• Pratiquer une démarche d'investigation. • Concevoir un protocole expérimental et le mettre en œuvre en utilisant les outils appropriés.
11. Les leviers		
Comment soulever quelque chose de très lourd en faisant un effort peu important ?	• Connaître les principes élémentaires de fonctionnement de leviers, de balances : quelques utilisations techniques. • Un objet qui peut tourner autour d'un axe fixe peut rester en équilibre s'il est soumis à des forces dont les effets se compensent.	• Imaginer et réaliser un dispositif expérimental susceptible de répondre aux questions que l'on se pose. • Utiliser des instruments d'observation et de mesure : double-décimètre. • Rédiger un compte rendu intégrant un schéma d'expérience ou un dessin d'observation.
LE CIEL ET LA TERRE		
12. Ombre et lumière		
Comment se forme une ombre ?	• Savoir qu'une ombre correspond à une absence de lumière. • Comprendre comment se forme une ombre.	• Savoir réaliser un schéma d'expérience. • Pratiquer une démarche d'investigation.
LA MATIÈRE		
13. L'air, de la matière ?		
L'air est-il vraiment de la matière ?	• Savoir que la matérialité de l'air se manifeste par des propriétés comme le transvasement, la transmission de mouvement, la résistance… • Savoir que l'air est pesant (autre propriété de la matière).	• Participer à la conception d'un protocole expérimental et le mettre en œuvre en utilisant les outils appropriés. • Exprimer et exploiter les résultats d'une mesure ou d'une recherche : utiliser le langage scientifique à l'écrit et à l'oral.
14. Les changements d'état de l'eau		
Comment caractériser le changement d'état liquide-solide de l'eau ?	• Avoir compris et retenu la conservation de la matière dans les changements d'état de l'eau. • Utiliser correctement un thermomètre. • Connaître les états solide et liquide de l'eau et les températures de changement d'état.	• Pratiquer une démarche d'investigation. • Manipuler et expérimenter. • Exprimer et exploiter les résultats d'une mesure ou d'une recherche. • Maîtriser les principales unités de mesure des grandeurs inscrites au programme.
Lors de l'ébullition, l'eau disparaît-elle ?	• Avoir compris et retenu la conservation de la matière dans les changements d'état de l'eau. • Connaître les trois états physiques de l'eau et les températures de changement d'état. • Savoir que la vapeur d'eau est invisible.	• Pratiquer une démarche d'investigation. • Concevoir un protocole expérimental et le mettre en œuvre en utilisant les outils appropriés. • Utiliser les langages scientifiques à l'écrit et à l'oral. • Maîtriser les principales unités de mesure des grandeurs inscrites au programme.
15. Le cycle de l'eau		
Pourquoi pleut-il ? Où va l'eau de pluie ?	• Comprendre les différents changements d'état intervenant au niveau du cycle de l'eau dans la nature. • Comprendre le caractère cyclique du trajet de l'eau dans la nature.	• Rédiger un compte rendu intégrant un schéma d'expérience ou un dessin d'observation. • Mettre en relation des données et des observations, en faire une représentation schématique et l'interpréter, mettre en relation.

Comment les plantes se développent-elles ?

Informations pour l'enseignant

Tout comme celui des animaux, le développement des plantes se caractérise par deux types de modifications. Sur le plan quantitatif, une augmentation des dimensions (taille, diamètre) est observée : c'est la **croissance**. Sur le plan qualitatif, de **nouveaux organes** (tiges, feuilles, racines, fleurs, fruits) sont formés.

De nombreuses plantes se développent à partir de graines

La graine est le résultat de la procréation. Elle est formée à la suite de la libération de pollen par les étamines (organes reproducteurs mâles d'une fleur) et à sa rencontre avec le pistil (organe reproducteur femelle d'une fleur). Il s'ensuit la fécondation du ou des ovules contenus dans le pistil, ce qui aboutit à la formation d'une ou de plusieurs graines.
La graine est entourée d'une enveloppe de protection appelée tégument. Elle contient un embryon (ou germe ou plantule) et des réserves. Ces dernières peuvent être stockées dans des cotylédons comme chez le haricot (figure 1a). L'embryon se compose d'une radicule qui formera la future racine et d'une gemmule, portant deux petites feuilles, qui formera la tige feuillée de la future plante (figure 1b).

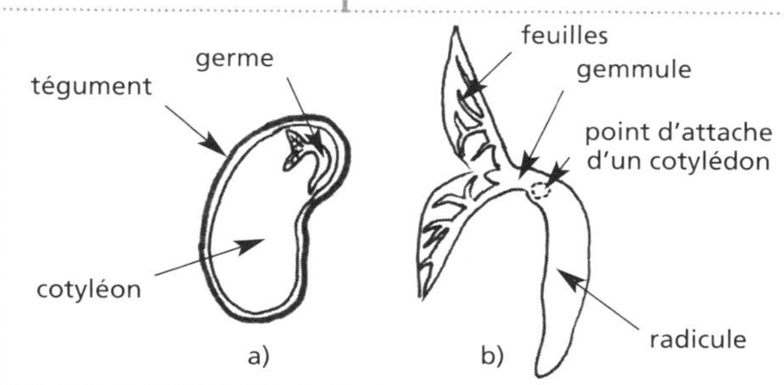

Figure 1.
Structure de la graine de haricot.
a) Graine ouverte.
b) Germe.

Au cours de sa formation, la graine subit une déshydratation importante (l'eau ne représente plus que 10 % maximum de sa masse totale). Cette faible teneur en eau favorise une entrée en vie ralentie, caractérisée par un arrêt de la croissance de l'embryon. La vie ralentie coïncide souvent avec une période de dormance de la graine (voir encadré p. 10).
La germination de la graine se produit lorsque la dormance est levée et que certaines conditions de milieu sont réunies : bonne humidité du sol, bonne aération et température d'au moins 15 °C. L'humidité du sol permet une réhydratation des tissus de la graine. L'aération du sol rend possible la reprise des échanges respiratoires de la graine, permettant l'utilisation des réserves contenues dans celle-ci pour assurer la croissance de l'embryon.

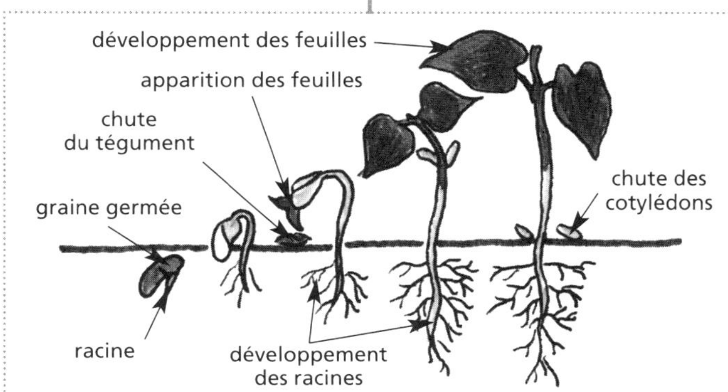

Figure 2.
Les étapes de la germination chez le haricot.

Remarque : la lumière n'est pas nécessaire à la germination des graines mais sa présence ne l'empêche pas. On dit que les graines sont indifférentes à la lumière. Par ailleurs, ni la terre ni la présence d'engrais dans celle-ci ne sont utiles à la germination dans la mesure où le développement de l'embryon est permis par la dégradation des réserves internes à la graine.
La germination se caractérise par plusieurs étapes (figure 2). La graine imbibée d'eau voit tout d'abord son tégument se déchirer et la radicule se développer. Celle-ci s'enfonce alors dans le sol. La gemmule se développe à son tour donnant une tige et deux petites feuilles (celles qui étaient préformées dans la graine)

La dormance

La dormance correspond à un état de repos observé chez certaines plantes. Elle se caractérise par un arrêt de la croissance qui se maintient – même si les conditions extérieures sont favorables au développement. Les organes concernés par la dormance peuvent être des bourgeons, des graines ou encore des bulbes. On dit ainsi qu'une graine est dormante lorsqu'elle est incapable de germer, et cela indépendamment des conditions environnementales. En période de dormance, sa forte déshydratation lui permet d'échapper au gel et donc de résister à des températures très basses. De la même façon, un bourgeon est dit dormant lorsqu'il ne peut se développer, y compris à des températures équivalentes à celles régnant au printemps.
La sortie de dormance (levée de dormance) est cependant déterminée par l'exposition à certains facteurs. Ainsi, en climat tempéré, la graine doit subir le froid de l'hiver pour acquérir son aptitude à germer.
La levée de la dormance nécessite une exposition au froid plus ou moins longue et plus ou moins intense selon les espèces. Un début d'automne froid peut provoquer la levée de dormance des bourgeons de certaines espèces. Si cette période de froid est suivie de belles journées à la fin de l'automne, les bourgeons éclosent, ce qui n'est pas sans danger si l'hiver est rigoureux par la suite. ■

qui s'épanouissent et verdissent sous l'action de la lumière. Celles-ci sont désormais capables de réaliser la photosynthèse, dont les produits (molécules organiques) assureront la poursuite du développement de la plante, les réserves des cotylédons ayant été complètement épuisées. Chez le haricot, à la suite de la croissance de la tige, les cotylédons sont entraînés au-dessus de la surface du sol. Ils finiront par se détacher et tomber. On parle dans ce cas de **germination épigée**. À l'inverse, chez d'autres plantes comme le pois, les cotylédons restent enfouis dans le sol pendant la germination. On parle dans ce cas de **germination endogée**.

D'autres plantes se développent à partir de bulbes

Un bulbe (figure 3) est un ensemble d'écailles, feuilles modifiées en organes de réserves, entourant un ou plusieurs bourgeons dont l'un fournira le bulbe de remplacement tandis que le ou les autres formeront des bulbilles qui s'isoleront du bulbe principal pour former des pieds indépendants. À la base du bulbe, les écailles sont portées par une courte tige tassée appelée plateau. Les bulbes sont des organes spécialisés dans la reproduction asexuée (multiplication végétative) car ils permettent à une plante de se multiplier sans intervention de phénomènes sexuels.
Chez les plantes à bulbes (jacinthe, tulipe, narcisse…), le bulbe assure la survie de la plante pendant la période hivernale. Il se trouve en vie ralentie. Au printemps, lorsque les conditions du milieu deviennent favorables, le bourgeon principal se développe pour former une tige feuillée ou une tige florifère (tige portant une ou plusieurs fleurs). Ce développement ne nécessite que de l'eau car le bulbe possède toutes les réserves utiles à la croissance du bourgeon. Il est possible de provoquer artificiellement le développement de bulbes avant l'arrivée du printemps grâce à la technique du forçage (voir encadré p. 11).

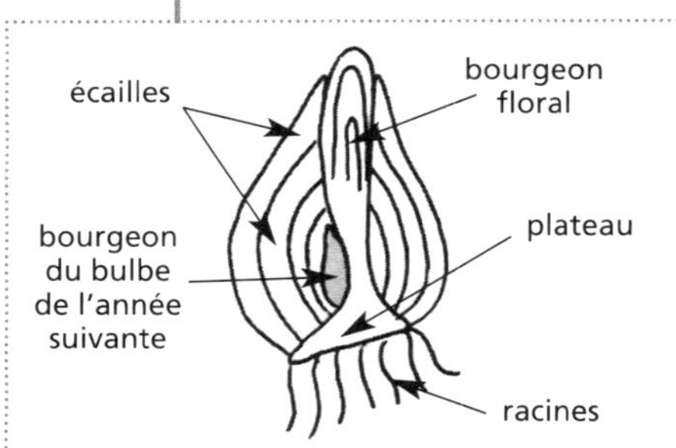

Figure 3.
Structure d'un bulbe de tulipe.

D'autres moyens pour obtenir des plantes

Il est possible d'obtenir des plantes à partir d'organes spécialisés comme des tubercules (pomme de terre, dahlia…) ou encore à partir d'organes non spécialisés comme des tiges ou des feuilles utilisées comme boutures (géranium, papyrus…).

Lexique

Procréation : ou reproduction sexuée. Elle correspond à l'obtention d'un être vivant à partir de la rencontre entre des cellules sexuelles mâles (spermatozoïdes) et des cellules sexuelles femelles (ovules). Le nouvel être vivant produit est unique car différent de ses parents et de tout autre individu.
Étamine : organe reproducteur mâle d'une fleur. Une étamine est formée par un renflement terminal, l'anthère, contenant des grains de pollen.
Pistil : organe reproducteur femelle d'une fleur. Le pistil est formé d'un ovaire contenant un ou plusieurs ovules. L'ovaire est surmonté d'une partie allongée, le style.
Photosynthèse : processus par lequel les végétaux verts (végétaux chlorophylliens) fabriquent leur propre matière (matière organique) à partir d'eau et de sels minéraux du sol et à partir de dioxyde de carbone atmosphérique. Cette synthèse utilise la lumière comme source d'énergie.

Le forçage

Le forçage est une technique qui permet d'obtenir le développement d'une plante hors de saison. Pour les plantes de climat tempéré, le forçage consiste en une exposition au froid (dans une chambre froide ou un réfrigérateur) reproduisant artificiellement les conditions hivernales. Avec cette technique, il est possible de lever la dormance de bourgeons, de graines et de provoquer le développement de bulbes. Les horticulteurs ont largement recours à cette technique pour avoir des fleurs à dates fixes, comme le muguet le 1er mai, les jacinthes en décembre... ■

Une croissance discontinue, en longueur et/ou en épaisseur

Dans nos régions tempérées, les végétaux ont une croissance calquée sur les changements de saisons. Cette croissance est qualifiée de croissance discontinue. L'hiver correspond à une période de vie ralentie qui concerne, selon les végétaux, la plante entière (arbres, arbustes) ou certains organes de résistance tels que les graines, les bulbes ou encore les tubercules. Le printemps marque le démarrage de la croissance. Celle-ci peut se réaliser uniquement en longueur, ou à la fois en longueur et en épaisseur.
La **croissance en longueur** se fait à partir d'un bourgeon. Pendant l'hiver, le bourgeon est en vie ralentie (dormance, voir encadré). Lorsqu'un bourgeon éclot, ses écailles protectrices s'écartent, permettant alors le développement de la tige feuillée qui donnera la pousse de l'année. Les écailles du bourgeon finissent par tomber, laissant une cicatrice en anneau à la base de la tige nouvellement formée. L'observation de ces cicatrices renseigne sur l'âge du rameau, la distance entre deux cicatrices correspondant à une saison de croissance (figure 4).

Les arbustes et les arbres, en plus de la croissance en longueur, présentent une **croissance en épaisseur**. Celle-ci se caractérise par une augmentation du diamètre des branches et des troncs, liée à l'ajout de couches successives de bois sous l'écorce et formant des cernes de croissance. Chaque cerne correspond à une période de croissance annuelle de l'arbre et comprend une zone claire (bois de printemps) et une zone sombre (bois d'été) (figure 5). Il est ainsi possible de calculer l'âge d'un arbre en comptant le nombre de cernes de croissance sur une coupe de tronc.

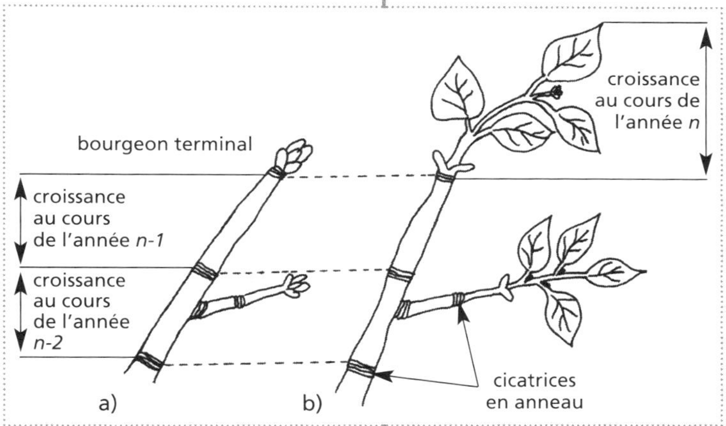

Figure 4.
Croissance en longueur d'un rameau.
a) Rameau observé en décembre de l'année $n - 1$.
b) Rameau observé au printemps de l'année n.

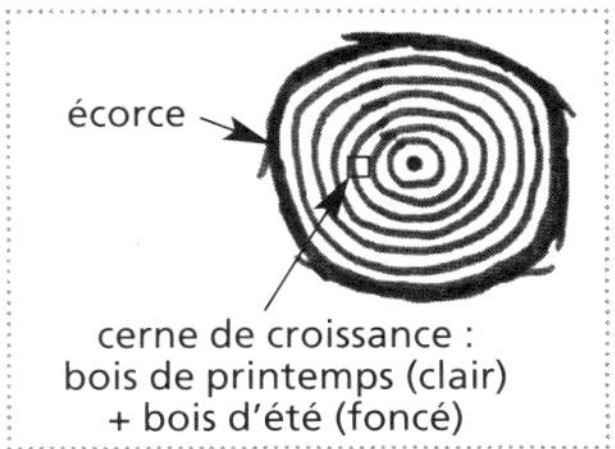

Figure 5.
Croissance en épaisseur d'un tronc d'arbre.

Lexique

Multiplication végétative : ou reproduction asexuée. Processus par lequel un individu donne naissance à un ou plusieurs individus de même sexe sans intervention de phénomènes sexuels (ni formation de cellules sexuelles ni fécondation). Le ou les individus produits sont la copie conforme de l'unique parent dont ils sont issus.
Tubercule : partie renflée d'une tige souterraine gorgée de réserves. Le tubercule porte des bourgeons communément appelés « yeux ». Ces bourgeons se développent ensuite pour donner de nouvelles tiges aériennes en utilisant les réserves du tubercule. Ce mode de reproduction est qualifié de multiplication végétative (ou reproduction asexuée).

Séance 1 – Comment les plantes poussent-elles à partir de graines ?

Compétences disciplinaires
- Connaître l'organisation d'une graine.
- Connaître les étapes de la germination d'une graine.

Compétences méthodologiques
- Savoir observer.
- Savoir réaliser un dessin d'observation.

Lexique
Graine, cotylédon, germe, radicule, feuille.

Durée
Plusieurs étapes qui courent sur environ 1 mois ½.

Matériel
- Des graines de différentes plantes (par exemple de pois, de haricot, de radis, de tomate, de carotte, de courgette, de laitue, de poireau…).
- Des boîtes-loupes ou des loupes à main.
- Des barquettes en aluminium percées de petits trous pour faire des semis.
- Des coupelles pour placer sous les barquettes de semis.
- Du terreau ou de la terre de jardin.
- Des copeaux de bois ou de la litière pour rongeurs.
- Des feuilles A3.
- Les carnets d'observations des élèves.
- Des photographies : « Structure de la graine de haricot » et « Graines de pois ».
- Une fiche activité : « Les étapes de la germination ».

Étape 1

Observer la diversité des graines et les semer

Matériel
- Des graines de différentes plantes (par exemple de pois, de haricot, de radis, de tomate, de carotte, de courgette, de laitue, de poireau…).
- Des boîtes-loupes ou des loupes à main.
- Des barquettes en aluminium percées de petits trous pour faire des semis.
- Des coupelles pour placer sous les barquettes de semis.
- Du terreau ou de la terre de jardin.
- Des feuilles A3.

Organisation de la classe
En groupes de 4 élèves puis en collectif.

Durée : 45 minutes.

L'enseignant apporte en classe des lots identiques de graines mélangées (de pois, de haricot, de radis, de tomate, de carotte, de courgette, de laitue, de poireau…).

Remarque : les graines proposées ci-dessus ne sont qu'un exemple d'échantillon possible. Le choix doit permettre de proposer une diversité suffisante de tailles et de morphologies (forme, aspect, couleur) pour exercer la capacité d'observation des élèves. En même temps, ce choix doit tenir compte des caractéristiques de la germination (facilité et rapidité). Bien évidemment, la non-toxicité des graines doit être vérifiée.

L'enseignant distribue à chaque groupe d'élèves un pot contenant des graines mélangées.

► De quoi s'agit-il ?

Les élèves reconnaîtront vraisemblablement certaines graines, notamment celles de haricot et de pois.

► Combien de sortes différentes de graines a-t-on ?

► Quelles différences existe-t-il entre ces graines ?

Par groupes de 4, les élèves trient les graines selon leur morphologie et déterminent le nombre de sortes différentes.

Remarque : il n'est pas question ici que les élèves trient toutes les graines. L'objectif est plutôt de repérer les types morphologiques différents.

Les élèves réalisent ensuite par groupes, sur une feuille A3, un croquis de chaque graine observée et listent ses caractéristiques.

Lors de la mise en commun, les élèves énoncent les critères utilisés pour comparer les graines. L'enseignant s'attend à ce qu'ils fassent référence à leur taille, leur forme, leur couleur ou encore leur aspect (luisant, mat, strié…). L'enseignant peut encourager les élèves à compléter leurs observations visuelles par des observations tactiles (rugueux, doux…) voire olfactives (« cette graine me rappelle l'odeur de… »).

► Quel est le devenir de ces graines ? *Donner des plantes.*

► Dans quelles conditions doit-on les placer pour qu'elles donnent des plantes ?

On peut s'attendre à ce que les élèves proposent de les mettre dans de la terre et de les arroser. Du matériel est alors mis à la disposition de chaque groupe pour effectuer les semis.

Remarque : au cours de cette phase, il est important que l'enseignant ne soit pas directif, notamment sur la méthode – profondeur du semis, espacement, quantité d'eau à utiliser... Il peut être justement très formateur que les élèves testent différentes conditions de germination, même si ce n'est pas l'objectif prioritaire.

Les élèves mettent en terre les différentes sortes de graines et réalisent un plan de leur jardin miniature de façon à pouvoir caractériser la germination de chaque sorte de graines. Il est possible qu'à ce stade les élèves veuillent connaître le nom des graines semées. On peut le leur faire trouver grâce à l'observation comparée avec des graines sorties des sachets achetés dans le commerce.

Étape 2

Observer la graine de haricot

Matériel
- Des graines de haricot sèches et des graines de haricot mises à tremper dans de l'eau pendant 24 h.
- Des boîtes-loupes ou des loupes à main.
- Les photographies de graines de haricot et de pois (livret couleur p. 2).

Organisation de la classe
Travail collectif puis individuel.

Durée : 30 minutes.

Les élèves ont précédemment énoncé que la graine placée dans de la terre et arrosée se développe pour donner une plante.

► Que contient la graine qui pourra donner une plante ?

L'enseignant fait émerger oralement les représentations des élèves.

► Comment savoir ce qu'il y a à l'intérieur d'une graine ?

Les élèves proposent d'en ouvrir une. L'enseignant distribue à chacun une graine de haricot sortie du sachet du commerce et une graine mise à tremper dans de l'eau pendant 24 h.

Les élèves constatent que la graine hydratée est plus volumineuse et qu'après en avoir retiré la peau qui l'entoure, elle se sépare naturellement en deux parties (les cotylédons) dont l'une porte un germe. L'observation du germe à l'aide d'une loupe permet de repérer deux feuilles miniatures reconnaissables à la présence de leurs nervures, mais ces feuilles sont complètement blanches.

L'enseignant peut demander aux élèves de réaliser un dessin de la graine ouverte observée. Afin de leur permettre d'en nommer les différentes parties, c'est-à-dire de légender leur dessin, l'enseignant demande aux élèves de se reporter au document couleur : « Structure de la graine de haricot ». Ce document permet de vérifier les hypothèses et apporte le vocabulaire scientifique : cotylédons, germe, radicule, petites feuilles.

Remarque : au cours de cette phase, l'enseignant doit aider les élèves à affiner leurs observations mais ne doit pas nommer à leur place. Des petites questions simples du type « Que vois-tu ici ? À quoi cela te fait-il penser ? Que pourrais-tu utiliser pour observer plus en détail ? » favorisent l'observation. Il n'est pas évident que les élèves repèrent à l'œil nu les deux petites feuilles portées par le germe, mais l'utilisation de la loupe dans un endroit bien éclairé devrait leur permettre de voir les nervures, ce qui devrait les orienter vers des feuilles.

Étape 3

Observer les étapes de la germination et comparer le développement de différentes espèces

Matériel
- Les semis des élèves réalisés dans l'étape 1 (un semis par groupe de 4 élèves).
- Des semis réalisés par l'enseignant dans des copeaux de bois (ou de la litière pour rongeurs).
- Les carnets d'observations des élèves.

Organisation de la classe
Travail individuel.

Durée : plusieurs moments d'observation pendant 1 mois et demi.

Conseils : en parallèle des semis des élèves, l'enseignant peut réaliser des semis dans des copeaux de bois. L'intérêt de ce substrat est qu'il rend possible une observation complète des graines germées et en particulier des racines en formation, les graines pouvant être sorties puis réintroduites dans le substrat sans que la jeune plante ne soit abîmée.

À la suite des semis réalisés dans l'étape 1, les élèves peuvent se poser les questions suivantes :
► Toutes les graines mises à germer vont-elles se développer de la même façon ?
► Lors de la germination, qu'est-ce qui se forme en premier ?
► Qu'est-ce qui se forme ensuite ?

Pour répondre à ces interrogations, on suivra l'évolution des semis dans le temps. L'enseignant demande aux élèves de consigner ce qu'ils observent à différentes dates dans leur carnet d'observations. Ces écrits peuvent prendre la forme d'un croquis accompagné d'une phrase d'explication.

Remarque : l'enseignant définit avec les élèves la fréquence et les modalités d'observation (sur des séquences inscrites à l'emploi du temps ou dans le cadre d'activités de dégagement, par groupes de 4 élèves ou à tour de rôle au sein de chaque groupe...).
Au bout d'un mois et demi, une synthèse peut être réalisée. Dans chaque groupe, les élèves mutualisent leurs observations et répondent aux questions initiales.

Étape 4

Synthèse collective

Matériel

- Les semis des élèves réalisés dans l'étape 1 (un semis par groupe de 4 élèves).
- La fiche d'activité « Les étapes de la germination » (à photocopier).

Organisation de la classe

Collectif.

À la suite de l'étape 3, la germination des différentes graines est comparée : vitesse de germination, forme, couleur, aspect des premières feuilles et devenir des cotylédons. En dépit des différences observées, des étapes communes à la germination sont repérées par les élèves. Elles sont énoncées et récapitulées chez le haricot à l'aide de la fiche activité « Les étapes de la germination ».

Corrigé

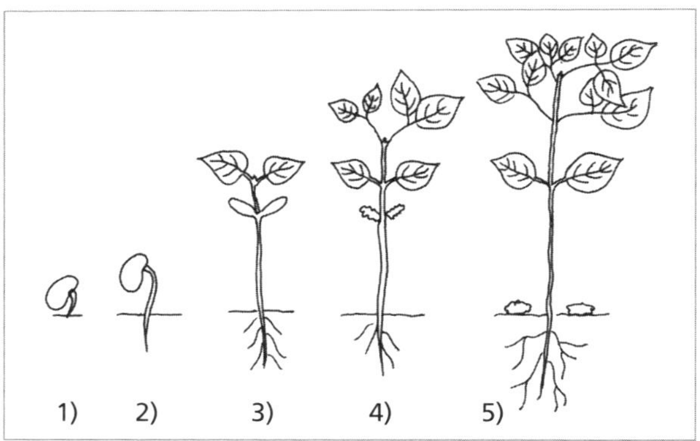

1) La radicule apparaît sur la graine et commence à s'allonger.
2) La radicule continue de s'allonger et fait remonter la graine au-dessus du sol.
3) La radicule s'est développée dans le sol et a donné plusieurs racines. La tige a poussé. Les cotylédons sont visibles sur celle-ci et les deux premières feuilles sont épanouies.
4) La tige a continué de croître. De nouvelles feuilles sont formées. Les cotylédons portés apparaissent flétris.
5) La tige s'est encore allongée avec de nouvelles feuilles formées. Les cotylédons sont tombés sur le sol.

Trace écrite

Les éléments du corrigé pourront servir à l'élaboration de la trace écrite. L'enseignant pourra y ajouter un schéma légendé de l'intérieur d'une graine de haricot pour rappeler que la plante provient de l'évolution d'un germe contenu dans la graine.

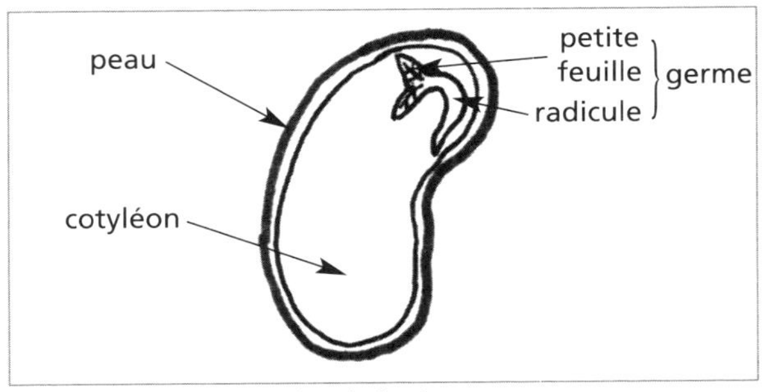

Organisation d'une graine de haricot.

La trace écrite pourra également contenir des éléments de comparaison de la germination des différentes graines étudiées. Par exemple :

Toutes les graines ne germent pas à la même vitesse. Les graines de pois, de haricot et de radis germent plus vite que celles de carotte et de courgette. Chez le pois, les cotylédons restent enfouis dans le sol, alors qu'ils remontent au-dessus du sol lors de la croissance chez le haricot et chez la courgette.

1
Fiche activité 1

Comment les plantes poussent-elles à partir de graines ?

Les étapes de la germination

Découpe les vignettes et colle-les dans l'ordre des étapes de la germination. Dessous, écris une phrase expliquant ce que tu observes sur chaque vignette.

1
Fiche activité 1

Comment les plantes poussent-elles à partir de graines ?

Les étapes de la germination

Découpe les vignettes et colle-les dans l'ordre des étapes de la germination. Dessous, écris une phrase expliquant ce que tu observes sur chaque vignette.

Séance 2 – Comment les arbres grandissent-ils ?

Compétences disciplinaires
- Connaître l'organisation d'un bourgeon.
- Savoir que les branches d'arbre s'allongent grâce au développement de bourgeons.

Compétences méthodologiques
- Savoir observer.
- Savoir formuler une hypothèse.
- Savoir concevoir un dispositif expérimental simple.
- Savoir expérimenter.

Lexique
Rameau, bourgeon, écaille, cicatrices.

Durée
Plusieurs étapes qui courent sur environ 1 mois.

Matériel
- Des rameaux de marronnier et de lilas.
- Des boîtes-loupes ou des loupes à main.
- Des pinces.
- Des feuilles A3.
- Des pots de confiture vides.
- De l'eau.
- Les carnets d'observation des élèves.
- Une fiche activité : « Déterminer l'âge d'un rameau de hêtre ».

Remarque : il est préférable de conduire cette séance en hiver lorsque les rameaux des arbres ont perdu leurs feuilles, les bourgeons sont alors plus facilement repérables. La fin de l'hiver est la période la plus favorable car elle permet aussi d'observer l'éclosion des bourgeons dans les conditions de la classe.

Étape 1

Observer un bourgeon

Matériel
- Des rameaux de marronnier.
- Des boîtes-loupes ou des loupes à main.
- Des pinces.

Organisation de la classe
En collectif, puis en groupes de 2 élèves.

Durée : 30 minutes.

L'enseignant présente aux élèves des rameaux de marronnier.

► De quoi s'agit-il ? Que voyez-vous à l'extrémité des rameaux ?

Les élèves observent une partie renflée. L'enseignant énonce le terme de bourgeon si aucun élève ne l'a proposé.

► Que contient le bourgeon ?

L'enseignant recueille les représentations des élèves oralement en collectif ou individuellement par écrit, par exemple sous la forme d'un dessin.

Pour découvrir ce qu'il y a à l'intérieur d'un bourgeon, les élèves peuvent proposer d'en ouvrir un. La dissection de bourgeons peut se faire en binôme. La consigne sera de retirer les écailles une à une. Il n'est pas nécessaire d'utiliser des outils tranchants mais l'usage de pinces est fortement recommandé. Les élèves constateront que les écailles les plus externes sont collantes. L'enseignant pourra les interroger sur les conséquences de la présence de cette « colle ». Un rôle de protection peut être suggéré, notamment vis-à-vis de la pluie.

Une expérience de trempage d'un bourgeon dans de l'eau peut être proposée par les élèves pour s'assurer que l'eau ruisselle à sa surface sans l'imbiber. Une dernière vérification peut être faite en ouvrant le bourgeon précédemment mis dans l'eau et en constatant l'absence d'eau dans les tissus internes.
Sous les écailles, les élèves pourront observer soit des petites feuilles repliées (bourgeons à feuilles), soit des sortes de grappes portant des petites boules : ce sont les fleurs en formation (bourgeons floraux).
Ils constateront également que ces éléments sont recouverts d'un duvet blanc.

► Quel est le rôle de ce duvet blanc ?

Les élèves pourront émettre l'hypothèse d'une protection contre le froid.

Les élèves pourront conclure en établissant que les bourgeons contiennent des feuilles ou des fleurs qui se développent au printemps.

Le problème suivant peut alors être soulevé par l'enseignant : comment se fait-il que les bourgeons ne s'ouvrent pas pendant l'hiver ?

Étape 2

Comprendre pourquoi les bourgeons ne s'ouvrent pas en hiver

Matériel
- Des rameaux de lilas ou de marronnier.
- Des feuilles A3.
- Des pots de confiture vides et de l'eau.

Organisation de la classe
En collectif, puis en groupes de 4 élèves.

Durée : 45 minutes, puis 20 minutes environ 15 jours plus tard.

► Comment se fait-il que les bourgeons ne s'ouvrent pas en hiver ?
Les élèves sont invités à formuler des hypothèses explicatives. Il est vraisemblable qu'ils retiennent l'hypothèse que le froid de l'hiver empêche le développement des bourgeons.

► Comment le montrer ?
Par groupes de 4, les élèves recherchent un protocole expérimental pour tester cette hypothèse. Ils réalisent un schéma du dispositif à prévoir sur une feuille A3. Les propositions de chaque groupe sont ensuite présentées et la validité des expériences envisagées est discutée collectivement.
Remarque : au cours de cette discussion, le rôle de l'enseignant est d'encourager le questionnement des élèves et de stimuler l'argumentation. En aucun cas, il ne devra choisir ou orienter fortement lui-même vers une expérience à réaliser.

Pour être valide, le dispositif devra comporter un lot de rameaux placés à une « température douce » (par exemple, la température de la classe) et un lot témoin de rameaux de la même espèce mais laissés à l'extérieur (par exemple, dans un coin de la cour). Les deux lots seront ainsi placés dans les mêmes conditions d'expérience à l'exception du facteur température.

Remarques :
1) Il n'est pas évident que les élèves pensent d'emblée à la nécessité de réaliser un témoin. L'enseignant peut le mettre en place à leur insu et leur faire constater plus tard, lors de la synthèse des résultats expérimentaux, qu'ils ne peuvent conclure en l'absence d'expérience de référence. Il suffira alors, après l'énoncé par les élèves de l'expérience à rajouter, de leur montrer le résultat de celle mise en place par l'enseignant.
2) La durée de l'expérience. À 20° C en moyenne, une quinzaine de jours suffit pour observer le développement de bourgeons de lilas. Il faudra compter quelques jours de plus pour le marronnier. Si l'expérience est réalisée à la fin de l'hiver (fin février – début mars), sa durée sera plus courte qu'au milieu de l'hiver. Si l'expérience est réalisée en automne (jusqu'en novembre), il y a peu de chance que les bourgeons se développent car ils sont en dormance, c'est-à-dire qu'ils sont incapables de se développer même si la température est satisfaisante. Pour lever ce blocage, une exposition au froid s'impose. La durée de cette exposition varie d'une espèce à l'autre (voir p. 10).

Par groupes de 4, les élèves mettent en place leurs dispositifs expérimentaux. Quinze jours plus tard (durée à adapter selon les remarques ci-dessus), ils observent les résultats et une synthèse collective est établie : les bourgeons ne se développent que lorsque la température est conforme à celle du printemps.

Étape 3

Observer le développement de bourgeons et la croissance d'un rameau

Matériel
- Des rameaux de lilas et/ou de marronnier dans des pots contenant de l'eau.
- Les carnets d'observation.
- La fiche activité « Déterminer l'âge d'un rameau de hêtre » (à photocopier).

Organisation de la classe
En collectif, et en groupes de 4 élèves pour les observations.

Durée : plusieurs moments d'observation pendant 1 mois.

► Comment se développent les bourgeons ?
On décide d'observer en classe des rameaux placés dans des pots contenant de l'eau. Les observations réalisées à différentes dates pourront se concrétiser par la réalisation de dessins d'observation ou encore par la prise de photos.

Au bout d'un mois, une synthèse collective peut être faite. Les élèves noteront que le développement du bourgeon commence avec l'écartement de ses écailles. La tige feuillée ou la tige portant les fleurs s'allonge alors. Les feuilles ou les fleurs s'épanouissent. Les écailles du bourgeon finissent par tomber en laissant une cicatrice sur le rameau.

Remarque : les élèves peuvent observer sur certains rameaux la présence d'autres cicatrices qui, au lieu de faire le tour du rameau, forment des figures en demi-lune. À quoi cela correspond-il ? Si les élèves n'ont pas d'idée, l'enseignant peut montrer un rameau (par exemple d'érable) portant des feuilles. Le retrait d'une feuille laisse sur le rameau une cicatrice en demi-lune.

Prolongement

L'enseignant peut proposer un exercice d'application ayant pour objectif de déterminer l'âge d'un rameau à l'aide de la fiche d'activité « Déterminer l'âge d'un rameau de hêtre ».

Corrigé

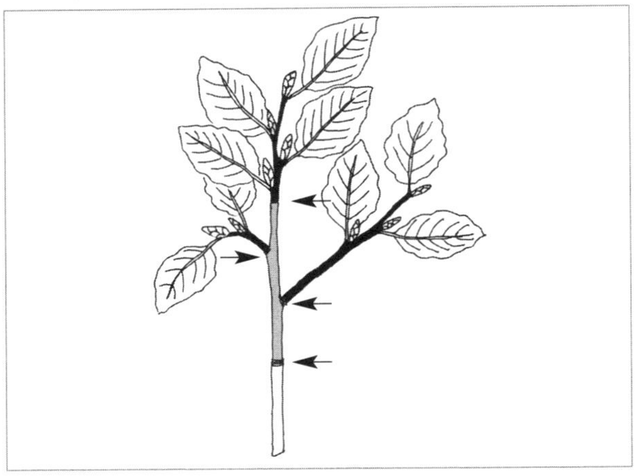

Les flèches indiquent les cicatrices en anneau présentes sur le rameau.
Les régions en vert (en noir ci-dessus) correspondent aux tiges formées au printemps 2008 ; celles en jaune (en gris ci-dessus) aux tiges formées au printemps précédent.
Le rameau a 3 ans.

Étape 4

Synthèse collective

Les élèves rappellent ce qu'ils ont appris au cours de la séance.
Une **trace écrite** est élaborée collectivement. Elle peut prendre la forme suivante :
Les bourgeons sont constitués d'écailles protectrices entourant des petites feuilles ou des petites fleurs. Ils se développent au printemps lorsque la température augmente. Lors de l'éclosion, les écailles s'écartent puis tombent en laissant une cicatrice en anneau sur le rameau.

Évaluation

Compétences évaluées

- Connaître l'organisation d'une graine.
- Nommer les différentes étapes de la germination.
- Savoir que les bourgeons se développent au printemps pour donner une tige feuillée ou fleurie.

Corrigé

1.

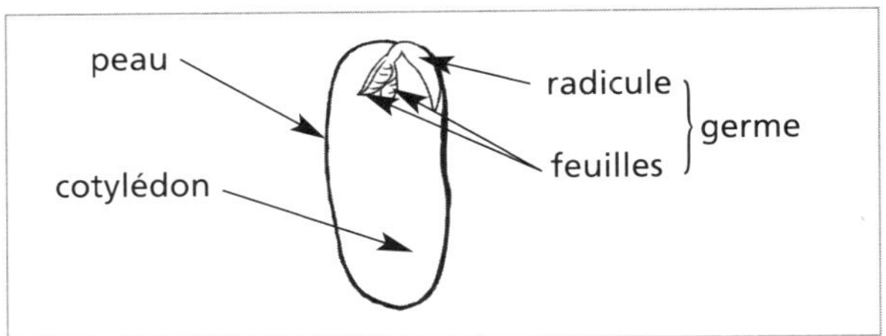

2.

Ce qui est identique :
- La radicule se développe en premier.
- La tige s'allonge ensuite.
- Les feuilles s'épanouissent, la tige continue de s'allonger et les racines se ramifient.

Ce qui est différent :
La graine reste enfouie dans le sol chez le pois alors qu'elle remonte au-dessus du sol chez le haricot.

3. *De gauche à droite* : 15 avril – 25 mars – 15 mars – 1er avril.

4.

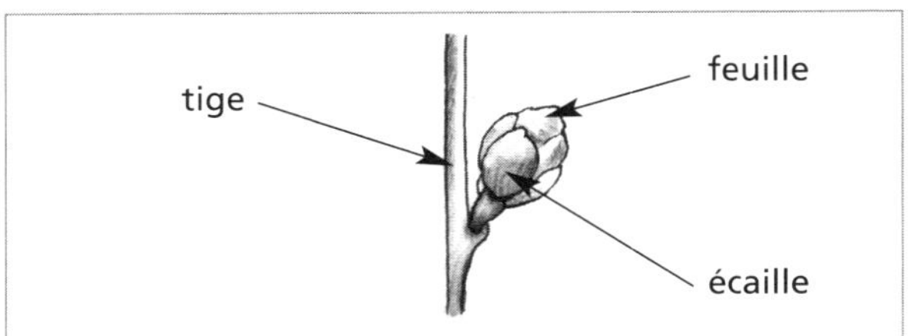

5. Les écailles tombent en laissant des cicatrices en anneau sur le rameau.

6. *Voir l'étape 2 de la séance 2, p. 17.*

1

Fiche activité **2**

Comment les arbres grandissent-ils ?

Déterminer l'âge d'un rameau de hêtre

Voici un rameau de hêtre observé en été 2008.

- **Repère d'un point rouge les cicatrices en anneau présente sur le rameau.**
- **Colorie en vert les tiges qui se sont formées au printemps 2008.**
- **Colorie en jaune les tiges qui se sont formées au printemps précédent.**

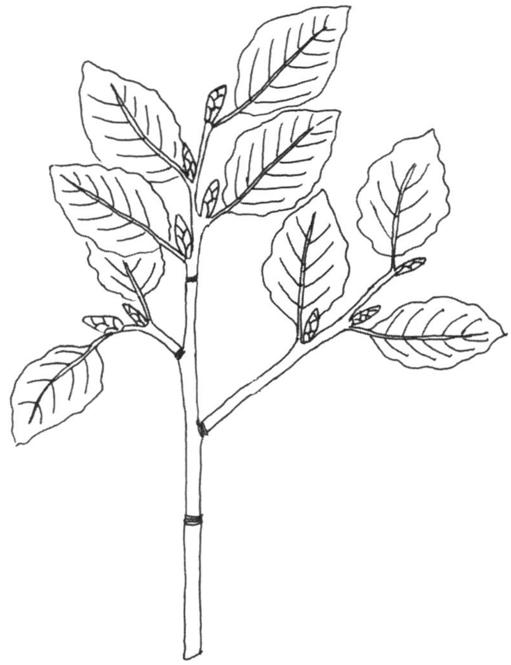

Quel est l'âge de ce rameau ?

....

1

Fiche activité **2**

Comment les arbres grandissent-ils ?

Déterminer l'âge d'un rameau de hêtre

Voici un rameau de hêtre observé en été 2008.

- **Repère d'un point rouge les cicatrices en anneau présente sur le rameau.**
- **Colorie en vert les tiges qui se sont formées au printemps 2008.**
- **Colorie en jaune les tiges qui se sont formées au printemps précédent.**

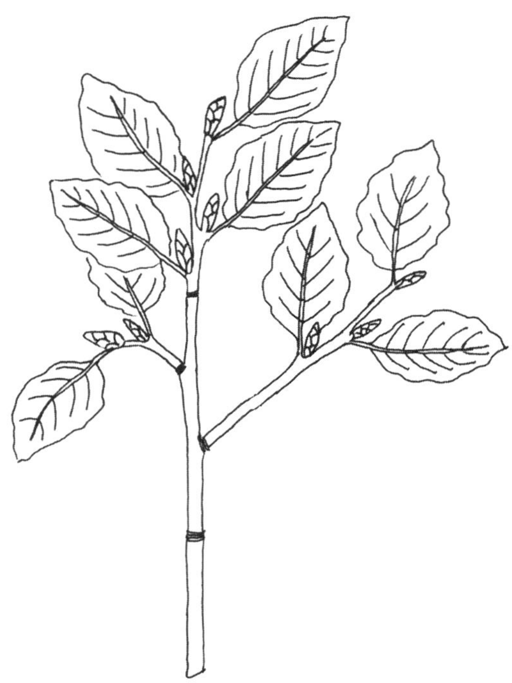

Quel est l'âge de ce rameau ?

....

Comment les plantes se développent-elles ?

1. Légende le schéma ci-dessous.

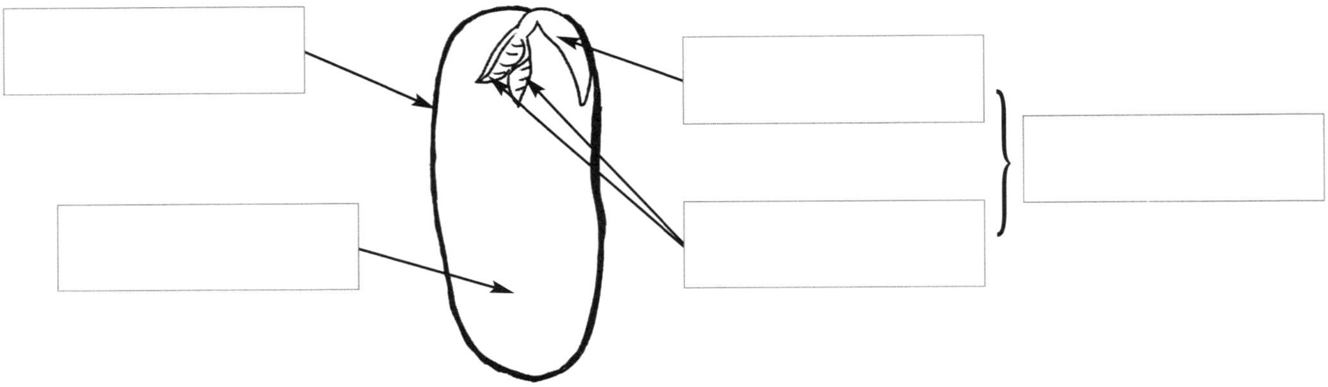

2. Observe sur le schéma A la germination du pois et sur le schéma B celle du haricot. Indique ce qui est identique et ce qui est différent au cours de la germination.

A

B

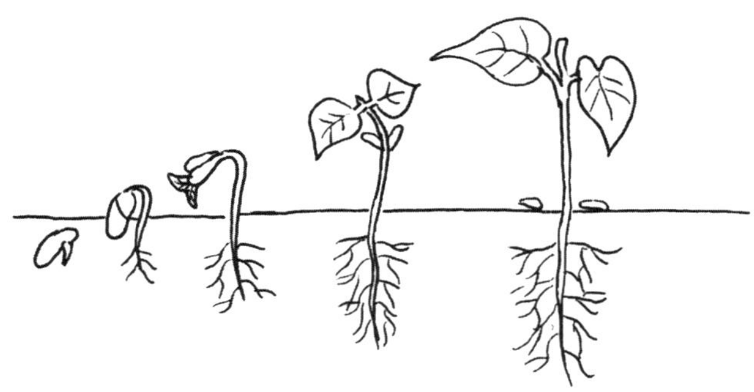

Ce qui est identique	Ce qui est différent
....	....
....	....
....	....
....	....
....	....

1 Fiche évaluation

Comment les plantes se développent-elles ?

3. Associe à chaque schéma l'étiquette date qui lui correspond.

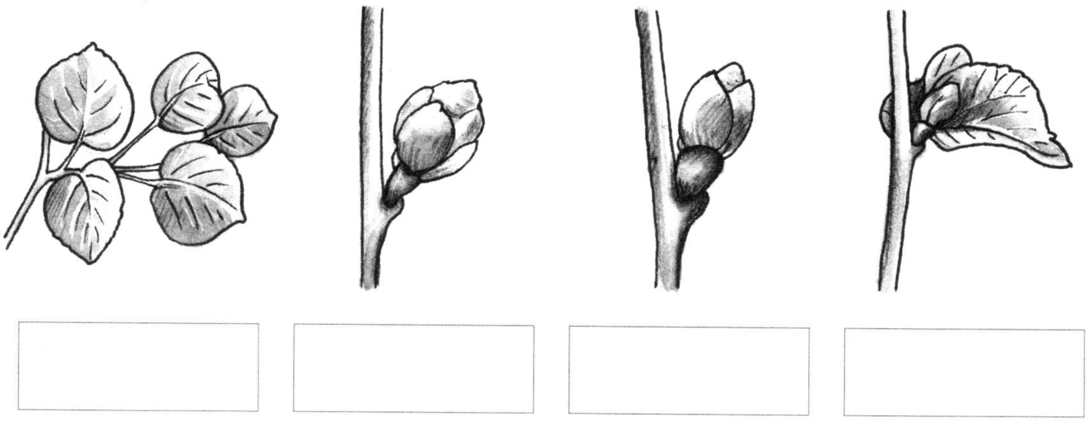

25 mars

15 mars

1er avril

15 avril

4. Écris au bon endroit les mots : tige, feuille, écaille.

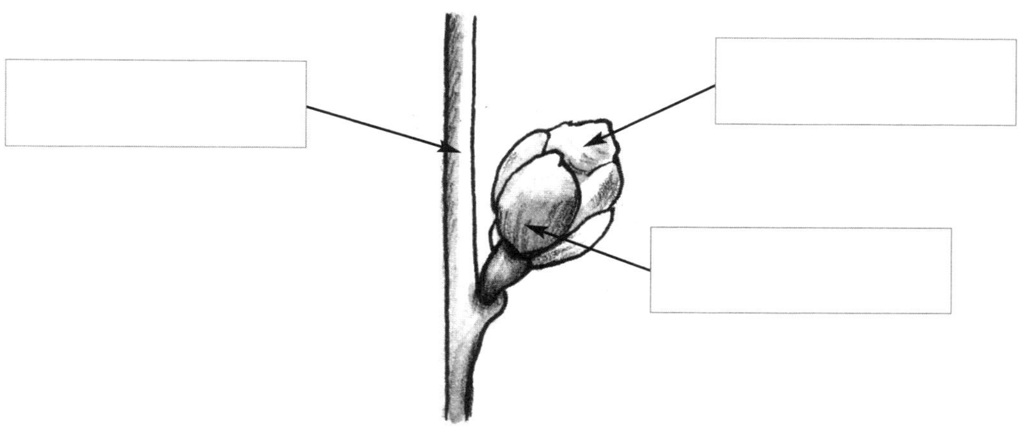

5. Que deviennent les écailles après l'éclosion des bourgeons ?

....

....

6. Propose une expérience pour montrer que les bourgeons des arbres doivent avoir une température d'au moins 10 °C pour éclore.

2

Comment se développent les animaux ?

Informations pour l'enseignant

Croissance et développement

Au cours de sa vie, l'être vivant change. Chez les animaux, on distingue : le développement embryonnaire (dans un œuf ou *in utero*) qui précède **l'éclosion** ou **la naissance** ; puis **le développement juvénile** caractérisé par une période de croissance (augmentation de la taille et de la masse corporelle) et de développement (apparition de formes et de fonctions nouvelles : dents, antennes, ailes, maturation du système nerveux, du système génital) qui conduit au **stade adulte** (encore appelé *imago* chez les insectes). Ce dernier stade est défini par la maturité sexuelle et correspond à la période de reproduction. Enfin, la vie se termine par **le vieillissement** ou la sénescence qui mène de manière inéluctable à **la mort**.

La croissance est le fait de grandir et de grossir. Elle est **continue** quand l'individu grandit et grossit progressivement et sans interruption. La croissance s'arrête souvent quand les êtres vivants ont atteint l'âge adulte. Cependant, certaines espèces animales croissent jusqu'à leur mort.
La croissance est **discontinue** quand l'individu grandit et grossit par à-coups : la plupart des insectes, des araignées et des crustacés doivent muer (mue de croissance) pour sortir de leur carapace devenue trop étroite ; ils grandissent et grossissent alors avant que la nouvelle carapace ne soit devenue dure.

Le développement est le fait, pour un organisme animal, d'acquérir des formes et des organes nouveaux (dents, maturation du système nerveux, du système génital, antennes, ailes), en vue de réaliser une fonction nouvelle (locomotion ou reproduction, par exemple). Le développement permet aux êtres vivants de passer d'une étape de leur vie à une autre.
Un jeune animal qui ressemble, à sa naissance, à un adulte en miniature devient lui-même adulte par un développement **direct**.
Quand, à la naissance, le petit est très différent de l'adulte, on parle de larve (ou d'asticot chez la mouche, de ver blanc chez le hanneton, de chenille chez le papillon, de têtard chez la grenouille ou chez le crapaud). Il subit des transformations successives appelées métamorphoses complètes avant de devenir adulte. Ce développement est dit **indirect**. Ces métamorphoses peuvent s'effectuer progressivement, comme chez la grenouille, ou comporter des étapes marquées, séparées par un stade nymphal (ou nymphose) où la larve devient immobile, ne se nourrit plus et subit d'importants remaniements à l'intérieur comme, par exemple, la pupe chez la mouche, la nymphe chez le ténébrion (ver de farine), ou la chrysalide, parfois emballée et protégée dans un cocon de soie, chez le papillon.

Chez les insectes

Il existe trois modes de développement :

• **le développement direct sans métamorphoses** et sans stade larvaire, comme chez les collemboles et les poissons d'argent : les petits ressemblent aux adultes mais en miniature ;

Lexique

Asticot : état larvaire des mouches (et autres diptères).
Larve : premier état de l'individu après l'éclosion de l'œuf chez les espèces à développement indirect avec métamorphoses. La larve de nombreux insectes ressemble à un ver que l'on l'appelle encore chenille. La forme et le mode de vie de la larve sont très différents de ceux de l'adulte.
Pupe : nom donné aux nymphes des mouches. Après la dernière mue de croissance de l'asticot, ses téguments (sa peau) durcissent et brunissent. L'asticot devient alors une pupe qui s'immobilise et va subir de nombreuses transformations internes caractérisant la métamorphose.

• **le développement direct avec métamorphoses incomplètes ou progressives**, comme chez le phasme, la sauterelle, le grillon ou le criquet, la libellule, la blatte. Dans ce cas, le petit ressemble à l'adulte, possède des yeux composés, mais n'a pas encore tous les organes de l'adulte comme les ailes ou les antennes. Il n'y a pas de grande transformation du corps. Pour grandir, les jeunes muent plusieurs fois (stade juvénile), leurs ailes grandissent progressivement jusqu'à la dernière mue (mue imaginale) d'où sort l'adulte (appelé *imago*) capable de se reproduire ;

• **le développement indirect avec métamorphoses complètes**, comme chez les papillons, les coccinelles, les dytiques, les hannetons, les scarabées, les mouches, les moustiques, les abeilles, les guêpes, les fourmis, les puces, etc. Les larves (asticot, chenille, « ver ») muent successivement (mues de croissance) pendant le stade larvaire puis subissent une mue nymphale qui les transforme en pupe, chrysalide ou nymphe, immobiles. Ce stade nymphal se termine par la mue imaginale d'où sort l'adulte. Ces larves n'ont pas d'yeux composés et mènent un mode de vie différent de celui de l'adulte.

Les **métamorphoses** permettent souvent à l'espèce de changer de milieu de vie : passage du milieu aquatique au milieu aérien des libellules ; passage du milieu souterrain « du ver blanc » au milieu aérien du hanneton. Elles permettent aussi de changer de régime alimentaire. Ainsi, les têtards de grenouille sont d'abord végétariens, puis omnivores, avant de quitter le milieu aquatique et de devenir alors carnivores. ■

Le développement avec métamorphoses est souvent favorisé par la chaleur et l'humidité. Sans ces conditions, l'œuf, la larve ou la nymphe peuvent entrer en repos (diapause) en attendant les conditions favorables à leur développement.

Représentations des stades de développement d'un être vivant animal

Pour représenter les différents stades de la vie d'un individu, il est préférable de privilégier une représentation linéaire, sous forme de frise chronologique. L'illustration sous la forme d'un cycle est plus complexe à aborder à ce niveau car le cycle ne correspond pas aux différentes étapes de la vie d'un individu d'une espèce donnée, mais à la succession des générations pour la perpétuation de l'espèce.
La flèche précise l'idée de déroulement dans le temps et facilite la lecture de gauche à droite, mais elle ne doit pas faire obstacle au positionnement de la mort, ultime étape du vivant qui termine cette frise.

• **Exemple de développement direct : avec croissance continue et progressive (mammifères, oiseaux, truite) ; avec croissance discontinue par mues (phasmes)**

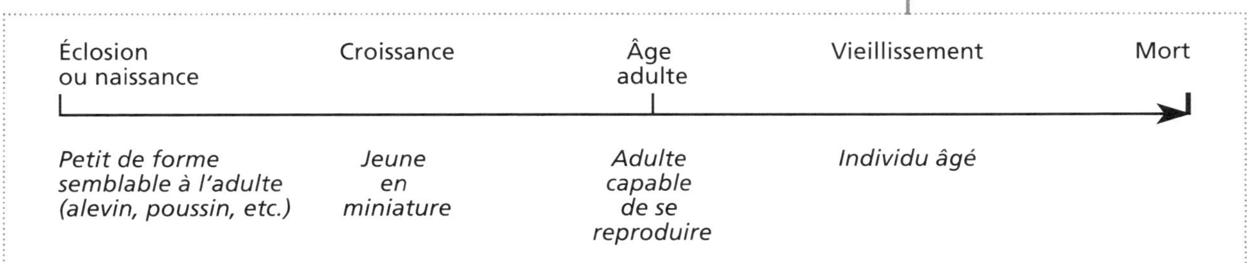

• **Exemple de développement direct avec métamorphoses incomplètes (criquet, grillon, punaise…) : métamorphoses incomplètes ou progressives ; croissance discontinue par mues**

Éclosion ou naissance	Stade juvénile	Âge adulte	Vieillissement	Mort
Petit ressemblant à l'adulte, avec ébauche d'ailes par exemple	*Mues de croissance*	*Apte à la reproduction* ----→		

• **Exemple de développement indirect à métamorphoses complètes (grenouille, papillon, hanneton, mouche…)**

Éclosion ou naissance de la larve	Stade larvaire	Nymphose	Adulte ou *imago*	Mort
Larve différente de l'adulte (avec yeux simples chez les insectes)	*Mues de croissance (asticots, chenilles)*	*Mue nymphale (pupe, nymphe libre, chrysalide avec ou sans cocon)*	*Mue imaginale*	
			Reproduction ----→	
Têtard chez la grenouille	*Métamorphoses progressives sans mues*	*Apparition des pattes, disparition de la queue, présence de poumons*		

Les élevages

Avant de récolter des animaux dans la nature, il est nécessaire de prendre connaissance des textes officiels en cours concernant les animaux protégés (par exemple, liste des insectes protégés dans l'arrêté du 23/04/07).

On peut réaliser **des élevages de manière provisoire** pour maintenir vivants quelques insectes prélevés dans la nature afin de les observer facilement. Après étude, ils sont remis en liberté. Dans ce cas, on utilisera des récipients ou bouteilles en plastique translucides qui permettent une bonne observation.

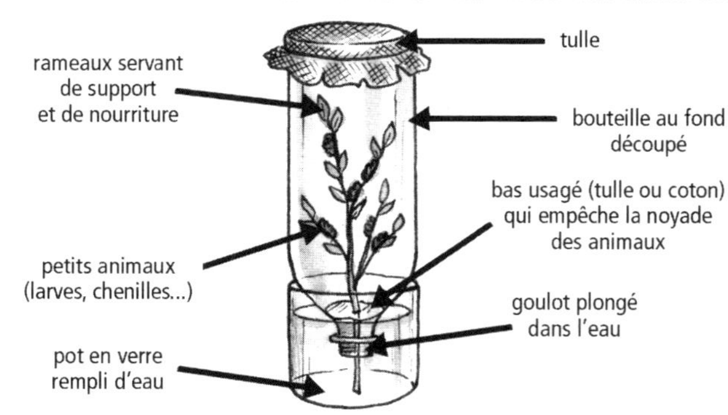

Figure 1. Dispositif pour élevage temporaire.

Quelques précautions à prendre

• Il faut veiller à ne pas élever des espèces pourtant commercialisées et autorisées, mais qui pourraient ensuite nuire à l'environnement, comme la coccinelle asiatique qui ne se contente pas de manger les pucerons mais aussi les œufs et les larves de sa congénère européenne !

• En général, il est préconisé de ne pas relâcher les insectes d'élevage dans la nature car on risque de polluer génétiquement les populations en place.

• Les excédents peuvent être confiés au service des élevages de l'OPIE (Office pour les insectes et leur environnement, que l'on peut contacter à : elevage@insectes.org) ; ils peuvent aussi être détruits par congélation et éliminés dans des sachets étanches avec les ordures ménagères. ■

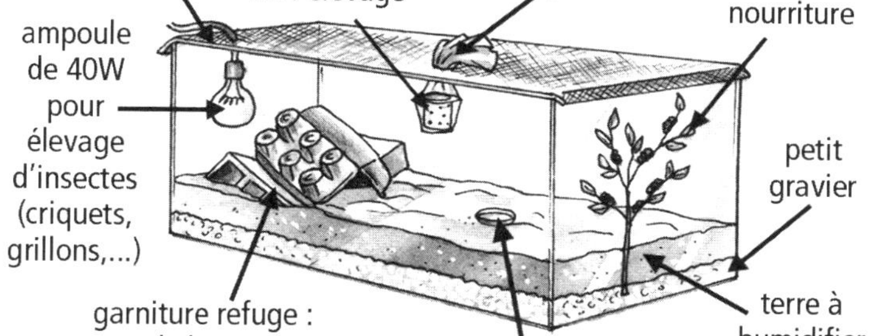

Figure 2.
Terrarium.

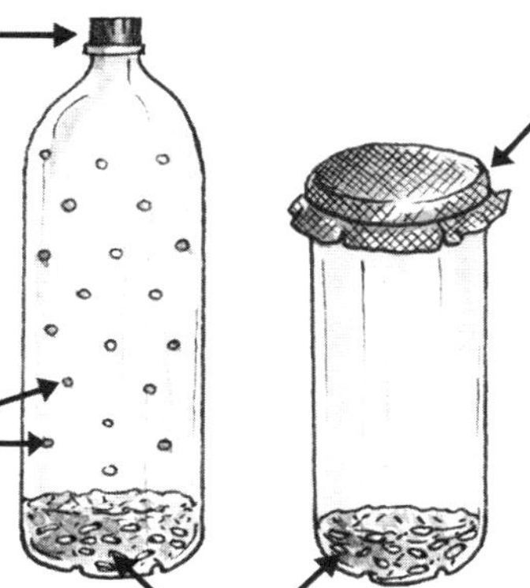

Figure 3.
Dispositifs pour élevage de mouches.

Pour réaliser des **élevages dans la durée**, on peut construire des cages à l'aide de contreplaqué, de moustiquaire et de vitre ou aménager un aquarium désaffecté (figure 2), ou bien encore installer un paludarium pour les espèces aquatiques. Dans ce dernier cas, il suffit de disposer la terre humide selon un plan incliné pour laisser place à l'eau dans la partie basse. On peut ajouter des végétaux chlorophylliens aquatiques pour oxygéner l'eau, ou bien y installer un bulleur branché sur une petite pompe placée à l'extérieur.

Des sites spécialisés (voir ci-dessous) proposent des fiches techniques pour réaliser des petits élevages. Bien souvent, ils vendent aussi, à des prix abordables, des kits tout prêts contenant le dispositif d'élevage, les œufs, les larves ou les adultes et la nourriture adaptée.

Quelques sites utiles à consulter

- opie@insectes.org, ou bien http://www.inra.fr/internet/Hebergement/OPIE-Insectes/pa.htm : ces organismes produisent des fiches techniques et des kits pour élever des phasmes, dont le cycle de l'œuf à l'adulte se déroule sur 12 mois ; des grillons (cycle de 5 à 6 mois) ; des papillons comme le Bombyx du Ricin (cycle de 2 mois et demi à 3 mois en toutes saisons) ; des ténébrions (cycle de 4 mois et demi) et des cétoines (7 mois et demi).
- http://www.jba-nature.com : on y trouve des kits pour élever papillons, coccinelles, fourmis, triops, escargots et phasmes.
- http://www.ac-nice.fr/svt/labo/cultures/general/elevage.htm : on y trouve des conseils de dispositifs d'élevage.

- http://www.lamap.fr/?Page_Id=7 : le site de « la main à la pâte » pour l'enseignement des sciences à l'école.
- http://www.insecte.org/ : on y trouve des informations scientifiques sur les insectes.
- http://www.snv.jussieu.fr/bmedia/ : on y trouve diverses ressources pour un enseignement des sciences.
- http://www.lacitedesinsectes.com/ : on y trouve des informations générales et un glossaire sur les insectes.
- http://www.bestioles.ca/animaux/animal-g.html : ce site propose une banque de photographies.
- http://www.itavi.asso.fr/elevage/sanitaire/pdfmouches.pdf : le cycle de développement de la mouche y est expliqué dans le détail (pour l'enseignant).

Notes pédagogiques

L'enseignant orientera ses choix d'élevage pour montrer aux élèves des modes de développement et de croissance différents, mais aussi en fonction des ressources locales, de la facilité de l'entretien et de la durée des élevages. Ainsi, l'élevage de grillons ou de criquets permet de montrer des métamorphoses progressives ; l'élevage de phasmes permet d'observer et de mesurer facilement la croissance par mues ; l'élevage du papillon, du ténébrion, de la coccinelle ou de la mouche illustrera un développement aux métamorphoses complètes ; l'escargot permettra l'observation d'un développement direct.
L'installation correcte d'un aquarium d'eau douce ou d'eau de mer offre sans trop de difficultés des observations possibles sur toute l'année d'animaux qui croissent, se développent et se reproduisent (reproduction de limnées, de guppys, développement de larves de libellules, d'éphémères, de petits mollusques marins, mue de crabe, etc.).
Des petits mammifères peuvent être élevés, mais ils nécessitent des soins attentifs et une bonne hygiène.

Des documents multimédias seront un bon support pour étudier le développement d'animaux difficiles à élever ou à observer directement dans la nature. Il existe aussi des textes littéraires à valeur scientifique ou des textes documentaires qui enrichiront la démarche d'investigation conduite par les élèves. On en trouve notamment dans les revues *La Hulotte* (par exemple le numéro spécial 28/29 : « Mouches à miel »), *Images doc* (Bayard) et *Wapiti* (Milan).

Lexique

Stade larvaire : premier stade de développement de l'individu après l'éclosion de l'œuf chez les espèces à développement indirect. Durant ce stade, la larve croît progressivement ou en muant plusieurs fois. La durée de ce stade peut s'étendre de quelques jours à quelques années en fonction des espèces et selon les conditions du milieu.
Stade nymphal : stade de développement intermédiaire entre le stade larvaire et le stade adulte. Il est caractérisé par l'état de nymphe (appelée chrysalide chez les papillons, pupe chez les mouches). Selon les espèces, cette dernière peut être ou non enfermée dans un cocon.
La nymphe possède un épiderme chitineux qui laisse apparaître tous les détails anatomiques externes du futur adulte. Immobile, elle ne se nourrit pas, mais des transformations internes s'effectuent sous son enveloppe rigide. Le stade nymphal commence donc par la mue d'une larve en nymphe (mue nymphale ou nymphose) et se termine par la mue de la nymphe en imago (caractérisée par le développement des ailes chez les insectes ailés) ou en adulte capable de reproduction (mue imaginale ou mue adulte).
Stade adulte : stade final du développement des espèces caractérisé par la capacité à se reproduire (présence d'organes génitaux développés au cours des métamorphoses de la fin du stade nymphal).

Séance 1 – Comment sont les petits des animaux à la naissance ?

Compétences scientifiques

- Connaître les caractéristiques du développement direct et du développement indirect.

Compétences méthodologiques

- Observer, analyser et comparer des documents photographiques.
- Pratiquer une recherche documentaire et enquêter.

Lexique

Développement direct, développement indirect, métamorphose, croissance.

Durée de la séance : 1 h.

Matériel

12 photographies d'animaux au développement différent.

Étape 1

Observer et comparer

Matériel

Les photographies d'animaux au développement différent (doc. 1, livret couleur pp. 3 et 4).

Organisation de la classe

Collectif.

Faire observer les photographies du document 1 et demander de décrire les petits à la naissance en répondant à la question :

► Est-ce que les petits ressemblent aux adultes ?

Noter les réponses dans un tableau comparatif sur le modèle ci-dessous. Ce tableau sera recopié ou collé dans le cahier d'expériences.

Noms de l'espèce	Les petits ressemblent beaucoup aux adultes	Les petits ne ressemblent pas aux adultes
Souris	Oui, mais yeux fermés et peau sans fourrure.	
Poule domestique	Oui, mais couvert de duvet, pas de plumes.	
Grenouille		Têtard de forme globuleuse avec une longue queue et sans pattes.
Combattant du Siam	Oui, mais transparent avec la présence d'une poche vitelline (*terme introduit par l'enseignant*).	
Sauterelle	Oui, mais seulement avec des ébauches d'ailes.	
Papillon de nuit (Bombyx de l'ailante)		Chenille en forme de « ver ».

Étape 2

Envisager deux types de développement

Organisation de la classe
Collectif.

Demander aux élèves ce que vont devenir ces petits et favoriser la formulation d'hypothèses. Ordonner la réflexion en demandant :

▸ Comment les petits qui ressemblent à leurs parents vont-ils devenir adultes ?

On peut attendre les réponses suivantes : « *Ils vont grossir et grandir, ils vont avoir des plumes, des écailles, leurs ailes vont grandir.* » Etc.

▸ Comment les petites larves, les têtards, les chenilles vont devenir adultes ?

Privilégier les réponses qui évoquent l'idée de transformations (voire de métamorphoses).
Enfin, synthétiser les réponses et élaborer un résumé à écrire dans le cahier.

Exemple de synthèse :

Les petits qui ressemblent à leurs parents vont se développer en grandissant et en grossissant pour devenir adultes : on parle alors de **développement direct**.
Les petits qui diffèrent de leurs parents vont se transformer, se métamorphoser pour devenir adultes : on parle de **développement indirect** ou de **développement avec métamorphoses**.

Étape 3

Réaliser plusieurs élevages pour observer

Organisation de la classe
Collectif.

Annoncer, pour la séance suivante, la mise en place d'élevages qui permettront d'observer ces deux types de développement et de vérifier les remarques et conclusions de la première étape. Par exemple :

- un élevage de mouche bleue (*Calliphoria vomitoria*) ;
- et un ou deux autres élevages d'insectes en fonction des ressources locales et de la saison, comme :

– les ténébrions ou « vers de farine », les coccinelles européennes ou les Bombyx du Ricin, au développement indirect à métamorphoses complètes ;
– les phasmes ou les grillons, au développement direct à métamorphoses incomplètes (progressives) ;
– ou d'autres petits animaux comme l'escargot ou la souris au développement direct sans métamorphoses.

Motiver les élèves pour se documenter entre les deux séances sur les animaux choisis en leur indiquant quelques ressources (recherche documentaire en BCD, sur Internet ou en médiathèque) ; répartir les tâches si les élèves participent à l'apport du petit matériel d'élevage.

Séance 2 – Élever des petits animaux en classe et observer leur développement

Exemple : De l'asticot à la mouche, un développement indirect avec métamorphoses complètes

Compétences scientifiques

- Savoir décrire et reconnaître les stades de développement d'un ou de deux animaux en élevage.

Compétences méthodologiques

- Savoir gérer un élevage.
- Savoir noter régulièrement des observations directes, décrire les différents stades, rendre compte.
- Savoir questionner et émettre des hypothèses.
- Savoir exprimer et exploiter les résultats d'une expérience pour conclure.

Pour le prolongement :

- Savoir concevoir un protocole expérimental, manipuler et expérimenter.

Lexique

Asticot, stade larvaire, larve, pupe, stade nymphal, stade adulte.

Durée

1 h + temps d'observation quotidien de quelques minutes.

Matériel

- Une bouteille en plastique dont le goulot a été coupé ou autre récipient transparent.
- De la gaze.
- Des asticots (achetés dans une boutique spécialisée dans le matériel de pêche).
- De la sciure ou du son (conditionnement avec lequel sont vendus les asticots).
- Des feuilles A3.
- Les cahiers d'observation des élèves.

Étape 1

Mettre en place l'élevage

Matériel
Les éléments nécessaires à la construction de l'élevage.

Organisation de la classe
Collectif.

Durée : 30 min.

L'enseignant installe le dispositif (*cf.* p. 25) avec les élèves et verse une petite mesure d'asticots avec la sciure ou le son de leur conditionnement et recouvre l'ensemble d'une gaze.
Les élèves dessinent le dispositif d'élevage avec une légende explicative qui précise les conditions de l'élevage.
De même, ils dessinent et décrivent les larves appelées asticots.

Schémas attendus

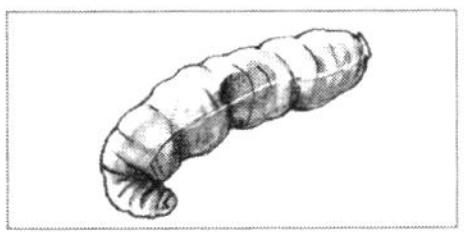

Un asticot.

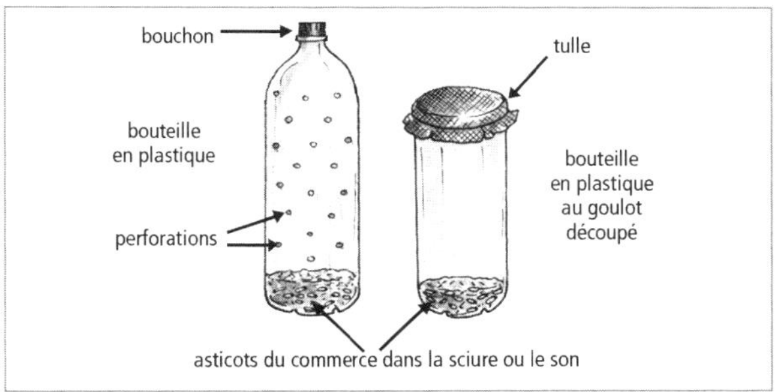

Dispositifs pour l'élevage de mouches.

L'enseignant organise le suivi de l'élevage en sollicitant les élèves.

Ces derniers préparent un cahier d'élevage collectif en décidant de la fréquence des observations (Qui ? Quand ?) et de la forme des relevés d'observation : notes consignées dans un tableau, photos numériques à imprimer, à coller et à légender dans le cahier ou à ordonner sous forme d'un diaporama numérisé (par exemple avec Powerpoint), d'un dossier ou de pages numériques (blog, sites de l'école, etc.)...

Étape 2

Analyser les résultats et résumer

Matériel
– Des feuilles A3.
– Les cahiers d'observation des élèves.

Organisation de la classe
Collectif.

Durée : 30 min.

Représenter sur une affiche les différentes étapes du développement de la mouche à l'aide de photographies numérisées ou de dessins légendés faits par les élèves.
Bien faire apparaître :
– le stade larvaire caractérisé par l'asticot ;
– le stade nymphal caractérisé par la pupe ;
– le stade adulte qui correspond à celui de la reproduction.
Élaborer le titre, par exemple : Le développement avec métamorphoses de la mouche bleue.

Pour observer le cycle complet, on peut placer à l'extérieur, dans un récipient large non recouvert, des petits morceaux de viande crue ou de poisson pour servir de support à la ponte de mouches sauvages.
Après avoir observé les grappes d'œufs, surveiller, dans les deux jours qui suivent, l'éclosion des larves.
Compléter alors l'affiche collective et dessiner dans le cahier d'observation la ponte et l'éclosion des larves.

Prolongement

Le froid ralentit-il le développement de l'asticot ?

Matériel
Les éléments nécessaires à la construction de deux élevages identiques.

Organisation de la classe
En collectif, puis en petits groupes.

Durée : mise en place : 15 min ;
observations quotidiennes de quelques minutes ;
analyse des résultats : 30 min.

Aiguiser la curiosité des élèves en précisant les conditions de conservation des asticots :
– dans une boîte aérée par de petits trous (comme le font tous les pêcheurs),
– dans une armoire réfrigérée dans le magasin,
– dans le bas du réfrigérateur de l'enseignant.
Ne pas anticiper sur « le pourquoi » que les élèves ne manqueront pas de poser.

Favoriser les échanges et les propositions d'explications pour formuler l'hypothèse suivante : le froid retarde ou empêche le développement ou la transformation des asticots.
► Comment vérifier cette hypothèse ?

Initier une réflexion personnelle puis par petits groupes avant d'échanger et de débattre pour conduire à l'élaboration d'un ou de plusieurs (selon la pertinence) protocoles expérimentaux.
Par exemple : reproduire un second (ou plusieurs autres) dispositif(s) semblable(s) au premier (même récipient, même nombre d'asticots) et le placer dans un endroit plus froid (ou les placer dans plusieurs endroits à température différente).

Remarque : bien veiller à ce que la seule variable soit la température. Si le réfrigérateur est choisi comme endroit expérimental, recouvrir d'un cache noir tous les dispositifs afin que la luminosité soit identique.
Ne pas oublier de vérifier la température des différents endroits.

Faire dessiner ou recopier le schéma de ces expériences dans le cahier de l'élève. En dessous, et selon les compétences acquises par les élèves, choisir de préparer :
• soit un tableau qui sera rempli au fur et à mesure des changements observés et des calculs de durée (effectués en nombre de jours) :

	Élevage dans la classe (20 °C)	**Élevage dans le réfrigérateur (6 °C)**	**Élevage sur le rebord de la fenêtre (x °C)**
Date de l'installation	Semaine / jour / mois	Semaine / jour / mois	Semaine / jour / mois
Stade larvaire (asticot)	Durée en jours :	Durée en jours :	Durée en jours : ....
Stade pupe	Date : .... Durée en jours :	Date : .... Durée en jours :	Date : .... Durée en jours : ....
Stade adulte (mouche)	Date :	Date :	Date : ....

- ou bien, des frises chronologiques qui seront complétées au fur et à mesure :

Élevage placé dans la classe à *x* degrés :

Stade "asticot" larvaire	Stade "pupe" nymphal	Stade "mouche" adulte	Mort ?
Installation le (date)	*Le (date)*	*Le (date)*	
		ponte - - - - - - ->	

Élevage placé dans le réfrigérateur à *y* degrés :

Stade "asticot" larvaire	Stade "pupe" nymphal
Installation le (date)	*Le (date)*

Les élèves seront sans doute surpris de découvrir les pupes, sorte de petits sacs ou de tonnelets bruns secs, durs et immobiles. Très souvent, ils pensent que ce sont des asticots morts. Expliquer que les asticots se sont transformés en pupes. Les observations ultérieures confirmeront les explications de l'enseignant. Leur faire dessiner une pupe.

Quand l'enseignant repérera le moment de la sortie des mouches, attirer l'attention des élèves pour l'observer en plaçant des pupes sur une feuille de papier. Repérer à l'extrémité de la pupe, l'ampoule céphalique rouge qui gonfle au-dessus de la tête de la mouche et l'aide à sortir.

Peu après la sortie de la jeune mouche, observer le déploiement des ailes.

Les élèves pourront dessiner cette dernière étape ou bien écrire un petit texte pour décrire cette ultime transformation ou métamorphose.

Schémas attendus

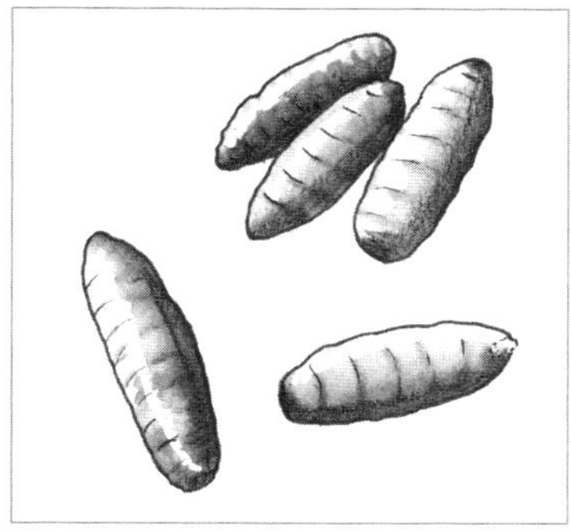

Des pupes.

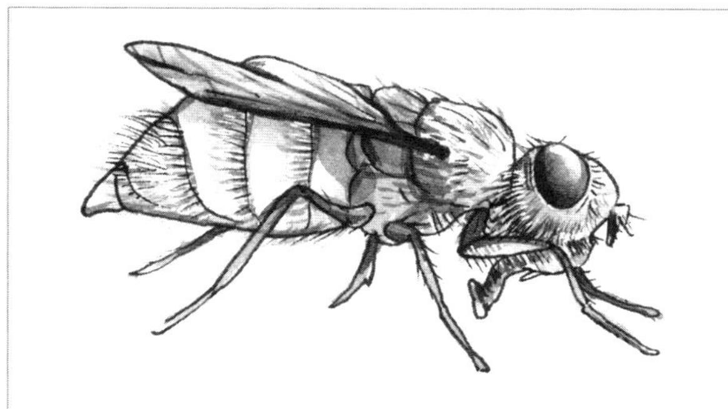

Une jeune mouche.

Séance 3 – Tous les animaux se développent-ils de la même manière ?

Compétences scientifiques
- Connaître quelques modes de développement des animaux familiers de notre environnement.

Compétences méthodologiques
- Savoir réaliser une frise chronologique avec les différents stades de développement qui caractérisent la vie de quelques animaux.
- Savoir comparer divers modes de développement et de croissance.
- Savoir se documenter, enquêter, s'informer et questionner lors de visites (apiculteur, musées, etc.).

Lexique
Naissance, croissance continue, croissance discontinue, mue, maturité sexuelle, vieillissement, mort.

Durée de la séance : 1 h 30.

Matériel
- 4 photographies d'un chat à différents stades de sa vie.
- 4 photographies d'un papillon à différents stades de sa vie.
- Dessins : « La coccinelle, de l'œuf à l'adulte ».
- 4 photographies de la mue d'une libellule.

Étape 1

Repérer différents stades de la vie des animaux

Matériel
- Les 4 photographies d'un chat à différents stades de sa vie (doc. 2, livret couleur p. 5).
- Les 4 photographies d'un papillon à différents stades de sa vie (doc. 1f, livret couleur p. 4).

Organisation de la classe
Collectif.

Faire observer librement par les élèves les photographies représentant les différents moments de la vie du chat (document 2) ; les laisser faire leurs remarques et poser leurs questions.

Faire retrouver à quel moment de la vie de l'animal correspond chacune des photos.
Introduire au fur et à mesure de la discussion le vocabulaire nécessaire pour situer les différentes étapes :
- les petits (chaton) pour la naissance ;
- les jeunes (jeune chat) pour la croissance juvénile ;
- les adultes (chat ou matou / chatte) pour l'âge de la maturité sexuelle et la reproduction ;
- les individus âgés pour le vieillissement (ou la sénescence) et la mort.

Tracer au tableau une frise du temps à recopier, ou distribuer une bande de papier aux élèves. Faire ordonner et positionner par les élèves les numéros et la légende des photographies du développement de manière chronologique.

Naissance	Croissance	Maturité sexuelle, reproduction	Vieillissement (ou sénescence) et mort
Les petits	Les jeunes	Les adultes	Les individus âgés
Chaton	Jeune chat	Chat, chatte	Vieux chat, vieille chatte

Refaire le même travail avec la grenouille et le papillon (*cf.* doc. 1f) :

Éclosion	Stade larvaire	Stade nymphal	Stade adulte, reproduction	Vieillissement et mort
Larve	Têtard	Têtard avec pattes et sans queue	Grenouille	
Larve	Chenille	Chrysalide (avec ou sans cocon, selon l'espèce)	Papillon	

Étape 2

Comparer différents stades de la vie des animaux

Matériel

- Les 4 photographies d'un chat à différents stades de sa vie (doc. 2, livret couleur p. 5).
- Les 4 photographies d'un papillon à différents stades de sa vie (doc. 1f, livret couleur p. 4).
- Les dessins : « La coccinelle, de l'œuf à l'adulte » (doc. 3, livret couleur p. 5).
- Les 4 photographies de la mue d'une libellule (poster).

Organisation de la classe

En petits groupes.

Comparer et caractériser chacune des périodes de la vie (la nature des changements observés, leurs effets) à l'aide d'un tableau comme celui de la page suivante, en utilisant l'ensemble des documents ainsi que les observations directes des élevages notées dans le cahier d'expériences, par exemple avec la coccinelle, la grenouille, la mouche (élevage), le grillon (élevage), le bombyx (élevage).
Toutefois, attention à ne pas chercher l'exhaustivité : préférer 3 ou 4 animaux avec des développements significatifs qui présentent quelques variantes.
Répartir la comparaison de deux animaux au plus à différents groupes de la classe.

Pour accompagner le poster sur la mue de la libellule, l'enseignant peut donner les précisions suivantes :

- La libellule vit sous forme de larve pendant 4 ou 5 ans.
- Un jour, au début de l'été, la larve s'accroche solidement au sommet d'une tige et, pendant plusieurs heures, se métamorphose en une libellule adulte superbement colorée.

Le tableau synthétique de l'ensemble du travail de la classe peut être ensuite distribué par l'enseignant et collé dans le cahier (voir page suivante).

Étape 3

Caractériser les différents stades de la vie des animaux

Matériel

Le même qu'en étape 2.

Organisation de la classe

Collectif.

Analyser les résultats et comparer pour dégager les caractéristiques de la croissance et du développement en notant avec de la couleur le vocabulaire spécifique.

Repérer la différence des modes de vie entre le stade larvaire et le stade adulte chez les animaux à métamorphoses.
Noter les similitudes entre les jeunes et les adultes chez les animaux à développement direct.

Favoriser les échanges oraux et permettre aux élèves de proposer des explications et d'argumenter sur ce que permet le développement indirect avec métamorphoses : par exemple, le changement de milieu de vie, et donc de mode alimentaire, permet aux individus d'une même espèce de coloniser plusieurs milieux au cours de leur vie et de profiter d'un surplus de nourriture.

Exemple de tableau synthétique :

Comparaison des petits à la naissance et des adultes	Chaton / Chat (ou souris ou chien ou petit mammifère ou oiseau)	Grenouille	Mouche bleue	Libellule
Se ressemblent-ils ?	Oui, mais ont la peau nue et les yeux fermés à la naissance (aveugle et sourd à la naissance).	Non : larve en forme de têtard.	Non : larve en forme d'asticot.	On retrouve les différentes parties du corps de l'adulte, les yeux composés mais seulement avec des ébauches d'ailes.
	Développement direct.	**Développement indirect avec métamorphoses complètes.**	**Développement indirect avec métamorphoses complètes.**	**Développement indirect avec métamorphoses complètes.**
Vivent-ils dans le même milieu ?	Oui.	Non : le têtard vit uniquement dans l'eau ; la grenouille vit au bord de l'eau ou sur la surface de l'eau, posée sur un nénuphar.	Non : l'asticot vit dans des matières en putréfaction ; la mouche vit dans le milieu aérien.	Non : « la larve » vit dans l'eau et l'adulte dans les airs.
Comment se déplacent-ils ?	Jeune et adulte marchent.	Têtard : nage. Grenouille : nage et saute.	Asticot : rampe. Mouche : vole et marche.	« Larve » : nage. Libellule : vole.
Que mangent-ils ?	Lait de la mère jusqu'à 3 mois. Adulte : viande.	Têtard mange des algues et du plancton ; grenouille mange des mouches et des moucherons.	Viande en putréfaction pour l'asticot et aliments sucrés pour l'adulte.	La larve, carnassière, mange des têtards, des limnées, d'autres larves aquatiques ; l'adulte mange des insectes en vol.
Comment grandissent-ils ?	Progressivement.	Progressivement.	Par « à-coups », avec des mues larvaires ; puis pupe jusqu'à la mue adulte.	Par mues successives jusqu'à l'adulte.
	Croissance continue.	**Croissance continue.**	**Croissance discontinue.**	**Croissance discontinue.**

Évaluation

Compétences évaluées

- Avoir compris et retenu que tous les animaux naissent, se développent et croissent, se reproduisent, vieillissent et meurent.
- Avoir compris et retenu que certains se développent directement tandis que d'autres subissent des métamorphoses, des transformations, avant de devenir adultes.
- Savoir prélever des indices sur des images pour identifier les stades de développement caractéristiques de différentes espèces.
- Savoir comparer ces images pour les ordonner de manière chronologique.
- Savoir associer des images appartenant à une même espèce.

Corrigé

1.

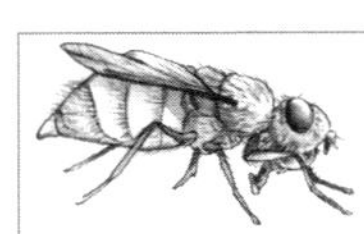
4 : un adulte.

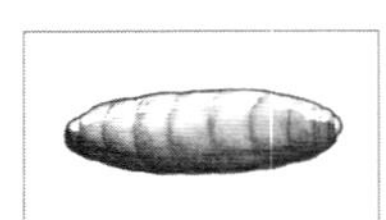
3 : une pupe.

2 : un asticot.

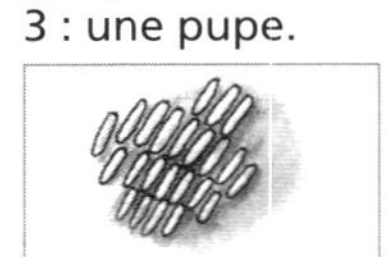
1 : des œufs.

2.

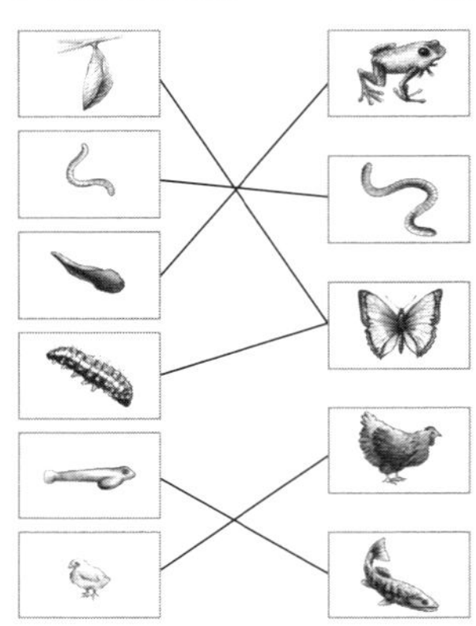

2
Fiche évaluation

Comment se développent les animaux ?

1. Remets de l'ordre dans les dessins en les numérotant de 1 à 4. Puis donne un titre à chaque stade du développement de la mouche en choisissant parmi les titres suivants :

des œufs – une larve – un asticot – une nymphe – une pupe – un adulte

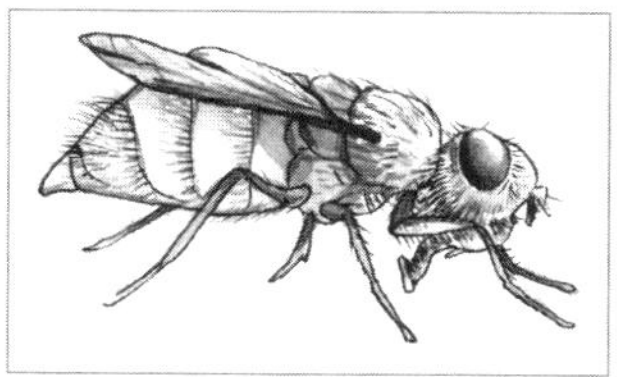
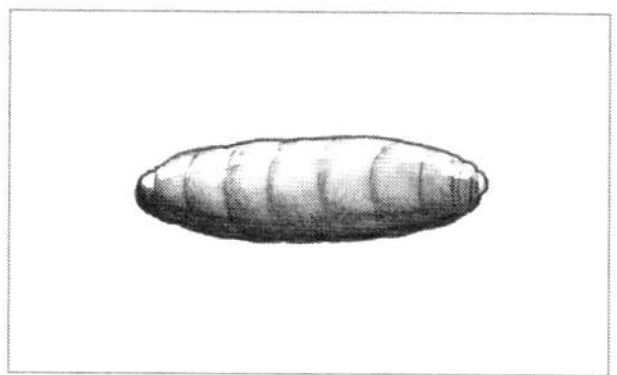
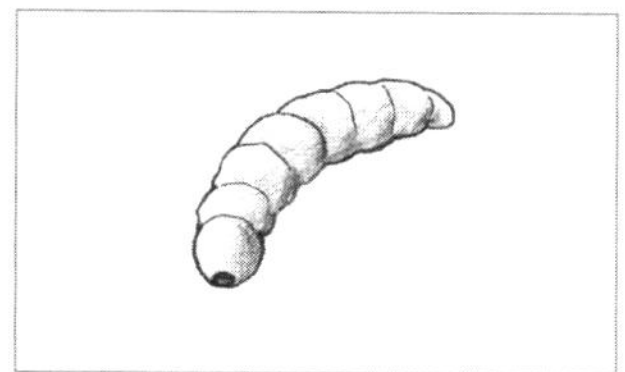
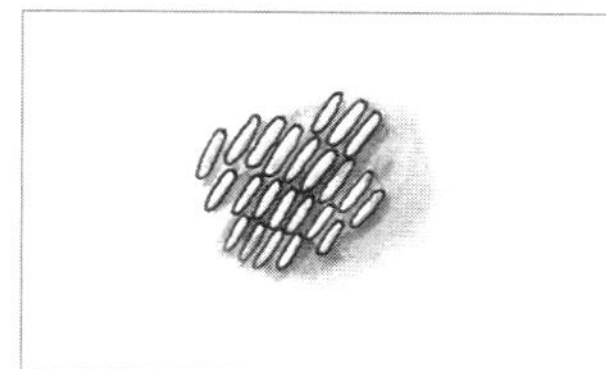

....

....

2. Associe l'adulte avec le petit ou le jeune de son espèce en les reliant par un trait.

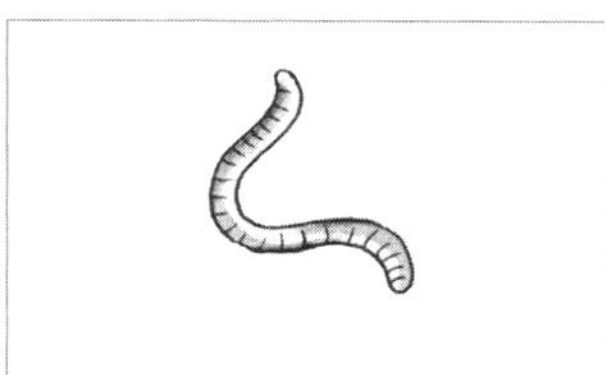
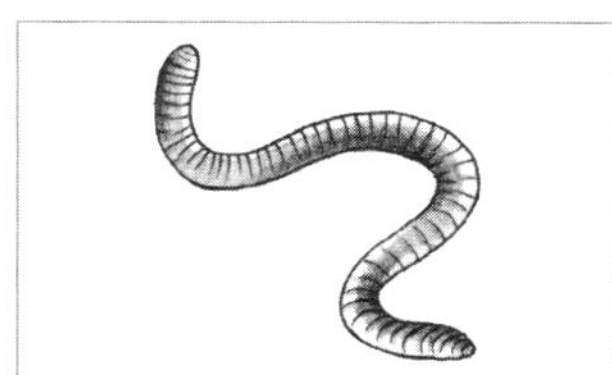
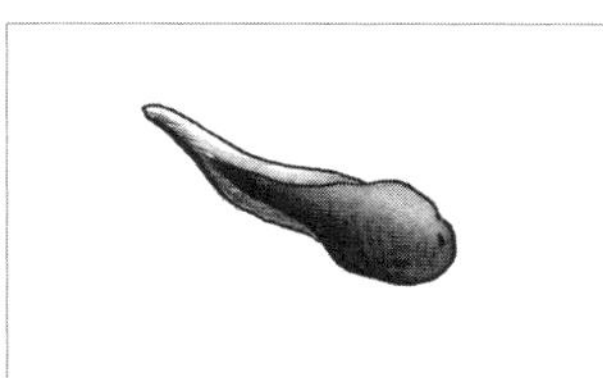

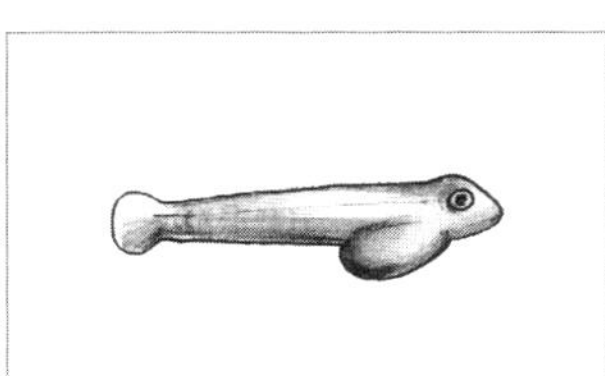

3

Comment se reproduisent les animaux ?

Informations pour l'enseignant

La reproduction sexuée

Pour coloniser le milieu et pérenniser les espèces, les animaux se reproduisent souvent par une reproduction sexuée caractérisée par la fécondation. Celle-ci est obtenue par l'union d'un gamète mâle ou spermatozoïde et d'un gamète femelle appelé ovule, et nécessite donc la présence de deux individus de la même espèce mais de sexes différents (mâle et femelle). Le résultat de la fécondation est une cellule-œuf à l'origine d'un nouvel individu. Ce dernier est une création unique même s'il possède les caractères spécifiques de son espèce ; c'est pourquoi l'on parle encore de procréation, notamment chez les être humains.

Les autres modes de reproduction

La **reproduction asexuée**, sans intervention de spermatozoïdes ni d'ovules, comme, par exemple, le bourgeonnement des coraux. Celle-ci engendre des individus qui sont de véritables copies conformes à l'individu-mère.
La **parthénogenèse**, à partir d'un ovule mais sans fécondation, comme chez certains insectes (phasmes, pucerons) ou crustacés (daphnies ou puces d'eau) qui permet la prolifération de l'espèce quand les conditions du milieu sont favorables ou bien comme chez les abeilles, l'apparition de mâles (faux-bourdons issus d'ovules non fécondés).

Différencier mâles et femelles

Mâles et femelles se distinguent par des différences internes, non visibles, de leurs appareils reproducteurs et par des différences externes, par exemple des différences de taille, des variations de couleurs ou de la forme de certains organes, par la présence ou l'absence d'appendices supplémentaires (crête développée chez le coq, plume caudale recourbée chez le canard colvert, ramure chez les mâles des cervidés, crinière chez le lion, griffes, cornes, plus développées, défenses, ventouses, etc.).
On parle de dimorphisme sexuel lorsque l'on peut distinguer le mâle de la femelle.
Quelques espèces font exception et possèdent à la fois un appareil reproducteur mâle et un appareil reproducteur femelle : ce sont **les hermaphrodites**, comme l'escargot ou le ver de terre. Néanmoins, ces espèces nécessitent de s'accoupler pour se reproduire.

Les parades nuptiales

Les parades nuptiales permettent l'attirance et la reconnaissance des animaux d'une même espèce entre eux. Elles consistent souvent en l'exhibition des caractères sexuels secondaires du mâle. La communication qui s'établit entre le mâle et la femelle utilise alors des signaux comme les couleurs, les odeurs (le papillon femelle attire le mâle en émettant des substances odorantes, les phéromones), le chant (le grillon, le merle, le paon), les danses. Lors de la parade nuptiale des flamants roses, véritable chorégraphie rythmée et synchronisée,

Lexique

Allaitement : action d'allaiter, c'est-à-dire, pour une mère du règne animal, d'alimenter ses petits nouvellement nés par son propre lait. Chez les petits des mammifères, l'allaitement est un geste instinctif qui, par un mouvement de succion, permet aux glandes mammaires de la mère de produire suffisamment de lait maternel pour nourrir son ou ses petit(s). Ces glandes sont contenues dans un organe (le pis) terminé par des mamelles.
Chez certains oiseaux, des sécrétions lactées sont produites au niveau du jabot des deux parents (pigeons, flamants roses) et régurgitées dans le bec des petits.
Autonomie : capacité des petits à la naissance de survivre (se nourrir, se déplacer, se protéger) seuls, sans l'aide des parents.
Becquée : chez les oiseaux, quantité de nourriture fournie par les parents à l'aide de leur bec et introduite dans le bec des oisillons. La becquée est souvent constituée de larves d'insectes, de petits vers, de graines écrasées ; elle est parfois accompagnée de secrétions régurgitées par les adultes.

ou de celle des cygnes, par exemple, le mâle et la femelle se font des révérences, échangent des claquements de bec et prennent alors une position de face à face en dessinant un cœur avec leurs longs cous ; le manchot, par exemple, offre un caillou brillant à sa femelle et le grèbe une touffe de plantes aquatiques. Chez les mammifères, l'état physiologique qui les pousse à rechercher l'accouplement s'appelle le rut ; chez les femelles, on parle de chaleur au moment où elle peut être fécondée.

La fécondation

Celle-ci est **externe** quand l'union des gamètes s'effectue en dehors du corps de la femelle, comme chez de nombreux poissons, chez la grenouille, etc. Dans ce cas, la femelle pond des ovules non fécondés que le mâle arrose de spermatozoïdes (c'est seulement après la fécondation que l'on peut parler d'œufs). Ce mode de fécondation se déroule en milieu aquatique ou marin. Le plus souvent, ce mode de fécondation s'effectue sans accouplement mais, chez la grenouille par exemple, l'accouplement a lieu et l'étreinte exercée par le mâle stimule la ponte des ovules par la femelle que le mâle arrose ensuite de son sperme (ou laitance).

La fécondation est **interne** quand l'union des gamètes s'effectue dans les voies génitales de la femelle, comme chez les mammifères, les oiseaux, certains poissons (guppys par exemple). Dans ce cas, pour la plupart des espèces, la fécondation a lieu grâce à un accouplement. Il existe cependant quelques exceptions où la fécondation est interne sans véritable accouplement, comme chez le scorpion jaune ou scorpion du Languedoc. Le mâle entraîne la femelle dans une danse nuptiale très particulière. Après des pas de danse, des frictions et frottements de leurs corps, l'étape ultime consiste pour le mâle à marcher à reculons, à émettre et à coller sur une pierre qu'il a choisie des petits sacs contenant les spermatozoïdes (les spermatophores) et à attirer brusquement la femelle au-dessus de ceux-ci pour les faire pénétrer entre ses valves ventrales et la féconder.

Le devenir de l'œuf

Chez **les ovipares**, les œufs sont soit abandonnés dans le milieu aquatique ou terrestre (certains œufs peuvent subir une incubation par les éléments naturels ; par exemple les œufs de tortues marines cachés dans le sable chaud et humide), soit couvés par l'un ou les deux parents chez les animaux à température constante. Les oiseaux bâtissent des nids pour couver et élever leurs oisillons. Les deux parents peuvent se relayer pour couver les œufs ; chez certaines espèces, seule la femelle couve sous la protection du mâle qui la nourrit et la protège contre les prédateurs (par exemple, le calao emmure la femelle pendant la couvaison). Chez l'hippocampe, c'est le mâle qui récupère les œufs dans une poche ventrale jusqu'à leur éclosion. Certains poissons mâles comme les Combattants s'occupent de leur jeune progéniture et confectionnent un nid de bulles.

L'embryon qui se développe se nourrit des réserves contenues dans l'œuf. Les petits naissent en sortant de l'œuf : c'est l'éclosion.

Chez **les vivipares**, l'œuf se développe dans l'organisme de la femelle et le petit naît en sortant du ventre de celle-ci (mise bas). L'embryon se nourrit en étroite relation avec la mère grâce à une annexe embryonnaire richement vascularisée, appelée placenta, à laquelle il est relié par un cordon ombilical. Ce mode de reproduction est spécifique de la plupart des mammifères.

La gestation correspond à l'état d'une femelle qui porte ses embryons puis ses fœtus dans son ou ses utérus. La durée de celle-ci varie selon les espèces (21 jours chez la souris, 640 jours chez l'éléphant).

Ce mode de reproduction permet à la fois la conquête de milieux très divers, et d'assurer la pérennité de l'espèce même lorsque les conditions du milieu sont difficiles.

Lexique

Dépendant : se dit des petits qui ne peuvent pas survivre seuls sans l'aide de leurs parents. Ces derniers les alimentent, les protègent et leur apprennent, peu à peu, à se déplacer, à rechercher leur nourriture et à se protéger contre les prédateurs et les intempéries.

Nourrissage : action des parents lorsqu'ils alimentent leurs petits. Par extension, période pendant laquelle ils nourrissent leur progéniture. On parle aussi de nourrissage artificiel quand l'homme donne aux animaux de la nourriture complémentaire ou de remplacement : graines, fruits, graisse aux oiseaux l'hiver ; paille et foin au gibier de plaine, etc.

Quand l'embryon se développe dans l'organisme de la femelle – soit sans aucun lien nutritionnel (comme chez la vipère, le guppy, le scorpion), soit avec une ébauche de lien (comme chez certains requins avec des échanges d'eau et d'oxygène entre l'embryon et la femelle) –, on parle **d'ovoviviparité**. Dans ces quelques cas, ce sont aussi les petits qui sortent du ventre de la mère.
Ce mode de reproduction intermédiaire augmente les chances de survie de l'espèce.

Les petits à la naissance

Les petits qui naissent par éclosion ou qui sortent du ventre de la mère sont soit autonomes, soit dépendants des parents qui apportent alors des soins adaptés pour les nourrir (becquée, allaitement, etc.), pour les protéger contre le froid et contre les prédateurs.
Chez les oiseaux, on peut distinguer les espèces dites **nidifuges**, qui deviennent rapidement autonomes, quittant le nid sommaire dans lequel elles sont nées, et les espèces **nidicoles**, qui nécessitent des soins plus intensifs et passent les premières semaines de leur vie à l'abri dans un nid parfois très élaboré où elles seront élevées. Ces nids sont adaptés pour protéger les petits contre d'éventuels prédateurs et contre les intempéries. Les matériaux utilisés et la complexité de leur construction varient selon les espèces. Par exemple, le merle noir bâtit un nid en forme de coupe avec des herbes sèches et des feuilles mortes qu'il consolide avec de la boue ; le nid de la mésange est en forme de boule ; elle le construit à l'aide de lichens, de mousse et de crin et tapisse l'intérieur avec des plumes. Le martin-pêcheur installe son nid au bout d'un long tunnel creusé dans la berge de la rivière et dépose ses œufs sur un tapis d'arêtes de poisson.
Les nids ne sont pas réservés aux seuls oiseaux ou ovipares. Les femelles de mammifères confectionnent aussi des nids pour mettre bas leurs petits et les protéger durant les premiers jours de leur vie comme, par exemple, la lapine qui creuse une rabouillère à l'écart de la garenne, ou la laie qui aménage un chaudron (excavation tapissée de végétaux).
Quand des soins sont apportés aux petits, ils sont donnés par l'un ou par les deux parents. Chez la baleine, les « tantes » aident le jeune baleineau à se maintenir à la surface de l'eau pour respirer.
Le nombre de petits par naissance est variable selon les espèces. Les œufs pondus par les poissons, batraciens, insectes et crustacés se comptent par milliers. Cette grande quantité compense la perte naturelle des œufs qui n'arriveront pas à maturité, ou la mortalité importante des jeunes très vulnérables à la naissance, face aux prédateurs, aux conditions du milieu et au manque de nourriture. Certains animaux ne donnent naissance qu'à quelques petits par portée (chat : 3 à 6 ; chien : 2 à 10 ; hamster : 4 à 15 ; souris : 3 à 12). D'autres ne donnent qu'un seul petit par portée (le cheval, le mouton, le singe). Chez ces espèces, les pertes sont moindres car les soins prodigués par les adultes sont importants.

Le bon moment pour se reproduire

Chez la plupart des animaux, la reproduction n'a lieu qu'à certains moments de l'année, en fonction des saisons, du climat, de la durée de l'éclairement dans la journée, etc. Certains animaux sont capables d'effectuer de grandes migrations pour se reproduire, comme le saumon, l'anguille, la sterne, l'hirondelle… ■

Observer la reproduction grâce à des élevages

On choisira des élevages qui permettent de montrer des étapes de différents modes de reproduction.
Un élevage d'escargots (ovipares) permet d'observer facilement (humidité constante du substrat non gorgé d'eau et température voisine de 18 °C) la ponte et l'éclosion des œufs.
Un élevage de guppys (ovovivipares) montrera les parades nuptiales, les femelles portant les œufs et les embryons dans leur ventre, et les naissances. Il faudra veiller à isoler la femelle dans une « maternité » pour l'expulsion des petits afin qu'ils ne soient pas mangés par les adultes ; on peut aussi garnir l'aquarium d'une plante aquatique aux tiges filamenteuses et enchevêtrées où les petits se réfugieront à l'abri des adultes, plus gros.

L'élevage d'un couple de petits mammifères matures (vivipares) ou de femelles gestantes (comme souris blanche, cochon d'Inde ou lapin), permet d'observer l'accouplement, la gestation, la mise bas et l'allaitement. Il est nécessaire de séparer la femelle dès lors qu'elle est pleine (fécondée) afin qu'elle mène tranquillement sa gestation. Au moment de la naissance et dans les premiers jours qui suivent, les élèves observeront les petits sans les toucher afin de ne pas perturber le comportement de la mère.

Matériel

Pour les escargots : 4 escargots de Bourgogne ou petit-gris, un aquarium désaffecté, du gravier fin, de la terre non argileuse, un grillage fin pour recouvrir l'ensemble, des mousses à humidifier, des feuilles mortes. Des graines de cresson alénois, de salade mesclun peuvent être semées sur la terre pour servir de nourriture après germination.

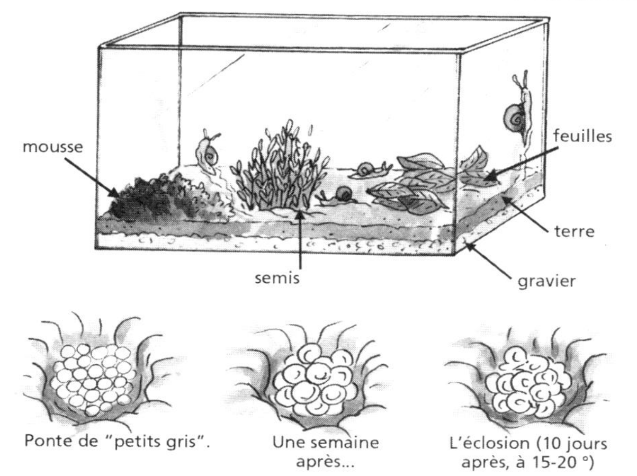

Schéma d'un élevage d'escargots d'après *l'Education Enfantine* n° 1, septembre 1987, Nathan.

Figure 1.
Un élevage d'escargots.

Pour les guppys : un mâle guppy et 3 femelles (plus grosses et moins colorées que le mâle), un aquarium, du gravier, une pompe à air, un tube à air, un T en plastique et un diffuseur, un filtre avec charbon et une mousse filtrante (ou bien un filtre interne avec moteur incorporé ; ou encore un thermoplongeur – avec ou non un thermostat intégré), un thermomètre, et une thermorésistance. Il faut maintenir la température autour de 24-25 °C pour permettre la reproduction.

La parade nuptiale des guppys est spectaculaire et après l'accouplement les couleurs du mâle sont plus vives et s'enrichissent de taches noires.

La nageoire anale du mâle se modifie et se prolonge en organe mâle (le pénis), appelé gonopode. Les femelles portent les œufs dans leur corps une trentaine de jours (selon la température) ; elles peuvent donner naissance à de nombreux alevins (10 à 50).

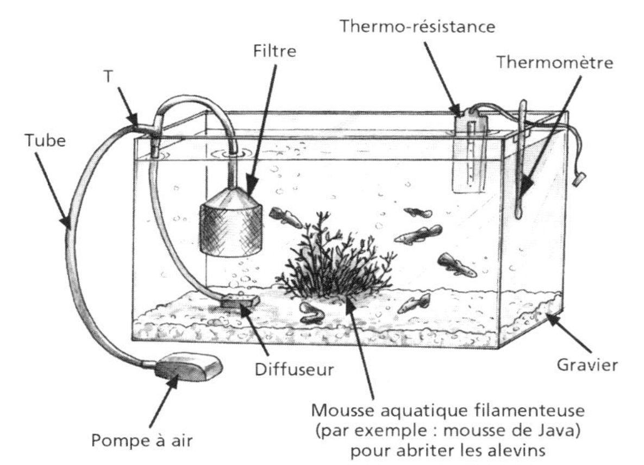

Figure 2.
Un aquarium avec des guppys.

Pour en savoir plus :

- **Site sur l'élevage de l'escargot avec de belles photos de reproduction**
http://escargot.free.fr/fra/repro.htm
- **Site qui donne le résultat d'observations d'un élevage de guppys**
http://web.univ-pau.fr/~degreg/uecf4/aquario/experiences/exp.htm#debut
- **Site de la Main à la pâte à consulter avant d'entreprendre des élevages afin de s'informer sur la législation en cours**
http://www.inrp.fr/lamap/?Page_Id=25&Action=1&Element_Id=1031&DomainPedagogyType_Id=1

Ressources pour l'enseignant

• **Dossier sur « les animaux amoureux » avec de belles photographies et des textes explicatifs très clairs**
http://www.fondation-nicolas-hulot.org/actualite/presse/doc/dossier-pedago_AA.pdf

• **Film « Aquaculture en Méditerranée » sur l'éclosion d'œufs de loup (poisson) – à télécharger ou à visionner en ligne**
http://www.cerimes.education.fr/index.php?page=bi_admin&op1=plan,,,99,,,,,,1,3509

• **Film « L'île aux flamants » (23 minutes) sur la reproduction des flamants roses dans le contexte de la protection de cette espèce en Europe) – à télécharger ou à visionner en ligne**
http://www.cerimes.education.fr/index.php?page=fiches,view,1029,10,7,,,flamants%20roses

• **Film « Le scorpion languedocien » sur la reproduction du scorpion jaune – à télécharger ou à visionner en ligne**
S'il est un peu compliqué pour les jeunes enfants, certaines images de naissances (parturition) de cet ovovivipare sont très intéressantes.
http://www.cerimes.education.fr/index.php?page=affiche_video,
http://sfrs-streamer.sfrs.fr/ramgen/media-2/sfrs/real/realvideo/5930.rm,,1732,10,7,470

• **Catalogue de photographies de parades nuptiales et d'accouplements**
http://www.linternaute.com/nature-animaux/animaux/dossier/seduction-animale/index.shtml

• **Belles photographies sur la reproduction des oiseaux de la baie de Somme**
http://www.baiedesomme.org/html/fr/approche-carto/Oiseaudumois.asp?arch=1

• **Dessins qui montrent le développement du poussin dans l'œuf**
http://eveil.haplosciences.com/poussin2.html

• **Site consacré au comportement reproducteur de l'hippocampe avec de belles photos d'un mâle qui recueille dans sa poche ventrale les ovules de la femelle**
http://hippoandco.over-blog.com/

• **Des « souvenirs entomologiques » de Jean-Henri Fabre, dont la description des observations est remarquable**
http://www.e-fabre.com/e-texts/scorpions.htm
http://www.e-fabre.com/e-texts/souvenirs_entomologiques/scorpion_famille.htm

Séance 1 – Comment naissent les animaux ?

Compétences scientifiques

- Savoir que les animaux se reproduisent essentiellement selon deux modes : par l'éclosion d'œufs pondus par la femelle (ovipare), ou par la mise bas de petits portés dans le corps de la femelle (vivipare).

Compétences méthodologiques

- Comprendre et analyser des documents variés.
- Formuler des hypothèses et faire émerger des problèmes.
- Procéder à des recherches documentaires (BCD, Internet). (*En prolongement.*)

Lexique

Éclosion d'œufs, mise bas, femelle.

Durée de la séance : 1 h.

Matériel

Un poster :
- « Un poulinage ».
- « Une portée de chiots ».

7 photographies :
- « D'autres petits nés du ventre de leur mère ».
- « Éclosion d'un poussin et d'un crocodile ».
- « Têtards sortant d'un œuf sans coquille ».

Étape 1

Observer et analyser la naissance de petits qui sortent du ventre de leur mère : mise bas chez les espèces vivipares

Matériel
- Le poster « Un poulinage » et « Une portée de chiots ».
- Les photographies d'autres petits nés du ventre de leur mère (doc. 1, livret couleur p. 6).

Organisation de la classe
Collectif.

L'enseignant fait observer la photographie du poulinage.
► Que représente cette photo ? *La naissance d'un poulain.*
Favoriser l'argumentation en demandant aux élèves de préciser les indices qui leur permettent d'émettre cette hypothèse. L'enseignant peut noter l'argumentaire des élèves au tableau (*encore emballé dans une poche, en train de sortir du ventre de la jument…*).
On peut ensuite faire vérifier à l'aide du dictionnaire la définition du terme poulinage.

Continuer la réflexion en demandant :
► Comment est le poil du poulain qui vient de naître ? *Il est tout mouillé.*
► Où était-il juste avant de naître ? *Dans le ventre de sa mère.*
► Comment ? *Emballé et protégé dans une poche remplie de liquide.*
► Par quel orifice est-il en train de sortir ?
Aider les élèves à découvrir qu'il sort par un orifice spécial en leur faisant observer que le poil est mouillé par le liquide de la poche et non par l'urine ; qu'il n'est pas sale et donc qu'il n'est pas sorti par l'anus.

Faire remarquer que le poulain ressemble à sa mère : forme de la tête et du corps identique, deux oreilles, quatre pattes ; qu'il diffère par la couleur de son pelage.

L'enseignant demande alors aux élèves d'observer la photographie d'une portée de chiots.
Faire décrire les petits en soulignant les ressemblances (caractères communs de l'espèce) et les particularités (caractères individuels, comme la couleur du pelage par exemple).
L'enseignant explique qu'ils sont sortis du ventre de la mère, comme pour le poulain.
► Que font-ils ? *Ils tètent leur mère qui les allaite.*

► Connaissez-vous d'autres petits qui tètent leur mère ?
On pourra notamment se reporter aux autres documents photographiques (agneau, porcelets, lapereaux et singe), mais aussi aux expériences vécues par certains enfants si c'est le cas.
Les élèves citeront également peut-être les bébés des êtres humains.

Étape 2

Observer et analyser la naissance de petits qui sortent d'un œuf : éclosion chez les espèces ovipares

Matériel
- La photographie « Éclosion d'un poussin et d'un crocodile » (doc. 2, livret couleur p. 6).
- La photographie « Têtards sortant d'un œuf sans coquille » (doc. 3, livret couleur p. 6).

Organisation de la classe
Collectif.

L'enseignant sollicite les élèves :
► Connaissez-vous d'autres façons de naître ?
Les élèves formulent des hypothèses et ébauchent des argumentaires.

Pour vérifier, l'enseignant propose aux élèves d'observer les photographies du poussin et du crocodile en train d'éclore.

Faire lire la légende et demander de décrire les photographies ; on relèvera notamment la présence d'un œuf, la coquille brisée, un petit qui sort seul de cette coquille, ressemblant aux parents mais encore tout mouillé.

► Comment se passe l'éclosion ? *Les petits brisent la coquille*.

L'enseignant apporte le vocabulaire spécifique – œuf, coquille, éclosion – et valide les réponses.

L'enseignant fait alors observer la photographie de têtards de grenouille sortant d'un œuf sans coquille.
► Comment les petits sortent-ils de ces œufs sans coquille ? *Ils déchirent la paroi ou la membrane de l'œuf.*

Remarque : si un élevage d'escargots a été réalisé en classe, faire appel à la mémoire des élèves ayant assisté à l'éclosion. Faire décrire les œufs, leur taille, leur forme, leur couleur et faire remarquer l'absence de coquille.

Étape 3

Conclure

Organisation de la classe
Collectif.

Élaborer un résumé avec les élèves pour répondre à la question : « Comment naissent les petits des animaux ? » Par exemple :

Les animaux se reproduisent en donnant naissance à des petits qui sortent :
– soit du ventre de leur mère : c'est la mise bas ;
– soit d'un œuf : c'est l'éclosion.

On peut aussi préciser que les petits nés de mêmes parents leurs ressemblent mais ne sont pas identiques entre eux car ils possèdent des particularités.

Prolongement

Enquêter

Organisation de la classe
En collectif puis en individuel ou par binômes.

À la fin de l'étape 2, l'enseignant peut susciter une recherche en demandant :
► Connaissez-vous d'autres animaux qui naissent de ces deux manières ?
L'enseignant organise alors une recherche documentaire, une enquête ou une visite (Internet, BCD, musées, visites à la ferme par exemple).

On peut élaborer un tableau collectif à l'aide des photographies du livret couleur.
Ce tableau sera ensuite complété au fur et à mesure des réponses obtenues.

Les petits sortent d'un œuf : éclosion	Les petits sortent du ventre de la mère : mise bas
Le poussin	Le poulain
Le caneton	Le veau
Le flamant rose	Le porcelet
La truite	Le souriceau
Le dragon de Komodo	Le lapereau
La tortue	Le chiot
La chenille	Le chaton
Le têtard de grenouille	Le bébé humain
Le criquet	…
…	…

Séance 2 – Qui sont les parents des petits ? Comment se rencontrent-ils ?

Compétence scientifique

- Savoir qu'il faut deux parents (un mâle et une femelle) d'une même espèce pour donner naissance à un nouvel être vivant de leur espèce (caractères communs) qui possède aussi des particularités uniques (procréation).

Compétences méthodologiques

- Comprendre et analyser des documents variés.
- Comparer des comportements animaux.
- Formuler des hypothèses et faire émerger des problèmes.
- Procéder à des recherches documentaires (BCD, Internet).

Lexique

Mâle, femelle, reconnaissance, parade nuptiale, couple, accouplement, offrande, organes sexuels, parents.

Durée de la séance : 1 h.

Matériel

Le poster :
- « Parade nuptiale de flamants roses ».
- « Parade nuptiale de grèbes huppés ».

7 photographies :
- Mâles et femelles de mêmes espèces (dont trois accouplements).
- Une fiche activité : tableau de comparaison à remplir.

Étape 1

Observer et formuler des hypothèses sur le comportement et les attitudes des animaux

Matériel

Les photographies de parade nuptiale chez les flamants roses et chez les grèbes huppés (poster).

Organisation de la classe

Collectif.

L'enseignant laisse le temps aux enfants d'observer la photographie de parade nuptiale chez les flamants roses ; il fait lire la légende et demande de décrire l'attitude de ce couple de flamants roses (*ils s'embrassent, se câlinent, se font des courbettes...*).

L'enseignant demande maintenant aux élèves d'observer et de décrire la photographie de parade nuptiale chez les grèbes huppés et de lire la légende. Il questionne :

► Que tiennent les grèbes dans leur bec ? Que font-ils ? *Ils s'offrent et échangent des plantes aquatiques.*

L'enseignant explique que celles-ci serviront à faire leur nid ; tous ces gestes précèdent l'accouplement. Ces gestes et danses rituels se nomment **la parade nuptiale**.

► Reconnaissez-vous le mâle et la femelle ? *Non, c'est difficile ; peut-être la femelle est-elle plus petite ; le mâle plus rose ?*

► À votre avis, comment se choisissent-ils pour former un couple ? *Quand ils dansent ensemble de manière synchronisée ; la femelle préfère peut-être un mâle plus coloré, etc.*

Approfondissement possible : on peut proposer de consulter un livre documentaire sur ce thème emprunté à la BCD ; on trouve également sur Internet des fiches documentaires qu'il est possible d'utiliser en classe (par exemple : www.bestioles.ca/oiseaux/flamants.html). Il est enfin possible de visionner des petits films (*cf.* p. 40).

L'enseignant valide les réponses qui mènent à la conclusion que, lorsque les mâles et femelles se ressemblent beaucoup, le mâle reconnaît la femelle par les réponses et les gestes qu'elle fait au cours de la parade nuptiale.

Étape 2

Comparer, différencier et reconnaître un mâle d'une femelle

Matériel

- Les photographies de mâles et de femelles de même espèce (doc. 4, livret couleur p. 7).
- Le tableau comparatif à remplir (à photocopier).

Organisation de la classe

En collectif puis en individuel (ou en groupes).

L'enseignant propose maintenant d'observer les photographies représentant les mâles et les femelles de même espèce : lion et lionne ; canard et cane ; cerf et biche ; taureau et vache ; criquets.
Il demande de comparer les deux individus d'une même espèce et de repérer ce qui les différencie. Chacun note les réponses dans le tableau proposé sur la fiche activité.

Corrigé

Mâle	Femelle	Signes distinctifs	
		du mâle	**de la femelle**
lion	lionne	Crinière	Absence de crinière
canard Colvert	cane	Tête verte, bec jaune, plume caudale recourbée	Plumage marron-gris uniforme
cerf	biche	Présence de bois et grande taille	Pas de bois Taille plus petite
taureau	vache	Pénis et bourses	Pis avec mamelles
criquet mâle	criquet femelle	Ailes plus longues, abdomen coloré	Plus grosse Ailes plus courtes

L'enseignant peut demander aux élèves de faire une recherche documentaire pour compléter le tableau, par exemple à partir d'une liste qu'il aura établie d'après le vécu des élèves et le milieu géographique qu'ils connaissent. Ce travail peut aussi être réalisé lors d'une visite de parc zoologique, de musée ou de ferme pédagogique.

Étape 3

Conclure et résumer

Organisation de la classe
Collectif.

L'enseignant interroge en vue de réaliser une synthèse :

- À votre avis, pourquoi de nombreux animaux font-ils des danses ou des parades nuptiales ? *Pour se reconnaître, pour se choisir et former un couple d'une même espèce, pour s'apprivoiser, pour se connaître et être moins méfiants l'un de l'autre, pour s'accoupler, pour faire des bébés, etc.*

L'enseignant valide la nécessité d'un mâle et d'une femelle pour former un couple et donner naissance à des petits.

Résumé possible
Pour se reproduire, les animaux forment des couples constitués par un mâle et une femelle de même espèce. Ils se rencontrent au cours de parades nuptiales.

3 Fiche activité 1

Qui sont les parents des petits ? Comment se rencontrent-ils ?

Compare le mâle et la femelle de chaque espèce ; repère ce qui les différencie et note tes réponses dans le tableau ci-dessous.

Mâle	Femelle	Signes distinctifs	
		du mâle	de la femelle
lion	lionne		
canard Colvert	cane		
cerf	biche		
taureau	vache		
criquet mâle	criquet femelle		

3 Fiche activité 1

Qui sont les parents des petits ? Comment se rencontrent-ils ?

Compare le mâle et la femelle de chaque espèce ; repère ce qui les différencie et note tes réponses dans le tableau ci-dessous.

Mâle	Femelle	Signes distinctifs	
		du mâle	de la femelle
lion	lionne		
canard Colvert	cane		
cerf	biche		
taureau	vache		
criquet mâle	criquet femelle		

Séance 3 – Quel est le rôle de chacun dans la reproduction ?

Compétences scientifiques
- Savoir que certains animaux doivent s'accoupler (par exemples les insectes, les oiseaux, les mammifères), mais d'autres non (par exemple les poissons).
- Savoir que la rencontre d'un spermatozoïde produit par le mâle avec un ovule de la femelle donne un œuf : c'est la fécondation.
- Savoir que la fécondation peut avoir lieu à l'intérieur ou à l'extérieur du corps de la femelle.

Compétences méthodologiques
- Comprendre et analyser des documents variés.
- Comparer des comportements animaux.
- Formuler des hypothèses et faire émerger des problèmes.
- Procéder à des recherches documentaires (BCD, Internet).
- Interpréter un compte rendu d'expérience ; schématiser un processus.

Lexique
Laitance, spermatozoïdes, ovules, fécondation, œufs, couvaison, gestation.

Durée de la séance : 1 h 30.

Matériel
– Une photographie d'alevins.
– Une fiche activité : « Compte rendu d'expérience sur la reproduction des poissons ».

Étape 1

Qu'est-ce que la fécondation ?
Émettre des hypothèses et argumenter

Matériel
Alevins de poissons Combattants (doc. 1d, livret couleur p. 3).

Organisation de la classe
Collectif.

► À votre avis, que va-t-il se passer après l'accouplement ?

Laisser les enfants s'exprimer en leur demandant de préciser leurs explications et d'argumenter. Exemple : *C'est la femelle qui va pondre les œufs ; elle (ou les deux parents) va couver les œufs, ou les accrocher sur des végétaux, ou les enterrer dans le sable (tortue) ou bien encore des petits vont se développer dans son ventre, etc.*

Poursuivre le questionnement :

► Est-ce que tous les animaux s'accouplent ? Les truites, les saumons, les gardons, les carpes s'accouplent-ils ? *Non*[1].

L'enseignant rappelle qu'on a vu que les poissons pondent des œufs desquels sortent les petits alevins. On pourra alors reprendre la photographie du document 1f en précisant que les Combattants (les mâles) font un nid avec des bulles d'air recueillies en surface et imprégnées de mucus, bulles dans lesquelles les petits vont naître et se développer sous la surveillance du mâle.

S'étonner :

► Ces poissons qui ne s'accouplent pas pondent pourtant des œufs ?

► Qui pond les œufs : le mâle ou la femelle ?

Par un raisonnement analogue à celui de la séance précédente, les élèves répondront très certainement que c'est la femelle qui pond des œufs.

Jouer alors le rôle du candide et rétorquer :

► Alors les poissons mâles ne servent à rien (n'ont pas de rôle) dans la reproduction ?

Il est possible que des élèves déjà informés proposent des explications. Les laisser s'exprimer en leur demandant éventuellement des précisions.

Étape 2

Comprendre et interpréter les résultats d'une expérience pour vérifier les hypothèses

Matériel
Compte rendu d'expérience sur la reproduction des poissons (à photocopier).

1. Si un élevage est réalisé en classe, on pourra préciser que quelques espèces de poissons ovovivipares, comme les guppys, s'accouplent.

Organisation de la classe
Collectif.

L'enseignant distribue la fiche activité et aide les élèves à comprendre l'expérience en questionnant :

- Que fait-on à la femelle ? *On la fait pondre.*
- Comment ? *En lui appuyant sur le ventre.*
- Que fait-on avec cette ponte ? *On la répartit en deux lots que l'on place dans deux récipients différents.*
- Que fait-on avec le premier lot ? *On le place dans de l'eau aérée à l'aide d'un bulleur.*
- Que fait-on avec le second lot ? *On le place dans de l'eau aérée et on l'arrose avec de la laitance du mâle.*
- Comment appelle-t-on encore la laitance ? *Les spermatozoïdes.*
- Après plusieurs jours, que constate-t-on dans le récipient A ? *La ponte se décompose.*
- Dans le B ? *Des œufs se sont formés et ont donné naissance à des alevins.*

Il est intéressant de reproduire sous forme d'un tableau le descriptif de l'expérience :

Récipient A : 1er lot	Récipient B : 2e lot
Ponte de la femelle seule	**Ponte arrosée par la laitance du mâle**
↓ La ponte se décompose.	↓ Des œufs se forment et donnent naissance à des alevins.

L'enseignant guide les élèves pour analyser et interpréter les résultats :

- La femelle saumon peut-elle donner naissance, seule, à des alevins ? *Non.*
- Que faut-il faire pour que des œufs se forment ? *Il faut arroser la ponte de la femelle avec la laitance ou les spermatozoïdes du mâle.*

L'enseignant explique alors que la femelle n'a pas pondu des œufs mais des ovules. Les œufs ne se forment qu'après l'union des spermatozoïdes avec les ovules. Cela s'appelle la **fécondation**.

- Où a eu lieu cette fécondation ? *Dans l'eau, en dehors du corps du poisson.*

Poursuivre l'explication en précisant que, dans la nature, et chez la plupart des poissons, cette fécondation a aussi lieu dans l'eau, en dehors du corps de la femelle.
Insister sur le fait que, même si ces poissons ne s'accouplent pas, le mâle est indispensable pour qu'il y ait fécondation.

- Et chez les animaux qui s'accouplent, comment se fait la fécondation ?

Laisser les élèves expliquer ou émettre des hypothèses.
L'enseignant explique ensuite que le mâle dépose ses spermatozoïdes dans le ventre de la femelle à l'aide de son pénis. Rappeler l'exemple du taureau vu en séance 2, où les bourses et le pénis étaient visibles. Expliquer que les bourses sont des sortes de poches ou d'organes spéciaux qui contiennent les spermatozoïdes.

Prolongement possible
À l'aide d'un petit film vidéo sur la reproduction des poissons (à télécharger – *cf.* p. 40 – ou à emprunter auprès d'un CDDP ou CRDP), l'enseignant peut montrer comment se reproduisent artificiellement les poissons et faire ainsi comprendre que le mâle et la femelle sont nécessaires pour avoir des petits.

Étape 3

Synthèse

Élaborer avec les élèves un résumé à copier dans le cahier de sciences. Par exemple :

Mâles et femelles sont indispensables pour permettre la fécondation, union d'un spermatozoïde du mâle avec un ovule de la femelle, et la formation d'un ou de plusieurs œufs. La fécondation peut avoir lieu à l'extérieur ou à l'intérieur du corps de la femelle.

Quel est le rôle de chacun dans la reproduction ?

Compte rendu d'expérience sur la reproduction des poissons

Observe les 3 étapes de l'expérience schématisée ci-dessous et lis le texte qui s'y rapporte pour comprendre. Puis, réponds aux questions.

Étape 1

On fait pondre une femelle saumon en lui appuyant sur le ventre. Puis on répartit sa ponte en deux lots que l'on dépose dans deux récipients différents, A et B, remplis d'eau aérée.

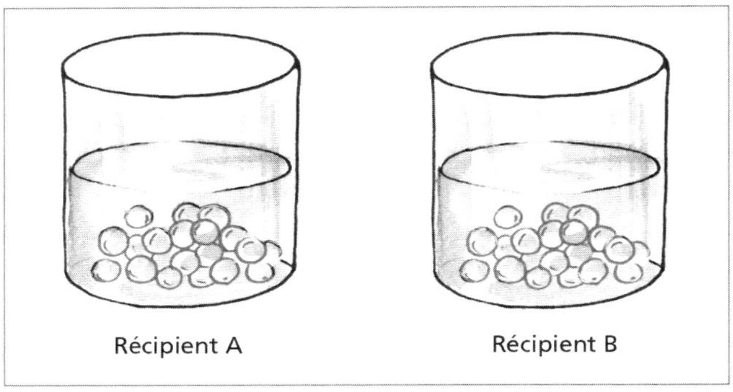

- Que fait-on à la femelle ? ....
....
....
- Comment ? ....
....
....
- Que fait-on avec cette ponte ? ....
....
....

Étape 2

Dans le récipient B, on arrose la ponte de la femelle avec de la laitance (ou spermatozoïdes) recueillie en pressant le ventre du mâle.

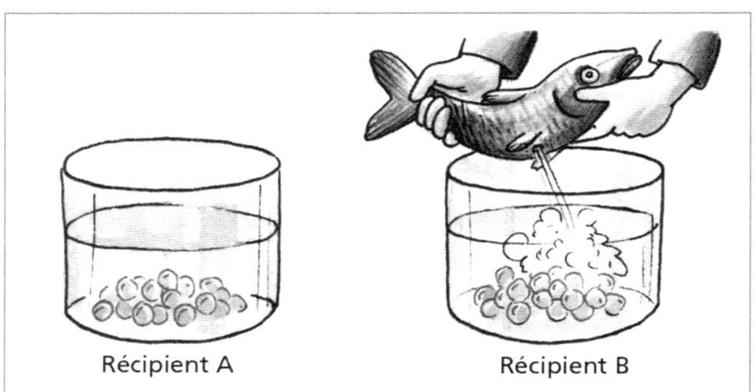

- Que fait-on avec le premier lot (récipient A) ?
....
....
- Que fait-on avec le second lot (récipient B) ?
....
....
- Comment appelle-t-on encore la laitance ?
....
....

Étape 3

Après plusieurs jours, la ponte du récipient A se décompose alors que dans le récipient B, des œufs se sont formés d'où sortent de jeunes alevins.

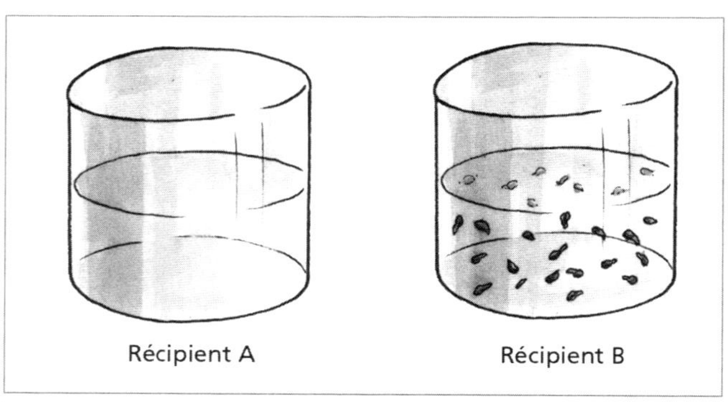

- Après plusieurs jours, que constate-t-on dans le récipient A ?
....
....
....
- Et dans le B ?
....
....
....

Séance 4 – Que devient l'œuf ? Comment vivent les petits après leur naissance ?

Compétences scientifiques
- Savoir qu'à la naissance, le petit peut être soit soigné par ses parents, soit abandonné et obligé de survivre seul.

Compétences méthodologiques
- Comprendre et analyser des documents variés.
- Comparer des comportements animaux.
- Formuler des hypothèses et faire émerger des problèmes.
- Procéder à des recherches documentaires (BCD, Internet).

Lexique
Nourrissage, allaitement, becquée, dépendant, autonome.

Durée de la séance : 1 h.

Matériel
8 photographies :
- Un oiseau en train de couver.
- Une grenouille en train de pondre.
- Un veau en train de téter.
- Un baleineau en train de respirer.
- Oisillons attendant la becquée.
- Poules et poussins.
- Petites tortues marines.
- Coccinelles sortant de l'œuf.

Une fiche activité :
tableau de comparaison à remplir.

Étape 1

Que devient l'œuf après fécondation ?

Matériel
Photographies d'un oiseau en train de couver et d'une grenouille en train de pondre (doc. 5, livret couleur p. 8).

Organisation de la classe
Collectif.

► Que deviennent les œufs formés après fécondation ?

Laisser les élèves évoquer leurs connaissances (antérieures et extrascolaires, ou construites à partir de l'observation d'élevages en classe), puis leur faire observer les deux photographies.

Recenser, selon les exemples proposés, les différents modes de ponte et le devenir des œufs :
► Où sont pondus les œufs ?
► Sont-ils abandonnés sur des végétaux, dans l'eau, dans le sable ?
► Sont-ils pondus dans un nid ?
► Sont-ils couvés par l'un ou les deux parents ?

Approfondir la réflexion en sollicitant les élèves :
► Quand la femelle garde dans son corps l'œuf fécondé, que devient-il ? *Il se développe dans son ventre et le petit sort du ventre de la mère.*
► Que dit-on d'une femelle quand elle porte des petits dans son ventre ?

Apporter les termes de vocabulaire nécessaires : on dit qu'elle est pleine, qu'elle est gestante. On parle encore de grossesse et de gestation pour caractériser cet état.

Prolongements possibles
En fonction de la motivation des élèves et de leur environnement, on peut choisir un ou deux textes qui décrivent les comportements des animaux après la ponte, ou encore projeter un film sur, par exemple, le comportement de l'hippocampe ou de l'épinoche, ou sur la reproduction des flamants roses ou des tortues de mer.
Une recherche documentaire sur Internet peut être proposée. L'enseignant choisit les exemples et les sites (par exemple, la remontée des saumons, la migration des anguilles, ou encore la reproduction du scorpion jaune, les nids construits par les animaux...).
Des tableaux exprimant l'âge de la maturité sexuelle des animaux, la durée de gestation, le nombre de petits dans une portée, le nombre d'œufs dans une couvée ou dans une ponte, la durée d'incubation, ainsi que des planches présentant la grande diversité des œufs (forme, taille, couleur) montrent la diversité des modes de reproduction.

Cette recherche est aussi l'occasion de sensibiliser les élèves à la protection de la biodiversité. Certains animaux sont en effet très vulnérables car leur mode de reproduction et leurs comportements les fragilisent par rapport aux évolutions du milieu provoquées par l'homme. Par exemple, en Camargue, le flamant rose ne se reproduit qu'à partir de 6 ou 8 ans, n'élève qu'un petit par an et est un animal très craintif, victime de paniques collectives. Or, l'augmentation des déchets rejetés par les hommes a favorisé le nombre de goélands, principaux prédateurs des œufs et des petits des flamants roses ; de plus, le tourisme sur les lieux de reproduction s'est accru. Ces deux facteurs – parmi d'autres – pourraient entraîner la disparition de cette espèce en Camargue si des mesures de protection ne sont pas mises en œuvre.

Il est possible d'effectuer un travail de lecture documentaire en choisissant des textes illustrés extraits du magazine *La Hulotte* n° 13 : « L'accouplement chez l'Agrion », ou n° 77 : « L'accouplement des hérissons ». Ces extraits contiennent à la fois des informations scientifiques rigoureuses et beaucoup d'humour.

Étape 2

Comment vivent les petits après leur naissance ?

Matériel
- Les 6 photographies de jeunes animaux (doc. 6, livret couleur pp. 8 et 9).
- Le tableau de comparaison à remplir (à photocopier).

Organisation de la classe
En collectif et en groupes.

L'enseignant fait observer les photographies du veau en train de téter et du baleineau en train de respirer et demande :
- ► Quels soins sont donnés à ces petits ? Par qui ? *Le petit veau est allaité par sa mère, la vache. Le baleineau est poussé par sa mère et d'autres femelles de la famille (ses tantes) pour respirer à la surface de l'eau.*

Il demande alors aux élèves de se reporter aux photographies des poussins suivant la poule et d'oisillons peu développés recevant la becquée, d'observer attentivement les petits et de les comparer en complétant le tableau de la fiche activité.

La même démarche est ensuite appliquée pour les deux dernières photographies, présentant cette fois des petits livrés à eux-mêmes (tortues marines et coccinelles).

Réponses attendues

	Veau	Baleineau	Oisillons	Poussins	Petites tortues marines	Coccinelles
Comment sont les yeux des petits ?	ouverts	ouverts	fermés	ouverts	ouverts	ouverts
Comment est leur peau ?	recouverte de poils	lisse	nue	recouverte de duvet	carapace recouverte d'écailles	carapace molle recouverte de poils
Peuvent-ils se déplacer seuls ?	oui	oui, mais aidés par la mère pour la première respiration	non	oui ; marcher et nager	oui	oui
Peuvent-ils se nourrir seuls ?	non	non	non	oui	oui	oui
Que mangent-ils ?	du lait qu'ils tètent au pis de la vache	du lait éjecté des mamelles (ils n'ont pas de muscles pour téter)	becquée de larves et d'insectes par les parents	de petits végétaux aquatiques, du plancton	plancton	variable selon les espèces (souvent substances végétales)

Remarque : l'enseignant peut aussi organiser un travail de groupe où chacun devra remplir ce tableau en faisant varier les exemples en fonction des documents à disposition dans le livret couleur, mais aussi dans les ouvrages de la BCD ou dans une sélection d'images prises sur Internet. La mise en commun permet alors d'enrichir les comparaisons. Attention cependant à ne pas trop multiplier les exemples, mais au contraire à les choisir deux à deux avec une espèce dont les adultes apportent des soins à des petits très dépendants et une autre espèce dont les petits sont pratiquement abandonnés par les adultes.

Étape 3

Conclure et schématiser un processus

Organisation de la classe
Collectif.

Faire élaborer un résumé et/ou un tableau récapitulatif adapté aux exemples étudiés en classe, qui répondent aux questions suivantes :
- ► Que devient l'œuf ?
- ► Que deviennent les petits après leur naissance ? Quels sont leurs besoins ?

Par exemple :

Les petits qui sortent de l'œuf	
Les parents les soignent, les nourrissent, les défendent contre les prédateurs et les protègent du froid. *Citer les exemples étudiés en classe.* Le mâle les soigne et les protège. Exemples : *l'hippocampe, le gobie, l'épinoche.*	Les parents les abandonnent ; les petits se débrouillent seuls pour survivre. Exemples : *la tortue marine, l'escargot, la chenille de papillon, le criquet, etc.*
Les petits qui sortent du corps de la mère	
La femelle allaite le petit. Il est protégé (du froid, des prédateurs) et éduqué par ses parents. *Citer les exemples de mammifères vivipares étudiés en classe (le poulain, le veau, le lapereau, le souriceau…).*	La femelle les abandonne. Exemples : *les guppys, les poissons ovovivipares élevés en classe…*

Exemple de résumé :

Pour donner des petits, les œufs fécondés se développent soit dans le ventre de la femelle, soit à l'extérieur.
Les œufs pondus à l'extérieur sont abandonnés par la femelle (exemple : la grenouille) ou bien couvés par elle ou par les deux parents (exemple : les oiseaux).

Des schémas peuvent enfin être élaborés pour caractériser les divers modes de reproduction. Par exemple :

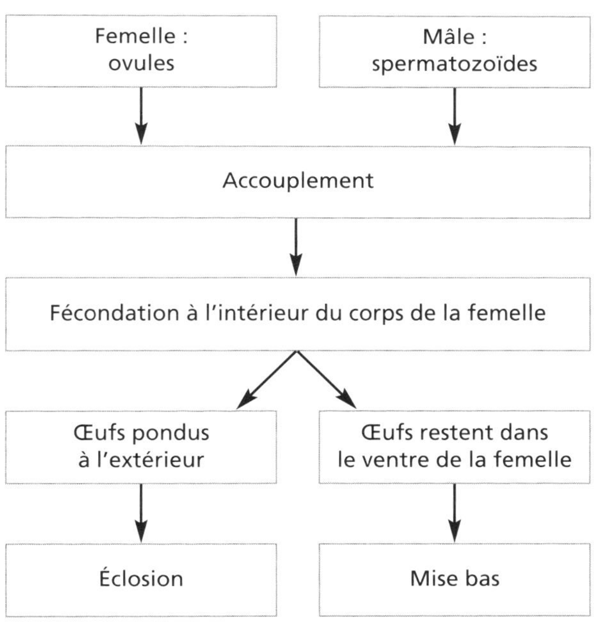

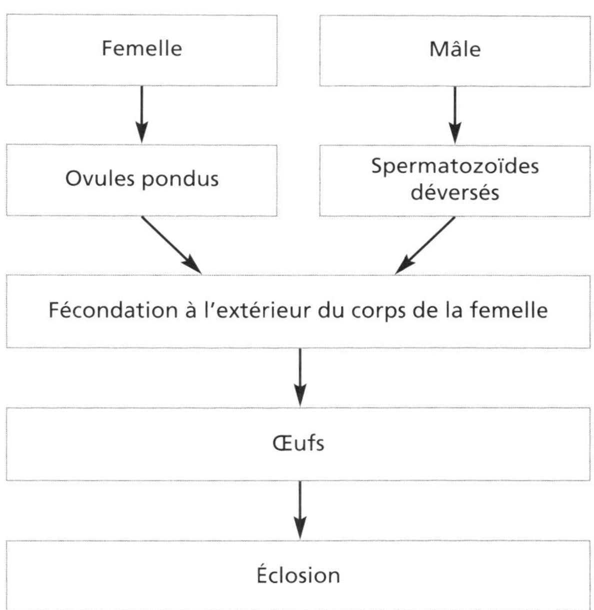

Évaluation

Compétences évaluées

- Observer et analyser des images.
- Remettre dans l'ordre chronologique des images séquentielles.
- Connaître les étapes de la reproduction d'un ovipare et d'un vivipare à compléter

Remarque : l'enseignant choisira l'un des deux exemples à répartir sur la classe ou au choix pour l'ensemble des élèves.

Corrigé

La reproduction de la poule domestique
Étape 1 = dessin B. *Titre possible* : Le coq (mâle) et la poule (femelle).
Étape 2 = dessin E. *Titre possible* : L'accouplement du coq et de la poule. (*Les enfants de la campagne diront peut-être : « Le coq est en train de coqueter la poule.* »)
Étape 3 = dessin D. *Titre possible* : La poule pond un œuf.
Étape 4 = dessin A. *Titre possible* : La poule couve (ou la couvaison).
Étape 5 = dessin C. *Titre possible* : La naissance des poussins (ou l'éclosion des œufs).

La reproduction du cheval
Étape 1 = dessin B. *Titre possible* : L'étalon (ou le cheval) (mâle) et la jument (femelle).
Étape 2 = dessin D. *Titre possible* : Le mâle couvre la femelle (ou l'accouplement chez le cheval).
Étape 3 = dessin A. *Titre possible* : La jument est pleine (ou la jument en gestation).
Étape 4 = dessin C. *Titre possible* : La mise bas (ou la naissance du poulain, ou le poulinage).

3

Fiche activité 3

Que devient l'œuf ? Comment vivent les animaux après leur naissance ?

Observe les 6 photographies de jeunes animaux (doc. 6) et remplis ce tableau de comparaison.

	Veau	**Baleineau**	**Oisillons**	**Poussins**	**Petites tortues marines**	**Coccinelles**
Comment sont les yeux des petits ?						
Comment est leur peau ?						
Peuvent-ils se déplacer seuls ?						
Peuvent-ils se nourrir seuls ?						
Que mangent-ils ?						

3 Fiche évaluation 1

La reproduction des animaux

Donne un titre à chacune des images et replace-les dans l'ordre chronologique en numérotant les étapes.

La reproduction de la poule domestique

A

○ ....

....

B

○ ....

....

C

○ ....

....

D

○ ....

....

E

○ ....

....

3 Fiche évaluation 2

La reproduction des animaux

Donne un titre à chacune des images et replace-les dans l'ordre chronologique en numérotant les étapes.

La reproduction du cheval

A

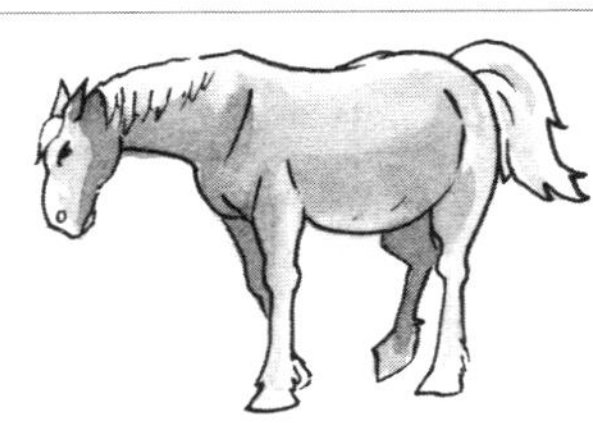

○ ....

....

B

○ ....

....

C

○ ....

....

D

○ ....

....

Comment les êtres vivants s'adaptent-ils à leur milieu ?

Informations pour l'enseignant

La biodiversité est essentielle à notre bien-être. Elle constitue une ressource naturelle capitale indispensable à la vie humaine sur terre (alimentation, purification de l'air et de l'eau, régulation des sécheresses, des inondations...). Elle est menacée par la modification et la destruction des milieux ; par l'introduction d'espèces nouvelles dans des aires géographiques où elles étaient absentes ; par la surexploitation de certaines espèces végétales ou animales et par les perturbations dans les chaînes alimentaires. L'homme doit donc la prendre en compte dans sa gestion des milieux.

S'adapter à la ville

En ville, les facteurs climatiques et physico-chimiques naturels sont modifiés par l'activité humaine : combustions et fermentations diverses élèvent la température ambiante ; la course du vent et l'ensoleillement dépendent de l'agencement des grands ensembles et des voies de communication ; le sol est un mélange de composants naturels et d'apports humains comme les bitumes, bétons, pavés, empierrements. Ces facteurs conditionnent les comportements et les adaptations des êtres vivants.
Par exemple, les végétaux ont des capacités à se fixer et à germer à partir d'un peu de poussière, d'eau et de lumière. Les oiseaux se sont, eux, adaptés à des régimes alimentaires éclectiques ; ils construisent leurs nids dans des endroits insolites et utilisent des matériaux synthétiques modernes pour les construire. Les animaux comme les rats, les poux, les cafards, les cancrelats, les poissons d'argent, les mites, les punaises, les mouches se développent rapidement et créent des nuisances à l'homme et aux autres espèces. Les animaux domestiques se sont adaptés à la vie sédentaire ; d'autres animaux tropicaux (les « nouveaux animaux de compagnie ») sont apprivoisés, avant d'être finalement relâchés dans la nature et s'acclimatent aux conditions de ce nouveau milieu non sans conséquences pour les espèces autochtones.

Afin de maintenir la richesse des peuplements, les hommes surveillent et gèrent ces nouvelles situations en régulant la densité des populations. La construction des pigeonniers dans Paris en est un exemple.
L'homme doit aussi mesurer les conséquences de l'implantation d'espèces exogènes dans la ville ou dans d'autres milieux : elles peuvent en effet conduire à des **compétitions** puis à la **disparition d'espèces locales**. Plusieurs exemples dramatiques ont conduit à des crises économiques, voire à de graves problèmes de santé publique (voir encadré page suivante).

Lexique

Biodiversité : Edward O. Wilson a été le premier à utiliser le mot *biodiversity*. Il en donne la définition suivante : « la totalité de toutes les variations de tout le vivant ». Selon les scientifiques, la biodiversité est la dynamique des interactions dans des milieux en changement. Elle se décline en diversité écologique (les milieux), diversité spécifique (les espèces), et diversité génétique. En 1992, le Sommet de la Terre à Rio de Janeiro précise : « La biodiversité, ou diversité biologique, représente à la fois la richesse biologique constituée par l'ensemble des organismes vivants, mais aussi les relations qu'ils peuvent avoir avec les milieux dans lesquels ils vivent. Ainsi, la biodiversité concerne la multiplicité des interactions dynamiques entre des gènes et des protéines dans des organismes, des espèces dans un milieu, des bactéries aux grands mammifères et du plus petit écosystème (un système dynamique) jusqu'à la biosphère dans son ensemble. » Plus simplement, l'encyclopédie pour enfants *L'homme et le vivant* de la collection « Tout l'univers » (Hachette) indique :
« [la biodiversité] est la richesse de la Terre en espèces vivantes domestiques, cultivées ou sauvages. Un milieu est d'autant plus riche qu'il permet la coexistence d'espèces en très grand nombre [...] Quand une espèce disparaît, la nature s'appauvrit génétiquement et perd des possibilités d'évolution. »

Le **phylloxéra**, sorte de puceron ravageur de la vigne, est originaire de l'est des États-Unis. Il a provoqué durant trente ans, à partir de 1863, une grave crise du vignoble européen. Pour la surmonter, il a fallu utiliser des porte-greffes issus de plants résistants. Actuellement, tous les vignobles du monde sont constitués de plants greffés, à l'exception du vignoble chilien, toujours épargné.
Au Moyen Âge, l'introduction du **rat** noir et du rat gris en Europe a décimé des millions de personnes au cours de plusieurs siècles. Ces rats avaient développé des stratégies leur permettant de résister à la dératisation et se sont adaptés progressivement et par ajustement aux comportements humains pour survivre.
En 1877, au sujet du **doryphore**, insecte qui vit aux dépens de la pomme de terre, aliment essentiel des Français à cette époque, la direction de l'agriculture préconisait les dispositions suivantes dans les écoles communales : « *Les instituteurs peuvent, par leur zèle et leur dévouement, contribuer dans une large mesure à empêcher le doryphore de se propager s'il pénètre en France. Ils doivent s'imposer la mission d'appeler l'attention de leurs élèves sur la gravure coloriée et l'instruction placardée dans les classes, et qui font connaître les caractères, les mœurs et les dégâts que cause ce coléoptère. De plus, ils doivent les engager à rapporter à l'école tous les insectes qu'ils trouveront dans les champs de pommes de terre, en leur démontrant la nécessité de bien noter les parcelles dans lesquelles ils les auront ramassés.* » C'était donc à l'instituteur qu'incombait la tâche de surveillance de l'apparition du doryphore dans la commune ! ■

S'adapter aux nouvelles conditions de vie

Quand **les conditions du milieu changent**, les espèces qui l'habitent doivent s'adapter pour résister, ou fuir ; si elles ne s'adaptent pas, elles finissent par disparaître.
S'attarder sur la manière dont les espèces passent l'hiver permet aux élèves de prendre conscience de **la dépendance des espèces par rapport aux saisons** et aux variations climatiques. D'autres exemples peuvent être choisis, comme l'acclimatation au désert, aux régions polaires… et faire prendre conscience de l'importance des conséquences d'un réchauffement climatique.

S'adapter pour survivre

Pour se déplacer, se nourrir, respirer, se reproduire, survivre dans un milieu donné, les espèces se sont adaptées différemment (convergence). Cependant, certaines adaptations se révèlent plus efficaces, plus performantes que d'autres. Aussi, quand deux espèces sont en concurrence, en compétition, c'est la plus performante qui l'emporte.
C'est souvent l'espèce la plus rapide et la moins exigeante qui s'adapte le mieux aux variations des facteurs d'un milieu. Les espèces qui se sont trop spécialisées supportent moins bien les changements et sont fragilisées. Sans l'intervention de l'homme, elles finissent par disparaître.

Les élèves peuvent être initiés à **la réglementation** du commerce, de la chasse, de la pêche, des élevages et des cultures des espèces vivantes. Il est fondamental pour tous de la respecter. ■

Les démarches d'investigation scientifique sont mises en œuvre avec profit dans cette étude de la biodiversité, mais d'autres approches peuvent enrichir cette éducation au développement durable. Ainsi, l'**analyse de documents historiques** (les rats et la peste, le phylloxéra et le vignoble, les doryphores et la famine…) permet de mieux comprendre les enjeux d'une gestion réfléchie et responsable par l'homme ; le **débat réglé** de développer des compétences citoyennes.

Lexique

Environnement : c'est l'ensemble des conditions naturelles (physiques, chimiques, géographiques, biologiques, sociales, culturelles et politiques) et artificielles (créées par l'homme), dans lesquelles se développent les organismes vivants, les êtres humains, les animaux et les végétaux.
Espèce invasive : on qualifie d'« invasives » les espèces importées et devenues sauvages, dont l'introduction volontaire ou fortuite dans un milieu naturel ou semi-naturel provoque un déséquilibre dans la biodiversité et d'importantes nuisances, souvent irréversibles. Les phénomènes d'invasion biologique sont aujourd'hui considérés par l'ONU comme une des grandes causes de régression de la biodiversité.
Espèce protégée : c'est une espèce rare ou en voie de disparition dont la commercialisation, la culture ou l'élevage, le transport ou le déplacement, la cueillette ou la capture sont régis par des lois et soumis à des contrôles sévères en France et au niveau international.

Dans cette séquence, le cheminement pour l'investigation est le suivant :

Séance 1

• Où vivent les animaux et les végétaux dans la nature ? Quelles sont les caractéristiques de ces milieux (connus des enfants) ? Que font les animaux, les végétaux dans les milieux qu'ils occupent ?

Séance 2

• Comment les êtres vivants s'adaptent-ils à la ville ?
Qui a installé les végétaux à cet endroit ? Comment peuvent-ils vivre à cet endroit ? Qu'est-ce qui est nécessaire à la vie des végétaux ? Où trouvent-ils ces éléments ? À quoi servent les végétaux en ville ? Qu'est-ce qui peut gêner leur croissance ?
Que font ces animaux à cet endroit ? De quoi se nourrissent-ils ? Où s'abritent-ils ? Où font-ils leurs petits ?

Séance 3

• Comment les hommes, les animaux et les végétaux peuvent-ils cohabiter harmonieusement en ville ?
• Comment faire pour préserver un grand nombre d'espèces animales et végétales en ville sans gêner la vie des citadins ?

Séance 4

• Comment les animaux s'adaptent-ils aux conditions de leur milieu de vie ? Par exemple, comment les vers de terre sont-ils adaptés à leur milieu de vie ?

Séance 5

• Comment les êtres vivants passent l'hiver ? Qu'est-ce qui caractérise l'hiver ? Comment les animaux et les végétaux vont-ils survivre à ces conditions climatiques ? Comment se sont-ils adaptés ?

Séance 6

• Comment l'Homme agit-il sur les êtres vivants qui peuplent les différents milieux ? Qu'est-ce qu'une espèce invasive ? Pourquoi des espèces peuvent devenir invasives ? Quelles en sont les conséquences ? Quelles solutions existent pour lutter contre cette invasion ?

Ressources documentaires

Revues et ouvrages

La documentation par l'image : « Les végétaux », n° 119, octobre 2002 ; posters de couleur et exercices sur les adaptations des végétaux à leur milieu, aux saisons.
Textes et documents pour la classe : « S'adapter ou périr », n° 745, 1er décembre 1997.
Pascal M., Lorvelec O., Vigne J.-D. (2006), *Invasions biologiques et extinctions. 11 000 ans d'histoire des vertébrés en France*, Quae-Belin Éditions. Quand l'aurochs ou le cheval à l'état sauvage se sont-ils éteints ? Quelle est l'histoire du lynx pardelle, l'une des nombreuses espèces disparues de notre territoire ? Depuis quand et comment l'oie cendrée et le loup gris sont-ils de retour en France ? Pourquoi considère-t-on la mouette rieuse et le renard roux comme des espèces à la fois autochtones et allochtones (« invasives ») ? Une synthèse inédite des connaissances disponibles sur l'évolution de la faune des vertébrés de France métropolitaine au cours des derniers millénaires.
Il existe de nombreux guides d'identification, régionaux ou généraux, notamment publiés par Delachaux et Niestlé, Milan ou Nathan.

Sites sur la protection de la faune et de la flore

• http://www.cistude.org : association agréée de protection de la nature.
• http://ww.inra.fr : INRA. On y trouve notamment la liste des espèces protégées menacées et des articles en ligne du *Courrier de l'environnement* de l'INRA.
• http://inpn.mnhn.fr : Inventaire national du patrimoine naturel ; un site incontournable sur la biodiversité et les espèces protégées et menacées.
• http://www.cnr.tm.fr : on trouve sur ce site de la Compagnie nationale du Rhône des solutions de préservation et de gestion de la nature dans la vallée du Rhône, avec des exemples concrets et illustrés de photographies.
• http://www.bretagne-environnement.org/ : des informations sur la marée verte et le phytoplancton (photos satellite).
• http://www.lesite.fr/ : site pour les enseignants et les élèves ; on y trouve une vidéo sur la protection du littoral.
• http://www.fcpn.org/publications_nature/nature/nature_nuit : site du centre d'initiation à la nature de Boult-aux-bois, dans les Ardennes.
• http://univers-nature.com/dossiers/naturehiver.html : des informations sur les adaptations des espèces en hiver.
• http://www.paris.fr : on y trouve la Charte régionale de la biodiversité et des milieux naturels à télécharger gratuitement, la Charte de qualité de gestion du vivant dans le patrimoine bâti à Paris, un guide gratuit à télécharger (« Bien vivre avec l'animal en ville »), un tableau des espèces recensées à Paris avec images.

Sites sur les espèces invasives

• http://www.ame-lr.org/publications/espaces/jussies/jussies01.html : site de l'Agence méditerranéenne de l'environnement, très complet et accessible sur la jussie.
• http://www.aujardin.info/fiches/coccinelle-asiatique.php : site sur la coccinelle asiatique.
• http://www.grenouilletaureau.net : site très complet avec chant de la grenouille taureau et photos pour comparer les espèces.
• http://www.ifen.fr/uploads/media/de8.pdf : 4 pages à télécharger gratuitement sur l'introduction de la crépidule, de la caulerpe et de la sargasse.
• http://www.cr-picardie.fr/IMG/pdf/berce.pdf : site de la région picarde sur les plantes invasives et notamment la berce du Caucase.
• http://www.crdp-montpellier.fr/themadoc/traces/p05_REP_INDICE.htm : les indices et les traces de vie des animaux.

Sites avec photographies

• http://doris.ffessm.fr/accueil.asp : données d'observations pour la reconnaissance et l'identification de la faune et de la flore subaquatiques.
• http://www.amisdelaterre.be : plantes et animaux aquatiques.
• http://www.les-mares.com : textes et photographies de mares et de leurs peuplements.
• http://www.pabvision.com : photos gratuites à télécharger pour préparer une exposition avec les élèves.
• http://www.oiseaux.net/oiseaux/france.html : fiches sur les oiseaux et belles planches de photos.

Séance 1 – Où vivent les animaux et les végétaux dans la nature ?

Compétences scientifiques

- Prendre la mesure de la grande diversité des milieux et de leurs conditions de vie.
- Comprendre que les êtres vivants se nourrissent, se reproduisent, se déplacent (pour les animaux), se défendent, se protègent, essaiment leurs graines (pour les végétaux), se multiplient et se développent dans ces milieux.

Compétences méthodologiques

- Mobiliser ses connaissances et les structurer.
- Comparer ; se poser des questions. Développer sa curiosité.

Lexique

Diversité des milieux, conditions de vie.

Durée de la séance : 30 min.

Organisation de la classe

Collective.

Après une rapide évocation de l'importante variété des milieux habités par des espèces végétales et animales, les élèves sont amenés à prendre la mesure de la grande diversité des espèces et des adaptations nécessaires pour survivre dans ces milieux dont les conditions sont parfois extrêmes. Au cours d'observations réelles dans la ville, ils recensent les espèces vivantes dans un milieu construit par l'homme ; ils relèvent les caractéristiques de ce milieu : ensoleillement, température, humidité, bruit… ; ils observent le comportement des espèces vivantes et leurs **adaptations** à ce milieu particulier, aux conditions parfois défavorables à la vie. Cela permet de sensibiliser les élèves à la **vulnérabilité des espèces**, à la **fragilité des équilibres** entre elles toutes et à la nécessaire intervention de l'homme pour maintenir des équilibres précaires.

L'objectif de cette première séance est d'ordonner et de structurer les connaissances.

Étape 1

Recueillir les représentations des élèves

Sous forme d'un remue-méninges, l'enseignant demande aux élèves de répondre à la question :

► Où trouve-t-on des animaux et des végétaux dans la nature ? *Dans les jardins, les forêts, au bord de mer ; dans la mer et les océans, les rivières, les mares ; dans les montagnes, les déserts ; dans les fossés le long des routes, sur les pentes des volcans, sous les pierres, dans la terre, sur la banquise, etc.*

L'adulte note au fur et à mesure les réponses données sur le tableau.

Conclure : on trouve des animaux et des végétaux dans de nombreux milieux sur toute la Terre.

Étape 2

Classer et caractériser les milieux de vie

L'enseignant propose alors de classer tous ces milieux.

► Quels critères pourrions-nous choisir ?

Selon leurs connaissances, les élèves proposeront divers critères soit géographiques, soit climatiques, soit basés sur la composante physique, etc.

On pourra retenir, par exemple, le tri suivant :

- Le milieu aquatique : les étangs, les lacs, les mares, les rivières, les torrents, les tourbières…
- Le milieu marin : la mer, l'océan, le littoral, les grands fonds…
- Les milieux construits par les hommes : la ville, les canaux, les jardins publics, les terres agricoles…
- Le milieu terrestre : les forêts, les prairies, la garrigue…
- Le milieu souterrain : les sous-sols, les berges des rivières, le sable des plages, les grottes…
- Le milieu aérien : le ciel au-dessus de la mer, au-dessus des campagnes, au-dessus des vallées, au-dessus de la haute montagne, au-dessus des villes …

L'enseignant ordonne au tableau et conclut que les êtres vivants vivent dans des milieux très divers : dans l'eau, dans la terre, sur la terre, dans les airs…

Il poursuit en demandant les caractéristiques de quelques milieux connus des enfants. Par exemple :

- Qu'est-ce qui caractérise le milieu aquatique ? *Il est constitué par de l'eau dormante ou stagnante, ou parfois croupissante, comme dans les mares, les étangs, les tourbières, les fossés. Ou bien par des eaux courantes comme dans les rivières, les torrents… Dans les étangs, il y a plus de végétation que dans les rivières…*
- Qu'est-ce qui caractérise le milieu marin ? *L'eau est salée ; il y a des marées, c'est un milieu fort peuplé…*
- Qu'est-ce qui caractérise le milieu souterrain ? *Il n'y a pas de lumière, c'est obscur, il y a moins d'air pour respirer, les végétaux n'y poussent pas, il y a peu d'animaux qui y vivent…*

Remarque : l'enseignant acceptera les réponses des élèves, qu'elles correspondent aux caractéristiques physico-chimiques du milieu ou qu'elles concernent ses caractéristiques biologiques.
Conclure : les conditions de vie des êtres vivants sont très différentes d'un milieu à l'autre.

Poursuivre la réflexion en interrogeant :

- Que font les animaux et les végétaux dans les milieux qu'ils occupent ? *Les animaux recherchent leur nourriture, chassent, se nourrissent, se déplacent, recherchent leur partenaire sexuel, se reproduisent, se cachent, se protègent, se défendent, fuient l'ennemi. Les végétaux germent, croissent, se développent, se reproduisent et se multiplient ; ils trouvent les sels minéraux, l'eau et la lumière dont ils ont besoin…*

Étape 3

Synthèse

Les élèves peuvent noter dans leur cahier la question de cette première séance et élaborer un résumé qui réponde aux questions suivantes : « Dans quels milieux vivent les animaux et les végétaux ? » et « Que font-ils dans ces milieux ? »

Séance 2 – Comment les êtres vivants s'adaptent-ils à la ville ?

Compétences disciplinaires

- Savoir qu'en ville, les hommes, les animaux et les végétaux cohabitent en étroite relation et que les espèces doivent s'adapter à des conditions de vie parfois difficiles (bruit, obstacles, changement de régime alimentaire, pollution, etc.).
- Savoir que pour maintenir la diversité et l'équilibre dans ce milieu urbain, l'homme doit intervenir sur l'implantation de certaines espèces, préserver leur développement et freiner la prolifération d'autres espèces.
- Recenser les espèces vivantes dans un milieu urbain donné.
- Observer leurs comportements en les identifiant aux fonctions vitales.
- Prendre conscience de la complexité et de la fragilité de l'environnement par l'exploration au cours d'une sortie.
- Prendre conscience des conséquences de l'intervention humaine sur son environnement.

Compétences méthodologiques

- Pratiquer une démarche d'investigation : observer, prélever des indices, questionner, émettre des hypothèses.
- Mobiliser des connaissances scientifiques antérieures dans un nouveau contexte.
- Observer, mesurer, repérer et se repérer.
- Poser des questions, vérifier, comparer.
- Prélever des indices significatifs dans la nature, prendre des notes et les ordonner dans un tableau.

Lexique

Environnement construit par l'homme, s'adapter à de nouvelles conditions non naturelles (créées par l'homme), survivre, se nourrir, s'abriter, se reproduire. Lieux de vie, coloniser et s'installer dans les espaces urbains (murs d'immeubles, de clôture, cheminées, toits, caniveaux), indices et traces de vie.

Durée de la séance :
1 h + 1 h 30 pour la sortie.

Matériel

- 6 photographies d'animaux et de végétaux qui vivent en ville.
- Une grande affiche blanche.
- Des photocopies du plan de l'endroit à explorer.
- Des feutres de couleur.
- Du carton, de la ficelle, des crayons à papier.
- Les planches de dessins des espèces repérées à l'avance par l'enseignant pour faciliter l'identification (ou un guide de reconnaissance des animaux et végétaux en ville).
- Un appareil photo numérique.
- Des jumelles.
- Un ou deux thermomètres.
- Un magnétophone.
- Une boussole.
- Des sacs en plastique et en papier.
- Des bocaux fermés par de la gaze.
- Du papier calque.
- Un mètre de couturière.

Trois fiches activité : tableaux de relevés individuels et collectif.

Étape 1

Analyse documentaire

Matériel
Les photographies d'animaux et de végétaux qui vivent en ville (livret couleur p. 10).

Organisation de la classe
En binômes.

L'enseignant demande aux élèves de regarder attentivement les photographies du document 1 et de trouver un titre pour chacune d'elles.

Lors de la mise en commun, il pose des questions pour favoriser l'émergence d'explications ou d'hypothèses à propos de chacune des photographies et des titres proposés en favorisant la description des images et la recherche d'indices. Par exemple :

- ▸ Qui a installé ces végétaux à cet endroit ? Le jardinier ? L'eau ? Le vent ? Un animal ?
- ▸ Comment peuvent-ils vivre à cet endroit ?
- ▸ Qu'est-ce qui est nécessaire à la vie des végétaux ?
- ▸ Où trouvent-ils ces éléments ?
- ▸ À quoi servent les végétaux en ville ?
- ▸ Qu'est-ce qui peut gêner leur croissance ?

- Que font ces animaux à cet endroit ?
- De quoi se nourrissent-ils ?
- Où s'abritent-ils ?
- Où font-ils leurs petits ?
- Qu'est-ce qui rend leur vie difficile ?

Sur l'affiche, l'enseignant recense les réponses (hypothèses) à vérifier ultérieurement. Il y note également les questions restées sans réponses.
Remarque : l'enseignant ne valide aucune réponse, mais les reformule en termes d'hypothèses à vérifier.

Étape 2

Préparer une enquête dans la nature

Matériel
- La photocopie du plan de l'endroit à explorer.
- Les tableaux de relevés à compléter (à photocopier).

Organisation de la classe
Collectif.

L'enseignant demande aux élèves comment vérifier les hypothèses et trouver des réponses aux questions posées (*recherche à la BCD, enquête auprès d'adultes, aller observer sur place, etc.*).
Il évoque l'intérêt d'une sortie en ville et demande quelles observations on pourrait y faire, dans quels buts.
Les réponses permettront de reformuler les objectifs visés et d'envisager la préparation de la sortie.

L'enseignant distribue la photocopie du plan de l'endroit à explorer. Il indique l'itinéraire qu'il faudra suivre. Les élèves le marquent à l'aide d'un feutre de couleur.

Il distribue également les tableaux de relevés d'observations.
Pour un maniement aisé de ces feuillets, on les fixe sur un carton (recto verso) perforé en haut à droite (ou à gauche pour les gauchers) pour y passer la ficelle à laquelle un crayon à papier sera attaché.

L'enseignant organise les groupes de 3 à 5 enfants et distribue les rôles et les tâches précises :
- l'un prendra des photographies,
- un autre notera les observations sur les végétaux,
- un autre notera celles sur les animaux,
- un autre enregistrera les bruits entendus,
- un autre encore relèvera la température de différents endroits (au soleil, à l'ombre, au vent, à l'abri, etc.).

Des relevés sur le plan peuvent également être demandés, comme les endroits avec macadam, en terre battue, engazonnés, ombragés, humides, arides, etc.

L'enseignant conclut en donnant les consignes matérielles (vêtements, chaussures) et de sécurité indispensables à toute sortie.

Étape 3

Explorer la nature en ville

Matériel pour la sortie
- La photocopie du plan de l'endroit à explorer.
- Les tableaux de relevés individuels collés sur du carton.
- Les planches de dessins des espèces repérées à l'avance par l'enseignant pour faciliter l'identification (ou un guide de reconnaissance des animaux et végétaux en ville).
- L'appareil photo numérique.
- Les jumelles.
- Le thermomètre (1 ou 2).
- Le magnétophone.
- La boussole.
- Les sacs en plastique et en papier.
- Les bocaux fermés par de la gaze.
- Le papier claque.
- Le mètre de couturière.
- Le tableau de relevé collectif photocopié en A3 et collé sur du carton (à photocopier).

Organisation de la classe
En groupes de 3 à 5 enfants puis en collectif.

Durée : 1 h 30 environ sur le terrain, déplacements non compris.

L'enseignant rappelle les consignes de sécurité et les recommandations d'usage avant le départ. Il précise les attitudes et les comportements citoyens nécessaires (respect des autres, de la nature, prélèvements autorisés ou interdits en fonction de la réglementation et des règles de civisme, etc.).

Exemples d'activités possibles selon le milieu exploré
- Observer plus particulièrement un arbre le long d'une avenue ; l'identifier, définir sa silhouette, son port ; décrire son environnement ; le photographier ou le dessiner ; mesurer sa circonférence ; remarquer ses conditions de vie (soleil, vent, pluie, obstacles, blessures et cicatrices sur le tronc, les branches, etc.) et comparer avec un arbre du square ou d'un jardin privé.
- Repérer le port et l'aspect végétatif des arbustes des jardins publics ou privés (forme de la taille, fleuris ou non, couleur du feuillage, etc.).

- Relever à l'aide du papier calque le contour des lichens et mousses qui se développent sur le bas des murs, les troncs d'arbres ; noter le nombre de variétés différentes et l'endroit précis de leur fixation (les lichens sont en effet plus nombreux là où la pollution due à la circulation est moindre).
- Reconstituer les maillons d'une chaîne alimentaire en mobilisant les connaissances acquises précédemment. Que mange cet animal ? Où trouve-t-il sa nourriture ? Par qui peut-il être mangé ?
- Prélever des insectes et les mettre dans les bocaux.
- Faire rechercher les indices de la présence des animaux (fientes, crottes, empreintes, plumes, poils, traces de repas, nids, toiles, etc.), noter et photographier (éviter de prélever les plumes dans les zones à risque de grippe aviaire par mesure d'hygiène), essayer d'identifier l'animal qui les a laissés.
- Enquêter sur la présence des végétaux en questionnant les jardiniers ou les employés de voierie, ou en s'interrogeant : Qui a planté cet arbre ? Pourquoi ? Qui a semé ou repiqué cette plante ? Comment est-elle installée ?
- Enregistrer les bruits, les chants des oiseaux ; noter les odeurs perçues (fleurs de massifs, arbres, poubelles, égouts).
- Choisir un vieux mur « habité » et recenser les êtres vivants qui le peuplent.

Regroupement

L'enseignant groupe les élèves à un endroit prévu à l'avance (banc dans un square, espace pour enfants, etc.). Il répond à leurs sollicitations et demande quelles difficultés ou quelles opportunités ils ont rencontrées pour réaliser le travail.

L'enseignant installe alors le tableau de relevés collectif fixé sur un carton A3 et le fait découvrir aux élèves qui essayent de le remplir en faisant le point sur les observations.

Voir séance 3 pour les corrigés et l'exploitation de ces relevés.

4

Fiche activité **1**

Tableau de relevés d'observations individuelles Les végétaux

Noms des végétaux observés	Dans quels lieux vivent-ils ?	Comment sont-ils fixés ?	Quelles réponses sont vérifiées ou trouvées ?

Tableau de relevés d'observations individuelles
Les animaux

Noms des animaux rencontrés	Indices de leur présence	À quels endroits ont-ils été observés ?	Que font-ils à cet endroit ?

4

Fiche activité 3

Tableau de relevés d'observations collectives

	Effets du milieu	Actions de l'homme
Sur les végétaux		
Sur les animaux		

	Actions des végétaux	Actions des animaux
Sur l'homme		

Séance 3 – Comment les hommes, les animaux et les végétaux peuvent-ils cohabiter harmonieusement en ville ?

Compétences disciplinaires

- Savoir que la ville est un milieu créé par les hommes, où ils cohabitent avec les animaux et les végétaux.
- Savoir que, pour maintenir la biodiversité indispensable à la vie de tous, les hommes doivent préserver l'environnement en tenant compte des diverses adaptations des êtres vivants aux conditions particulières de ce milieu.
- Savoir que les hommes doivent intervenir régulièrement pour contrôler le développement des plantes et des animaux afin de préserver des relations équilibrées entre tous les êtres vivants.

Compétences méthodologiques

- Vérifier des hypothèses, proposer des solutions et les argumenter.
- Exprimer et exploiter les résultats d'une mesure ou d'une recherche en utilisant un vocabulaire scientifique à l'écrit et à l'oral.
- Mobiliser des connaissances des diverses disciplines dans des contextes différents et dans des activités de la vie courante.

Lexique

Environnement ; facteurs humains ; effets directs, indirects, immédiats, à terme des activités humaines sur les êtres vivants ; solutions alternatives ; pollution ; propreté de la ville.

Durée de la séance : 1 h à 1 h 30.

Matériel

- Tout ce qui a été prélevé et photographié au cours de la sortie.
- Les photographies d'animaux et de végétaux qui vivent en ville.
- Des grandes feuilles de papier rigide.
- Des bocaux.
- Un annuaire ou un catalogue usagés.
- Des bouteilles en plastique.
- De la laque à cheveux.
- Des guides de reconnaissance des animaux et des végétaux de la ville.
- Une fiche activité : « Comment réguler le nombre de pigeons en ville ? »

Étape 1

Ranger, disposer et trier les récoltes

Matériel

- Tout ce qui a été récolté et photographié.
- Les grandes feuilles de papier rigide.
- Les bocaux.
- L'annuaire ou le catalogue usagé.
- Les bouteilles en plastique.
- La laque à cheveux.

Organisation de la classe

Collectif avec répartition des tâches individuellement, par binômes ou en groupes de 3.

Pour mieux les observer, l'enseignant propose d'organiser l'exposition des récoltes :

- faire sécher les feuilles et éléments végétaux entre les pages d'un vieil annuaire ou d'un catalogue ;
- placer les fleurs sauvages dans un vase ;
- placer les marrons ou les graines d'érable germées dans du sable ou du terreau humide disposés dans une bouteille en plastique coupée sur sa longueur ;
- enfermer les insectes dans des bocaux recouverts de gaze ;
- coller les lichens, mousses et autres indices de vie sur du carton ou du papier rigide en les vaporisant de laque à cheveux.

L'enseignant propose alors de regrouper ce qui appartient au vivant végétal (graines, écorces, brindilles, feuilles etc.), animal (coquilles, chrysalides, etc.) et de séparer les éléments non vivants naturels ou issus de l'activité humaine (cailloux, sables, terre, morceaux de matériaux, etc.).

Étape 2

Mise en commun des résultats

Matériel

- L'affiche construite en séance 1 (étape 1).
- Les tableaux de relevés complétés.
- Les guides de reconnaissance des animaux et des végétaux de la ville.

Organisation de la classe

Collectif.

Reprendre les questions de l'analyse documentaire (séance 1, étape 1) et mettre en commun les réponses vérifiées par les observations et les notes consignées dans les tableaux ; les valider.

Tableaux de relevés d'informations (exemples)

Noms des végétaux observés	Dans quels lieux vivent-ils ?	Comment sont-ils fixés ?	Quelles réponses sont vérifiées ou trouvées ?
ailante	Dans un caniveau.	Par des racines dans la boue du fond.	Il a poussé tout seul à partir d'une graine transportée par l'eau.
gingko	Le long de la rue sur le trottoir.	Enraciné dans la terre sous le macadam et maintenu par des tuteurs.	Une grille autour du pied laisse passer l'eau de pluie et aère la terre.
lichens	Sur le bas des murs du côté non ensoleillé.	Comme collés et étalés sur la pierre.	Ils trouvent l'humidité du bas des murs.

Noms des animaux rencontrés	Indices de leur présence	À quels endroits ont-ils été observés ?	Que font-ils à cet endroit ?
pigeon	Fientes.	Sur une fenêtre.	Ils attendent de la nourriture.
corbeau freux	Nids de branchages en haut des arbres du square.	Près d'une poubelle.	Ils mangeaient des déchets de légumes.
chien	Déjections, traces de pattes dans le sable de l'allée.	Dans le square.	Son maître le sortait pour faire ses besoins.

	Effets du milieu	Actions de l'homme
Sur les végétaux	Feuillage recouvert de particules noires de pollution d'échappement ou de fumées d'usine, feuillage parasité par les pucerons ou les chenilles, port particulier d'arbres gênés par d'autres.	Élagage des arbres, taille des arbustes, protection des troncs contre les chocs des véhicules, tuteur pour maintenir le port de l'arbre, etc.
Sur les animaux	Bruits qui font fuir les animaux, la chaleur des murs qui accélère l'éclosion d'œufs ou la sortie des chrysalides cachés dans les interstices, d'insectes divers (mouches, frelons, papillons, etc.).	Pose de pics anti-pigeons, de filets sur les arbres contre les oiseaux, dératisation, etc.

	Actions des végétaux	Actions des animaux
Sur l'homme	Apportent de l'ombre, diminuent le vent, rendent le quartier agréable, délimitent les propriétés, donnent de l'intimité aux personnes dont les jardins sont côte à côte, etc.	Tiennent compagnie, détruisent en les mangeant des insectes parasites, régulent la prolifération de certaines espèces animales ou végétales, etc.

Rechercher dans les guides de reconnaissance (ou sur Internet, voir adresses p. 58) les réponses et la vérification des hypothèses non validées par l'exploration.

Étape 3

Confrontation des résultats

Organisation de la classe
Collective.

L'enseignant organise un débat pour rechercher les modalités d'une cohabitation harmonieuse entre les hommes et la nature en ville.
Il affiche les tableaux remplis collectivement et fait relire les effets observés des espèces animales et végétales les unes sur les autres et sur les citadins.
Il fait rappeler les actions des hommes sur les végétaux et sur les animaux pour contrôler et réguler le développement de tous.

► Comment faire pour préserver un grand nombre d'espèces animales et végétales en ville sans gêner la vie des citadins ?

Je ferme bien les poubelles, je ne jette pas de nourriture sur le trottoir ou dans les caniveaux pour lutter contre l'installation des rongeurs dans les bâtiments et pour empêcher les pigeons de proliférer.
J'élimine les déchets alimentaires à l'intérieur des bâtiments et dans les cours pour lutter contre les mouches, les fourmis et les cafards.
J'évite de laisser des bouteilles d'eau stagnante sur les fenêtres ou dans les cours pour lutter contre les moustiques.
Je ne donne pas à manger aux oiseaux (pigeons, canards, moineaux, mouettes, goélands...), pour préserver leur santé mais aussi pour éviter les concentrations trop importantes d'oiseaux qui peuvent causer des dégâts (fientes...).
Je peux cultiver sur le balcon, les rebords des fenêtres, les cours d'immeubles des mini jardins avec des espèces sauvages ou courantes pour servir de refuge ou de nourriture aux insectes, oiseaux, vers de terre.
Je mène mon chien vers le caniveau pour qu'il fasse ses besoins naturels et je ramasse immédiatement ses déjections.
Je n'élève pas les animaux protégés, en voie de disparition ou dont l'importation est interdite par la loi.

Prolongement

L'exemple des pigeons en ville

Matériel
La fiche activité sur la régulation
du nombre de pigeons (à photocopier).

Organisation de la classe
Travail individuel.

Cette activité, qui prend la forme d'une étude de cas, fait davantage appel à la réflexion et à l'imagination qu'à la restitution de connaissances. Elle permet aux élèves de formuler des hypothèses pour expliquer la surpopulation de pigeons dans certains quartiers des villes, à partir de leur vécu pour certains, et de la transposition de connaissances acquises lors de leçons précédentes. La validation de celles-ci sera faite par l'enseignant au moment du corrigé collectif.
Les élèves trouveront des solutions pour réguler la population des pigeons en prélevant des informations dans le texte. Selon leur niveau de compétences relatives à la compréhension d'un texte, les élèves proposeront une ou plusieurs solutions. La mise en commun permettra d'évoquer un ensemble de solutions alternatives.

Corrigé

1. On trouve des pigeons partout : sur les places, sur les édifices publics, sous les toits, dans les squares, sur les arbres...

2. Parce qu'ils se nourrissent de tout : déchets dans les poubelles, sur les trottoirs, graines et pain dur donnés par les habitants, graines des végétaux sauvages et cultivés.
Ils n'ont pas de prédateurs en ville (les chats sont nourris, les rapaces vivent rarement en ville).

3. On peut les regrouper vers des espaces verts à l'aide de pigeonniers ; réduire le nombre de couvées dans une année ; ne pas les nourrir ailleurs que dans les pigeonnier ; ne pas laisser traîner les déchets alimentaires partout ; fermer les poubelles ; les surveiller et les soigner ; nettoyer leurs fientes.

Étape 4

Exposer et communiquer les découvertes

Organisation de la classe
Collectif.

L'enseignant fait réaliser des affiches avec :
- les tableaux validés collectivement ;
- les photographies légendées ;
- les récoltes identifiées et triées ;
- une liste des règles de conduite à tenir pour préserver une cohabitation harmonieuse entre les espèces ;
- des poèmes ou des extraits littéraires sur la nature en ville.

4
Fiche activité 4

Comment réguler le nombre de pigeons en ville ?

Ph. © Photononstop / Giampiccolo A. / Sime

a Des pigeons en ville.

Ph. © Globepix / B. Levesque

b Un pigeonnier dans Paris.

1. Où trouve-t-on les pigeons en ville ?

....

2. À ton avis, pourquoi sont-ils aussi nombreux dans certains quartiers de la ville ?

....

....

....

3. Lis le texte ci-dessous et réponds à la question suivante : que peut-on faire pour diminuer leur nombre tout en les protégeant ?

Pour une meilleure intégration des populations de pigeons en ville et une cohabitation harmonieuse avec les citadins.

La ville de Paris construit des pigeonniers pour maîtriser les populations de pigeons.
Le pigeonnier fixe durablement une population locale de pigeons bisets, grâce au nourrissage réalisé à l'intérieur, et régule le nombre d'individus par une technique simple. La première couvée de chaque couple est préservée. Les pontes suivantes sont secouées (fortement) pour stopper leur développement, et laissées en place quelque temps pour éviter que les oiseaux ne désertent l'endroit. Ainsi, les couples installés n'ont qu'une couvée par an au lieu de 6 à 8. De plus, quand ils sont malades ou blessés, les oiseaux sont retirés immédiatement et soignés par des vétérinaires. Tout oiseau trouvé mort est retiré du pigeonnier et est éliminé selon la réglementation en vigueur et les services vétérinaires sont aussitôt alertés. Les pigeons rejettent leurs fientes là où ils se nourrissent. Regrouper les pigeons dans un pigeonnier permet donc de regrouper les nuisances et chaque semaine, le pigeonnier et ses abords sont nettoyés.

....

....

....

Séance 4 – Comment les vers de terre sont-ils adaptés à leur milieu de vie ?

Compétences disciplinaires

- Savoir que les vers de terre vivent dans la terre ; ils préfèrent l'humidité, l'obscurité et une température voisine de 11 °C qui caractérisent ce milieu.

Compétences méthodologiques

- Émettre des hypothèses.
- Concevoir un protocole expérimental, expérimenter, mesurer, analyser les résultats, conclure.

Lexique

Adaptation, préférences, conditions du milieu.

Durée de la séance : 1 h à 1 h 30.

Matériel

- Des vers de terre ou de terreau.
- Des barquettes à congélation en aluminium ou des bouteilles en plastique lisse.
- Du papier noir ou opaque.
- Du papier adhésif.
- Une éponge, de l'eau.
- Des chronomètres.
- Un feutre indélébile.
- Des lampes de bureau (facultatif).

En dehors des observations et des recherches documentaires, il est possible d'expérimenter facilement pour vérifier les préférences des animaux concernant la lumière ou l'obscurité, l'humidité ou la sécheresse, la température optimale (11 °C pour les vers de terre, 18 °C pour les escargots, etc.). Les vers de terre, les cloportes, les escargots, les asticots de mouche sont des espèces qui se prêtent facilement à ces expériences. Les résultats sont en concordance avec les caractéristiques de leur milieu de vie.

Étape 1

Émettre des hypothèses

Organisation de la classe
Collectif.

L'enseignant interroge :

- ▶ Quand voit-on des vers de terre dans la nature ? *Quand il pleut et aussitôt après la pluie, au printemps, à l'automne…*
- ▶ Où les voit-on ? *Dans le gazon, sur les allées et les terrasses des jardins, dans la cour de l'école…*
- ▶ Où vivent-ils ? *Dans la terre, dans le terreau, le composteur…*
- ▶ Décrivez ce milieu : quelles sont ses caractéristiques essentielles ? *L'obscurité (dans la terre, il fait noir), l'humidité (c'est mouillé)…*
- ▶ Quelles sont les conditions de vie que les vers de terre préfèrent ? Les conditions auxquelles ils sont les mieux adaptés ? *Les vers de terre préfèrent l'obscurité et l'humidité.*

L'enseignant propose de vérifier ces hypothèses en menant une expérience.

Étape 2

Concevoir un protocole expérimental

Organisation de la classe
En groupes de 3 et en collectif.

L'enseignant demande comment vérifier les affirmations : « les vers de terre préfèrent l'obscurité » et « les vers de terre préfèrent l'humidité ».
Il laisse les élèves réfléchir en groupes de 3 et proposer les expériences possibles.

Mettre en commun les dispositifs proposés et débattre afin de bien concevoir des expériences où il n'y aura qu'une seule variable (soit la luminosité, soit l'humidité), les autres conditions étant les mêmes (température, corps de tous les vers humidifiés au départ, même support pour les différentes zones).
Remarque : souvent, dans le dispositif expérimental, les élèves proposent d'exposer les vers de terre à la sécheresse (ou à la lumière) pour vérifier s'ils préfèrent l'humidité (ou l'obscurité) ; il souhaitent voir la réaction des vers de terre comme si, à priori, les vers de terre connaissaient l'endroit favorable où aller – l'endroit humide (ou obscur) du dispositif. Si l'on applique cette proposition, il ne sera pas facile d'interpréter les réactions des vers de terre car ils peuvent soit s'immobiliser et se pelotonner (en attendant de meilleures conditions ? ou parce qu'ils s'y trouvent bien ?) ; soit ils peuvent se déplacer (pour trouver ailleurs des conditions plus favorables ? ou parce qu'ils sont actifs ?).
Il est donc nécessaire de faire évoluer cette suggestion afin de proposer une égale répartition des vers de terre sur l'ensemble du dispositif qui présente la condition variable de la sècheresse à l'humidité (ou bien la variable de l'obscurité à la lumière).

Les dispositifs peuvent être les suivants :

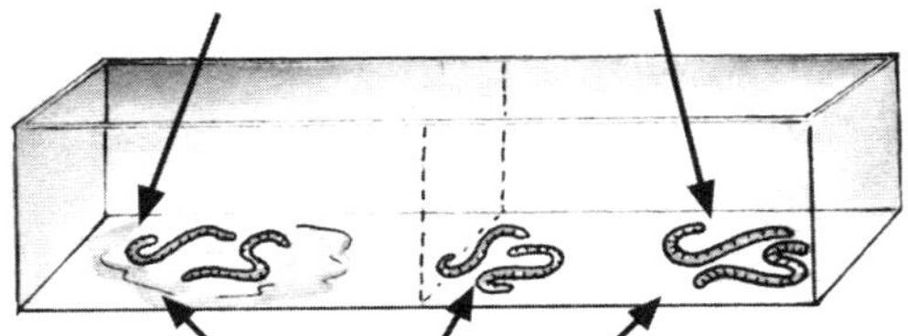

Les préférences du ver de terre pour l'humidité.

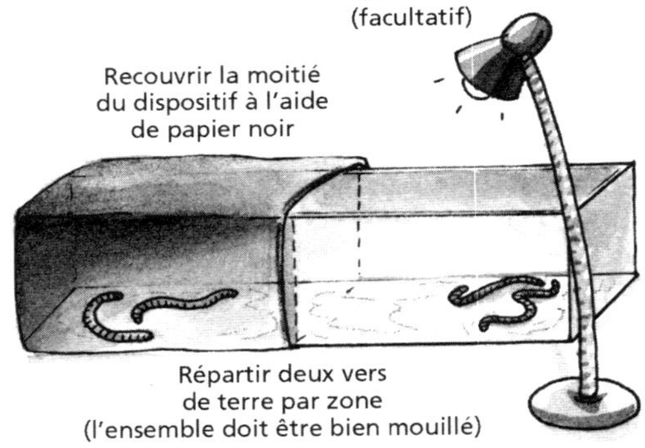

Les préférences du ver de terre pour l'obscurité.

Remarque : les barquettes en aluminium sont plus maniables que les bouteilles en plastique lisse qu'il est nécessaire de couper pour les accoler goulot contre goulot et dans lesquelles il faut découper une fenêtre pour introduire les vers.

Les élèves font les schémas des dispositifs expérimentaux dans leur cahier.

L'enseignant répartit les deux expériences à faire sur les groupes.

Étape 3

Expérimenter et noter les résultats

Matériel

- Des vers de terre ou de terreau.
- Des barquettes à congélation en aluminium ou des bouteilles en plastique lisse.
- Du papier noir ou opaque.
- Du papier adhésif.
- Une éponge, de l'eau.
- Des chronomètres.
- Un feutre indélébile.
- Des lampes de bureau (facultatif).

Organisation de la classe

Par groupes de 5 élèves.

Remarque : ces expériences se réalisent facilement et les résultats sont assez spectaculaires. Toutefois, il est nécessaire d'utiliser des vers de terre de longueur raisonnable par rapport au dispositif et de bien les humidifier de la même manière au départ. Il est parfois possible qu'un ver dans la partie sèche se pelotonne et s'immobilise pour lutter contre la déperdition en eau.

L'enseignant sollicite les élèves pour savoir comment il est possible de compter les résultats observés.
Il les guide afin de préparer un tableau dans lequel consigner les résultats selon l'expérience à réaliser.

Exemple de tableaux de relevés :

	Zone mouillée	Zone intermédiaire	Zone sèche
Nombre de vers de terre au départ	2	2	2
Après 5 min	3	2	1
Après 10 min	4	2	0
Après 15 min	5	1	0

	Zone à l'obscurité	Zone intermédiaire	Zone éclairée
Nombre de vers de terre au départ	2	2	2
Après 5 min	3	3	0
Après 10 min	4	2	0
Après 15 min	6	0	0

Étape 4

Conclure

Organisation de la classe
Collectif.

Les élèves concluent avec la vérification de leurs hypothèses : les vers de terre préfèrent et sont adaptés à l'obscurité ; de même, ils préfèrent l'humidité.

▶ Savez-vous pourquoi le ver de terre doit maintenir sa peau humide et dépend donc de l'humidité qu'il trouve dans la terre où il vit ?

L'enseignant explique que le ver de terre respire uniquement par la peau. Celle-ci a besoin d'être humidifiée pour que les échanges gazeux de la respiration puissent se faire, sinon le ver s'asphyxie.

▶ Le ver de terre a-t-il des yeux ?

Une simple observation permet de répondre par la négative.

▶ En a-t-il besoin pour vivre dans la terre ?

L'enseignant explique que le ver de terre n'a pas besoin d'yeux, mais il possède des récepteurs sensibles à la lumière qui lui font fuir celle-ci et le dirigent vers l'obscurité.

Le ver de terre qui préfère l'obscurité et l'humidité qui règnent dans la terre où il vit est donc bien adapté à son milieu.

Remarque : des expériences similaires peuvent aussi être réalisées pour vérifier les préférences du ver de terre pour une température voisine de 11 °C, à un pH du sol supérieur à 2 (il fuit par exemple les substrats sablonneux acides), pour les odeurs de chou, etc.

Les élèves recopient le tableau de l'expérience effectuée par leur groupe dans leur cahier ainsi que la conclusion qui l'accompagne.
Après la mise en commun, ils notent les conclusions de l'expérience réalisée par les autres groupes ainsi que la conclusion générale.

Séance 5 – Que font les êtres vivants quand les conditions de leur milieu changent ?

Compétences disciplinaires

- Savoir que les milieux de vie soumis à l'hiver sont exposés au vent et au froid, obligeant les êtres vivants qui les habitent à s'adapter à la sécheresse et au froid.
- Savoir que, pendant cette saison, la nourriture végétale (les producteurs) est plus rare et les animaux doivent trouver des stratégies pour survivre (migration, faire des réserves, vie ralentie, hibernation).

Compétences méthodologiques

- Lire et analyser des images, prélever des indices, émettre des hypothèses, vérifier à l'aide d'une recherche documentaire (BCD et Internet).

Lexique

Résister, survivre, migration, vie ralentie, hibernation, feuillage caduc, feuillage persistant, réserves, dormance.

Durée de la séance : 45 min.

Matériel

- 8 photographies d'animaux et de végétaux en hiver.
- Un graphique sur le régime alimentaire du renard en hiver.
- Des textes sur les adaptations des animaux et des végétaux à l'hiver.

Étape 1

Formuler des hypothèses sur l'adaptation des animaux et des végétaux à l'hiver

Matériel
Les photographies d'animaux et de végétaux en hiver (livret couleur pp. 10 et 11).

Organisation de la classe
Collectif.

L'enseignant interroge :

- ▶ Qu'est-ce qui caractérise l'hiver ? *La neige, le verglas, le vent froid, les journées plus courtes et les nuits plus longues...*
- ▶ Comment les animaux et les végétaux vont-ils survivre à ces conditions climatiques ?
- ▶ Comment se sont-ils adaptés ?

Faire observer et décrire sommairement les photographies après avoir lu les légendes.
Solliciter les acquis antérieurs des élèves pour les aider à formuler des réponses ou des tentatives d'explication.
L'enseignant explique que, pour tenter de comprendre, les élèves vont (par groupes de trois) identifier et décrire une photographie et répondre à la question : « Comment les arbres (ou les plantes, les hirondelles, etc.) survivent aux conditions de l'hiver ? »

Étape 2

Comprendre divers documents pour vérifier des hypothèses et trouver des explications

Matériel

- Les photographies d'animaux et de végétaux en hiver.
- Un graphique sur le régime alimentaire du renard en hiver (à photocopier).
- Les textes sur les adaptations des animaux et des végétaux à l'hiver (à photocopier).

Organisation de la classe
En groupes de 3.

L'enseignant organise les groupes et répartit les tâches en indiquant à chacun des groupes le document à étudier.
Il distribue à chaque groupe le texte photocopié qui répond à la photographie étudiée.
Il peut aussi indiquer les ressources documentaires possibles et les sites présélectionnés à disposition des groupes pour leur permettre de vérifier et de compléter leurs réponses premières.
Chaque groupe doit réaliser un poster qui réponde à la question posée pour l'exemple étudié. L'enseignant passe de groupe en groupe pour aider et guider la réflexion des élèves.

Il demande aux élèves d'argumenter et de préciser leurs explications. Par exemple :

- **Pour les arbres** : susciter la comparaison des deux stratégies pour résister à la sécheresse du vent et du froid, c'est-à-dire mener une vie ralentie, en perdant son feuillage, avec des bourgeons bien protégés entrés en dormance ; ou garder son feuillage en réduisant les surfaces de transpiration des feuilles réduites à des aiguilles, en les rendant coriaces et résistantes aux intempéries.

L'enseignant valide les bonnes réponses, soit directement, soit à l'issue d'une recherche documentaire.

- **Pour les graines**, demander que sont devenues les plantes à fleurs, les fougères en hiver (*elles sont fanées, elles sont mortes*). Faire remarquer qu'au printemps, dans la nature, apparaissent de nouvelles plantes sauvages qui n'ont pas été ni semées, ni plantées par l'homme.

► Comment ces plantes ont-elles pu pousser ? *Il y avait des graines dans la terre, apportées par le vent ou les animaux ou tombées à partir des pieds de l'an passé.*

Évoquer les jonquilles, le muguet dans les bois, et demander à partir de quoi ils se multiplient. Faire appel aux leçons antérieures sur la reproduction et le développement des végétaux. (*Certains végétaux résistent à l'hiver sous la forme de bulbes, de tubercules ou de rhizomes dans la terre.*)

- **Pour les photos représentant les comportements des animaux** : reprendre la même investigation et rappeler quelles stratégies les animaux utilisent pour survivre en hiver.

Réponses attendues :

Les insectes résistent à l'hiver sous forme d'œufs ou de chrysalides en dormance, à l'abri, dans le sol ou dans les fissures des fenêtres ou des murs.

Les hirondelles migrent vers l'Afrique, dans des pays plus chauds.

Les étourneaux sansonnets se rassemblent dans les villes pour trouver chaleur et nourriture.

Les marmottes s'engraissent tout l'été puis mènent une vie ralentie en hibernant.

Le lièvre variable se camoufle dans le paysage pour échapper aux prédateurs affamés.

En hiver, quand les fruits viennent à manquer, le renard change de régime alimentaire et devient carnivore.

Remarque : au fur et à mesure du travail des groupes, l'enseignant peut attirer l'attention de toute la classe en apportant le vocabulaire spécifique nécessaire et en le notant au tableau afin de faciliter la réalisation des posters.

Étape 3

Synthèse

Organisation de la classe

Collectif.

Après la mise en commun, conclure en élaborant un résumé, à copier dans le cahier, qui réponde à la question : « Comment les animaux et les végétaux résistent-ils à l'hiver ? »

L'enseignant peut faciliter la tâche des élèves en distribuant un texte à trous que les élèves compléteront avec les nouvelles expressions apprises. Par exemple :

En hiver, les arbres à feuillage *caduc* perdent *toutes leurs feuilles* en même temps et mènent *une vie ralentie*. Les arbres à feuillage *persistant* gardent leurs feuilles *réduites à des aiguilles*. De nombreuses plantes résistent à l'hiver sous la forme de *rhizomes*, de *bulbes*, de *tubercules* ou de *graines*, entrés en *dormance* bien protégés dans le sol sous la litière des bois.

Les animaux résistent aux conditions de l'hiver, froid et manque de nourriture végétale, en *changeant* de régime alimentaire, en faisant *des réserves* de nourriture ou de graisse en automne, en *migrant* vers des pays plus chauds ou en *menant une vie ralentie*, l'hibernation.

4
Fiche documents 1

Comment les êtres vivants s'adaptent-ils à l'hiver ?

Le régime alimentaire du renard.

4
Fiche documents 1

Comment les êtres vivants s'adaptent-ils à l'hiver ?

Le régime alimentaire du renard.

Comment les animaux s'adaptent-ils à l'hiver ?

Fuir ou dormir

À l'approche des grands froids, certains animaux de haute montagne vont s'installer dans les vallées. D'autres migrent vers des contrées plus accueillantes. Certains animaux passent l'hiver dans des abris : le lagopède se laisse ensevelir par la neige... D'autres enfin, tels que marmottes et lérots, ont recours à l'hibernation pendant plusieurs mois, ou sombrent dans une profonde léthargie.

D'après l'encyclopédie « Tout l'univers », éd. Hachette.

Comment monsieur Blanchot passe l'hiver

Le lièvre variable, comme son nom l'indique, change de pelage au gré des saisons. Fin octobre-début novembre, son pelage gris de l'été blanchit, ce qui lui permet d'être peu visible dans la nature enneigée et d'échapper à ses nombreux prédateurs. Son poil est plus long et plus riche en duvet, formant une bourre épaisse isolante et donc plus chaude. Un autre avantage de sa livrée de couleur blanche est de limiter le rayonnement de chaleur de l'animal.

Communément appelé monsieur Blanchot ou blanchon, le lièvre variable est un infatigable coureur qui fréquente les forêts et les alpages, à toutes les saisons, à la recherche de sa pitance. Pour se déplacer dans la neige poudreuse sans s'y enfoncer, il dispose de larges pattes postérieures garnies de longs poils qui lui servent de raquettes et l'isolent du sol gelé. En hiver, il est ainsi le seul à courir les territoires enneigés. Ses oreilles sont plus courtes que celles de son parent des plaines et limitent ainsi les pertes de chaleur. Bien adapté au froid et aux milieux inhospitaliers, seuls le vent et les tempêtes de neige le contraignent à l'immobilité.

La cohabitation avec l'homme se passe assez bien et le blanchon n'hésite pas à chercher des abris dans les chalets d'alpage ou dans les gares de remontées mécaniques.

D'après Wikipedia.

Mise au repos hivernal

En hiver, un grand nombre d'insectes peuvent interrompre leur développement et vivre au ralenti, abrités dans la litière des bois, dans la terre ou dans les interstices des murs et des fenêtres des bâtiments. Cette pause peut intervenir, selon les espèces, à différents stades de la vie de l'animal : œuf, larve ou nymphe. Ces périodes de repos s'appellent des diapauses. Le repos permet à l'insecte de survivre quand les conditions sont défavorables. Une fois les conditions favorables revenues, l'insecte reprend une vie normale et poursuit son développement.

Comment les animaux s'adaptent-ils à l'hiver ?

Préparatifs de voyage

À la fin de l'été, les jeunes hirondelles et les adultes qui ont terminé d'élever leurs nichées se rassemblent par centaines sur les fils électriques ou téléphoniques : elles préparent leur long voyage vers l'Afrique. Leurs journées sont entièrement consacrées à la chasse d'insectes volants car il leur faut constituer une réserve de graisse, source d'énergie qui leur permettra de traverser mer et désert. Pourquoi nous quittent-elles ? La raison essentielle vient du régime alimentaire spécialisé des hirondelles. Elles ne mangent que des insectes volants qui se font plus rares à l'automne et disparaissent totalement en hiver. En effet, la plupart des insectes passent la mauvaise saison à l'abri sous forme d'œufs, de larves, de chrysalides ou de cocons alors que, dans le même temps, l'Afrique en regorge.
Après quelques mois passés uniquement à se gaver d'insectes africains, les hirondelles préparent le grand voyage dans l'autre sens. Elles arrivent chez nous au mois de mars pour se reproduire, quand les premiers moucherons et moustiques commencent à voler.
Cependant, depuis quelques années, les ornithologues* signalent des hirondelles de plus en plus tard en automne. Des cas d'hivernage complet ont même été récemment notés, dans le Midi, mais aussi le long de la côte atlantique jusqu'en Bretagne. La ligue pour la protection des oiseaux déclare dans un dossier de presse : « Il est peut-être trop tôt pour le dire, mais la succession d'hivers doux que l'Europe connaît actuellement n'est sans doute pas étrangère à ce nouveau comportement. Affaire à suivre… »

* Ornithologue : personne qui étudie les oiseaux.

Les marmottes mangent l'été et dorment l'hiver !

Quand l'automne arrive, les jours raccourcissent et le temps se refroidit. La marmotte, après s'être engraissée tout l'été, quitte les prairies d'altitude, et retrouve dans les bois, ses abris de l'hiver précédent. Dans ces abris hivernaux bien protégés, la température se situe à quelques degrés au-dessous de 0. Après avoir fabriqué un nid douillet et isolant avec du foin, la marmotte ferme soigneusement l'entrée du tunnel qui mène à sa chambre avec de la terre et des pierres. Elle continue de colmater son terrier jusqu'au début du mois d'octobre, puis hiberne pendant environ 7 mois. Quand elle ressortira de son terrier, elle aura perdu la moitié de son poids.
Pendant l'hibernation, elle abaisse la température de son corps de 36 °C à 5 °C. Des modifications internes, comme la diminution du rythme cardiaque ou la fabrication d'une substance qui empêche le sang de se figer, permettent à l'animal d'économiser de l'énergie en menant une vie ralentie.

Comment les végétaux s'adaptent-ils à l'hiver ?

Des stratégies variées pour passer l'hiver

- Les plantes annuelles, comme les graminées ou les coquelicots, meurent chaque année au moment de l'automne et disparaissent en hiver. Mais elles libèrent des graines dans le sol qui germeront au printemps suivant lorsque les conditions du milieu seront favorables (température douce et humidité).
- Les plantes vivaces subsistent l'hiver. Elles n'apparaissent plus au sol, mais persistent, bien enfouies et protégées dans la terre, sous forme d'organes spécialisés chargés de réserves comme les tubercules de la pomme de terre, les bulbes de la tulipe, les rhizomes du muguet, de l'iris ou des fougères. Ces organes souterrains se développeront au printemps suivant pour donner de nouvelles tiges, feuilles et fleurs.
- Certaines plantes appelées bisannuelles, comme la carotte, emmagasinent des réserves dans leurs racines pour passer le premier hiver. Elles fleurissent le printemps suivant et donneront des graines pour le second hiver et ainsi de suite tous les deux ans.
- Pour les plantes à rosette comme le pissenlit, la tactique consiste à réduire le plus possible ses feuilles pour ne garder que quelques pousses et bourgeons hors du sol, et à emmagasiner le plus de réserves possible dans ses racines.

S'adapter ou mourir

En hiver, les végétaux restent sur place. Ils n'ont pas le choix, ils doivent s'adapter ou mourir ! Alors, un peu à la façon de certains animaux, ils entrent dans une phase de repos, ce qui leur permet de se protéger du froid, et plus particulièrement du gel.

- Les feuillus, comme le platane, l'érable, le marronnier, le peuplier, le pommier – encore appelés arbres à feuillage caduc –, perdent leurs feuilles afin d'offrir moins de prise au froid et au vent. Ils évitent ainsi de perdre d'énormes quantités d'eau par évaporation. Avant l'hiver, ils se sont préparés pour le printemps suivant en emmagasinant des réserves dans leurs racines et en se couvrant de bourgeons à l'abri dans du duvet cotonneux et bien protégés par une enveloppe d'écailles.
  Parmi les feuillus, certains arbres dépensent un peu plus d'énergie en hiver pour protéger leurs feuilles du froid, du manque de soleil et les garder toute l'année ; c'est le cas par exemple du chêne vert, du chêne-liège, de l'olivier, du houx, du buis et du laurier. Leurs feuilles sont en général épaisses, dures, vernissées et également de couleur sombre.
- D'autres arbres comme la plupart des résineux (pins, sapins, épicéas, à l'exception du mélèze) n'ont pas besoin de cette étape de repos. Ils ne perdent pas leurs feuilles qui se sont transformées en aiguilles vernissées et dures. En effet, la résine qu'ils contiennent les protège du gel. Ainsi, ils peuvent continuer à se nourrir, au ralenti. On les nomme arbres à feuillage persistant. Ces végétaux ont en général des feuilles de couleur vert sombre qui captent mieux la chaleur émise par les rayons du soleil.

Séance 6 – Comment l'homme agit-il sur les êtres vivants qui peuplent les différents milieux ?

Compétences disciplinaires
- Savoir que l'homme doit préserver la biodiversité en tenant compte des chaînes alimentaires pour respecter chaque maillon, mais qu'il doit aussi tenir compte des capacités d'adaptation des animaux nouvellement introduits dans un milieu.
- Savoir que l'homme doit intervenir avec connaissance et de manière responsable pour réguler les effets des adaptations en termes de concurrence et de compétition.

Compétences méthodologiques
- Effectuer une recherche documentaire.
- Prélever des indices dans un texte, sur une image pour répondre aux questions posées ou vérifier des hypothèses.
- Élaborer un résumé.
- Réaliser un poster en vue d'une exposition.

Lexique
Espèces invasives, protégées, en voie d'extinction, capacités d'adaptation, biodiversité, développement durable.

Durée de la séance : 1 h à 1 h 30.

Matériel
- 3 planches de photographies :
  « Espèces invasives végétales et animales »
  « Espèces menacées et protégées en France »
  « Espèces en voie d'extinction en France »
- Des textes sur les espèces invasives.
- Des sites répertoriés et des albums documentaires.
- Des affiches grand format.

Étape 1

Définir ce qu'est une espèce invasive

Organisation de la classe
Collectif.

L'enseignant explique qu'à propos de certaines plantes et de certains animaux, on parle d'espèce invasive.

► Qu'est-ce qu'une espèce invasive ?

Avant de faire rechercher dans le dictionnaire ou sur Internet, demander à quels autres mots il est possible de rapprocher cet adjectif (*invasion, envahisseuse, envahissante*).

Échanger les résultats et expliquer que l'on qualifie d'« invasives » les espèces importées et devenues sauvages, dont l'introduction volontaire ou fortuite dans un milieu naturel ou semi-naturel provoque un déséquilibre dans la biodiversité et d'importantes nuisances, souvent irréversibles.

Étape 2

Comprendre des textes et enquêter

Matériel
- La planche de photographies :
  « Espèces invasives végétales et animales » (livret couleur pp. 13 et 14).
- Les textes sur les espèces invasives (à photocopier).
- Les sites répertoriés et les albums documentaires.
- Une affiche grand format par groupe.

Organisation de la classe
En groupes.

L'enseignant interroge :

► Pourquoi, à votre avis, des espèces peuvent devenir invasives ?

Laisser les élèves imaginer des explications. Leur demander de préciser leurs idées et d'argumenter.
L'enseignant fait la synthèse des propositions « pertinentes » à vérifier pour mener une recherche ultérieure. Les autres propos seront validés ou invalidés.

Réponses attendues
Parce qu'elles se reproduisent rapidement et prolifèrent ; parce qu'elles envahissent vite un terrain, un étang ; parce qu'elles mangent la même nourriture que les espèces locales ou changent de régime alimentaire ; parce qu'elles ne sont pas mangées par d'autres ; parce qu'elles sont plus résistantes aux conditions changeantes d'un milieu (froid, chaud, sécheresse, etc.).

À l'aide de ces propositions, l'enseignant propose de mener une enquête et de remplir un tableau récapitulatif, en laissant la possibilité d'ajouter au cours de l'investigation, une ou plusieurs propositions nouvelles (voir tableau ci-après).

L'enseignant organise des groupes et répartit les espèces invasives à étudier selon l'intérêt des élèves, leur vécu, les ressources documentaires disponibles... et à partir de la planche de photographies « Espèces invasives » et des textes photocopiés.

Il demande aux élèves de construire un tableau analogue à celui présenté ci-dessous, et de le compléter sur l'affiche du groupe.

Tableau à construire (exemple) :

Adaptations constatée	Conséquences	Solutions possibles
Se reproduit facilement.	Surpopulation rapide.	Stériliser les individus femelles ou attirer et capturer les mâles ; éliminer certaines pontes...
N'a pas de prédateurs (ou n'est pas mangé par d'autres).	Le nombre d'individus va augmenter régulièrement jusqu'à la surpopulation.	Introduire des prédateurs en respectant l'équilibre des chaînes alimentaires...
En concurrence pour la nourriture.	Une espèce va croître aux dépens d'une autre qui va disparaître par manque de nourriture.	Réguler la population de l'espèce dominante ; introduire des compléments de nourriture pour satisfaire les besoins alimentaires des deux espèces...
Change de régime alimentaire facilement.	Cette espèce va se développer aux dépens de plusieurs espèces dont le régime est plus spécialisé ; cette espèce peut devenir prédatrice d'une autre qui risque de disparaître.	Réguler le nombre d'individus de cette espèce ; déplacer les individus dans un autre milieu où les espèces locales ne sont pas menacées...
Résiste mieux au conditions défavorables du milieu.	Cette espèce va remplacer peu à peu les espèces voisines qui résistent plus difficilement aux changements du milieu.	Réguler le nombre d'individus de cette espèce ; intervenir sur le milieu ou protéger les espèces plus fragiles (apport de nourriture, installation d'abris)...

Les élèves le terminent en collant des photos (à imprimer, à photocopier...) ou en dessinant les espèces étudiées.

Les affiches terminées sont exposées à la lecture de l'ensemble de la classe et validées par l'enseignant avant d'être proposées à la communication des parents ou d'autres élèves de l'école.

Dans le cahier, ils élaborent un résumé qui répond aux deux questions posées par l'enseignant : « Qu'est-ce qu'un espèce invasive ? » et « Pourquoi des espèces deviennent invasives ? »
Selon l'espèce étudiée dans leur groupe, ils peuvent coller le texte documentaire fourni par l'enseignant, en souligner les informations importantes et l'illustrer.

Étape 3

Matériel

Les planches de photographies :
« Espèces menacées et protégées en France » (livret couleur p. 15).
« Espèces en voie d'extinction en France » (livret couleur p. 16).

Pour terminer cette leçon, l'enseignant peut faire découvrir les planches de photographies des espèces protégées et en voie d'extinction.
Il précise qu'une réglementation existe et peut montrer sur Internet les listes officielles, ou bien les demander en mairie ou auprès d'associations de protection de la nature.

Évaluation

Compétences évaluées

- Formuler une hypothèse pertinente.
- Interpréter des résultats d'expérience ; conclure et justifier (argumenter).
- Mobiliser et éprouver ses connaissances dans un contexte différent.
- Restituer des connaissances qui ont pris sens au cours de la compréhension des actions humaines sur la nature.

Corrigé

1. a) Ils recherchent l'obscurité et l'humidité.
b) Ils ont fui la lumière.

2. a) Ils préfèrent le compartiment obscurci.
b) Oui, parce que sous les pierres, il fait sombre et les cloportes préfèrent l'obscurité.

3. Chaque être vivant est *adapté* aux conditions de vie particulières de l'endroit où il vit. En hiver, [...] il change de *régime alimentaire* et chasse de petits animaux. Le hérisson s'endort [...] et *hiberne*. De nombreux oiseaux *migrent* vers des milieux plus favorables [...]. Les végétaux semblent mourir, mais ils *résistent* sous d'autres formes [...]. Les arbres à feuillage *caduc* perdent toutes leurs feuilles et mènent une vie ralentie ; les résineux à feuillage *persistant* conservent leurs feuilles, mais celles-ci sont réduites à des aiguilles [...].

4. Parce qu'elles envahissent par leur nombre tout un milieu de vie au détriment des espèces locales qui risquent de disparaître.

Les espèces végétales invasives en France

L'ailante, venu de Chine dès 1856, a été multiplié en France dans les magnaneries pour nourrir le Bombyx de l'ailante en remplacement du ver à soie atteint par une maladie. Sa croissance rapide, sa capacité de reproduction sans intervention humaine (300 000 graines par plante et par an) et sa multiplication végétative importante (rejets de souche et drageonnage) en font une espèce pionnière qui empêche la croissance des autres plantes. Dans certains endroits, il a pris la place de forêts entières de châtaigniers. L'ailante libère une odeur désagréable, possède un fort pouvoir allergisant et le miel fabriqué à partir de son nectar sent l'urine de chat. L'ailante est aujourd'hui devenu sauvage dans de nombreuses régions du monde.

L'ambroisie à feuilles d'armoise vient d'Amérique du Nord. Elle a été introduite accidentellement au XIXe siècle dans la région lyonnaise. Mais sa prolifération la rend directement nuisible à l'homme car ses pollens provoquent des allergies importantes et causent rhinites, conjonctivites, asthme et eczéma… C'est 100 000 personnes qui seraient affectées tous les ans. L'utilisation et l'implantation de l'ambroisie sont réglementées depuis 1995.

La berce du Caucase ou berce géante est la plus grande des ombellifères introduites et utilisées en France comme plantes ornementales dans les jardins. Elle est devenue invasive et occupe désormais tous les terrains vagues, les talus le long des voies ferrées, des autoroutes, les terrains arides comme les terrains humides. Elle s'est révélée très dangereuse pour l'homme car toute la plante contient des substances très toxiques activées par la lumière. Le contact de cette plante avec la peau provoque de graves brûlures au 3e degré. Des lésions brunes persistent longtemps après. Sa présence doit être signalée auprès des autorités locales et son arrachage doit être effectué par des personnes averties.

La caulerpe, algue tropicale utilisée en aquariophilie a été rejetée en 1984 au pied du Rocher de Monaco dans la Méditerranée où elle s'est développée rapidement. Elle exerce une concurrence sur les posidonies, herbiers bien oxygénés qui servent de nurseries et de frayères pour la faune méditerranéenne. Elle émet des substances toxiques pour les autres espèces et n'est pas consommable par les herbivores natifs.

Les espèces végétales invasives en France

Les jussies sont des plantes aquatiques enracinées, originaires d'Amérique du Sud. Elles ont été introduites volontairement, comme plantes ornementales, en France en 1835, sur les rives du Lez à Montpellier. Depuis ces vingt dernières années, elles sont devenues invasives. Elles sont très bien adaptées au milieu aquatique, même légèrement salé. Leurs feuilles prennent des formes différentes selon qu'elles sont immergées (longues tiges fines), flottantes (feuilles étalées et aplaties en rosette qui utilisent le maximum de lumière) ou émergées (tiges hautes, feuilles nombreuses et allongées et fleurs abondantes). Mais en plus, les jussies possèdent une forme dite prostrée qui correspond à une forme de résistance aux conditions de sécheresse : les tiges deviennent courtes, rampantes sur le sol et les feuilles restent petites et arrondies. En hiver, elle se maintient en vie sous forme de rhizomes enterrés. Elle se reproduit essentiellement par bouturage naturel.
Ainsi, par sa résistance et son développement rapide, la jussie forme un tapis végétal très dense à la surface de l'eau et élimine les autres espèces. En conséquence, les caractéristiques du milieu sont modifiées. Les plantes qui fournissent de l'oxygène disparaissent et le milieu ainsi appauvri en oxygène devient défavorable à la vie des animaux aquatiques. Les jussies qui produisent beaucoup de matière organique morte peuvent aussi causer des problèmes de navigation, boucher les canalisations... et elles ne sont pas consommées par les animaux herbivores ! L'utilisation et l'introduction dans le milieu naturel de la jussie est désormais réglementé depuis le 2 mai 2007.

La renouée du Japon, considérée pendant longtemps comme une plante décorative, a été introduite dans beaucoup de jardins, et vendue par des jardineries. Haute de plus d'un mètre et dépourvue de prédateurs, elle envahit les berges des cours d'eau et de certains talus. Elle s'étend, en tache végétale, en éliminant les espèces présentes avant elle. Sa progression se fait toujours au détriment de la flore locale. Une étude récente a montré que la diversité des invertébrés chute en moyenne d'environ 40 % sur les cours d'eau où elle est installée. La renouée fait reculer les populations d'amphibiens, de reptiles et d'oiseaux ainsi que de nombreux mammifères de l'habitat d'origine. Elle se propage à l'aide de rhizomes présents dans les terres déplacées et rapportées pour l'aménagement des rives.

4
Fiche documents 7

Les espèces animales invasives en France

La coccinelle asiatique a été importée de Chine en France dès 1982 dans le cadre d'expérimentations de lutte biologique contre les pucerons. Elle fut ensuite commercialisée dans les jardineries entre 1995 et 2000. Cette espèce s'est tellement bien adaptée qu'elle est devenue invasive au détriment des coccinelles locales comme la coccinelle à 7 points. La coccinelle asiatique mange non seulement les pucerons, mais elle peut aussi, dans certains cas, manger les œufs et les larves des coccinelles locales. Elle pose problème dans les vignobles où, dissimulée dans les grappes de raisin mûr, elle finit écrasée dans les pressoirs, ce qui donne un goût amer au vin. À l'hiver, elle envahit les maisons et dégage pour se défendre une substance toxique nauséabonde quand on la manipule. Substance qui peut aussi provoquer une allergie chez certaines personnes. Cette coccinelle ne semble pas avoir d'ennemis naturels dans les nouveaux milieux qu'elle colonise.

L'écrevisse américaine est un crustacé d'eau douce, ayant des couleurs rougeâtres, pouvant atteindre 20 centimètres, avec de grandes pinces. Elle est très abondante en Louisiane. En Europe, où elle a été introduite délibérément par l'homme dans plusieurs pays, elle est maintenant considérée comme une espèce invasive. En effet, outre que cette espèce est très agressive et très robuste, elle est également porteuse d'un champignon qui décime les écrevisses locales comme l'écrevisse à pattes blanches. Elle est capable de vivre dans des eaux moins claires ou ayant une plus forte salinité que les espèces européennes. De plus, elle est capable de creuser des galeries de près de 2 mètres pour s'abriter en cas de danger, mais aussi pendant l'hiver ou en période de reproduction (deux pontes par an, jusqu'à 700 œufs par femelle), ce qui modifie durablement le milieu d'origine. En France, pullulent de ces écrevisses carnassière malgré la présence de leurs prédateurs comme les milans noirs, les hérons cendrés ou les cigognes. Pour limiter leur dissémination, le transport de ces écrevisses à l'état vivant est formellement interdit dans tout le territoire et la pêche est très contrôlée.

La moule zébrée, installée sur les côtes françaises depuis le débarquement des alliés en 1944, peut boucher des canalisations, gêner la navigation et diminuer la biodiversité. Elle se propage et envahit les bassins des piscicultures et s'adapte aussi bien à la vie en eaux douces qu'en eaux saumâtres et salées...

Les espèces animales invasives en France

La mineuse du marronnier est un insecte dont les chenilles s'enfoncent dès l'éclosion dans les feuilles de marronnier dont elles se nourrissent en minant des galeries. L'ensemble prend alors une couleur brune, et on observe la chute prématurée des feuilles dès le milieu de l'été. Pour les arbres les plus touchés, les marrons peuvent avoir un poids divisé par 2. La mineuse peut également aller sur l'érable sycomore ou le platane quand ces arbres se trouvent à proximité de marronniers infectés.

Le poisson-chat est originaire de l'Amérique du Nord. Il aurait été importé en France dans les années 1870 et introduit dans la Seine à Paris. Depuis, il colonise le réseau hydrographique français et préfère se développer dans les mares et les étangs. Sa grande prolificité et son comportement alimentaire vorace en font un sérieux concurrent pour les espèces de poissons locales. Certains étangs de la Brenne ont dû être asséchés pendant plusieurs années pour éliminer cette espèce pratiquement indestructible car ses œufs réussissent à voyager dans la bouche des carpes ou dans les fientes des canards sans être détruits.

La tortue de Floride, verte, ornée de rouge sur la tête, est originaire d'Amérique. Elle est vendue jeune mais elle grandit rapidement, devient gourmande, agressive et difficile à maintenir en aquarium. Ses propriétaires s'en débarrassent alors dans la nature. Or, cette tortue, qui peut atteindre deux kilos, s'acclimate très bien aux climats froids et chauds et diversifie son régime alimentaire (végétaux aquatiques, vers, mollusques, insectes, têtards, grenouilles, tritons…). Elle est très résistante aux conditions hostiles d'un milieu. Elle se retrouve alors en compétition directe avec la cistude d'Europe. Des « fermes à tortues » et des associations recueillent désormais ces tortues dans des espaces réservés.

La grenouille taureau est originaire d'Amérique du Nord. Elle mesure 20 cm de long pour un poids qui peut atteindre 1 kilo. Elle a été introduite en France en 1968 par un particulier qui la trouvait exotique. Elle est devenue un véritable fléau pour la faune locale. Son pouvoir de reproduction est dix fois plus grand que les grenouilles locales. Elle est très vorace et se nourrit non seulement d'insectes mais aussi de grenouilles locales, de salamandres, de rainettes, d'oisillons, de crustacés, de mollusques et même de reptiles.

Les grenouilles taureaux sont capables de quitter la vase des étangs et d'hiberner sous la litière des bois. Elles s'adaptent très facilement à de nouveaux milieux. Plusieurs régions françaises ont mis en place des plans d'éradication de l'espèce depuis mars 2006.

Les espèces animales invasives en France

Le vison d'Amérique a été introduit et élevé en France pour sa fourrure depuis 1927. Les élevages sont surtout implantés en Bretagne. Des animaux se sont alors échappés et ont colonisé massivement les zones humides des cours d'eau de Bretagne puis se sont répandus dans les régions voisines. Le vison américain est un prédateur qui mange tous les animaux qu'il trouve : canards, poule d'eau, petits mammifères, poissons. En conséquence, il fragilise la population des espèces en déclin. Mais son impact principal s'effectue sur la population du vison d'Europe. Cette dernière est déjà affaiblie à cause de la diminution des zones humides. Le vison américain est plus gros et plus agressif que le vison d'Europe. De ce fait, il entre en compétition avec le vison d'Europe qu'il domine pour la nourriture et les territoires de reproduction.

Les espèces envahissantes en Brenne

Depuis quelques années, la Brenne doit lutter contre des espèces arrivées « volontairement » ou par accident. Ces espèces ont plusieurs points communs : une capacité à se reproduire rapidement, une grande adaptabilité aux nouvelles conditions de milieu... Par exemple, la fécondité et la voracité du ragondin et du rat musqué ont précipité la quasi-disparition du nymphéa blanc en Brenne, ainsi que des joncs favorables à la nidification d'oiseaux aquatiques. Originaire d'Amérique du Nord, le rat musqué a été introduit en Europe au début du XXe siècle pour sa fourrure. Des individus échappés d'élevages ou volontairement libérés dans la nature ont colonisé les milieux naturels et agricoles. Le rat musqué cause d'importants dégâts aux digues et aux berges qu'il sape avec ses terriers. Excellent nageur, il peut parcourir près de 100 m sans respirer sous l'eau ou y rester immergé et immobile plus de 15 minutes s'il se sent menacé.
En 2004, 4,5 tonnes de poissons-chats ont été pêchés dans un seul étang. Et maintenant, c'est la jussie, plante aquatique envahissante, qui se développe en plein cœur de la Réserve... Elle forme des tapis immenses et les plantes présentes auparavant disparaissent de ces zones. Comment lutter ? En capturant les ragondins et les rats musqués (entre 80 et 100 par an) ; en coordonnant la mise à sec de la chaîne des étangs pour les nettoyer du poisson-chat ; en arrachant à la main, la jussie. Pour le moment, les quelques tortues de Floride trouvées sont capturées et ne pèsent pas sur la population de cistude d'Europe, tortue locale de la Brenne. Quant à la grenouille taureau, elle n'a pas encore été trouvée en Brenne.

Comment les êtres vivants s'adaptent-ils à leur milieu ?

1. En observant la vie sur un vieux mur, des cloportes (petits crustacés) ont été trouvés sous les pierres recouvertes de lierre. Très vite, les cloportes se sont sauvés et cachés plus loin.

a) À ton avis, quelles conditions les cloportes recherchent-ils sous les pierres ?

....

b) Quelle hypothèse peux-tu retenir pour expliquer leur fuite ? Entoure celle qui convient.

Ils ont eu peur. Ils ont fui la lumière. Ils ont fui le bruit.

2. On réalise l'expérience suivante avec des cloportes que l'on a capturés :

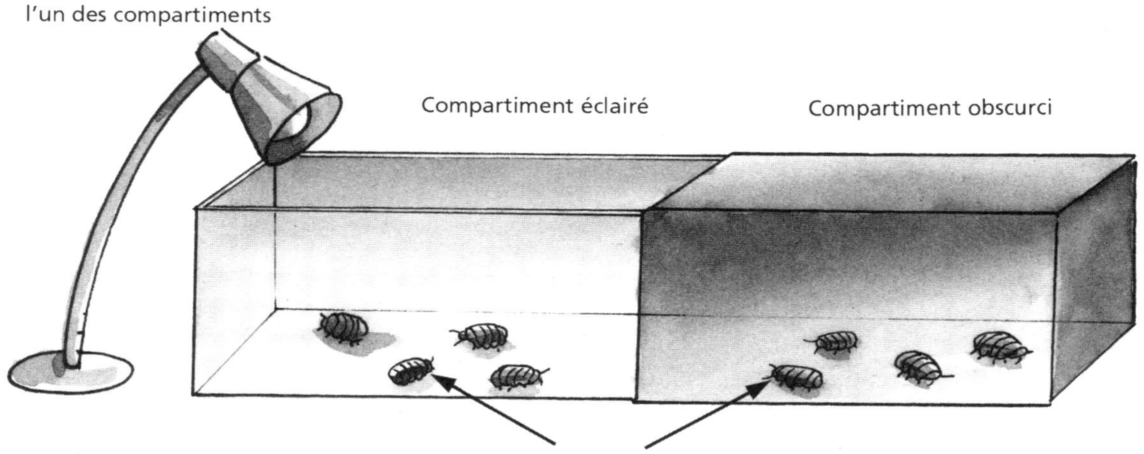

On note les résultats suivants :

	Compartiment sombre	Compartiment éclairé
Nombre de cloportes au départ	4	4
Nombre de cloportes après 2 minutes	8	0

a) Que peux-tu conclure ? Quel compartiment les cloportes préfèrent-ils ?

....

b) Sont-ils bien adaptés à vivre sous les pierres d'un vieux mur ? Pourquoi ?

....

....

Comment les êtres vivants s'adaptent-ils à leur milieu ?

3. Complète le texte à l'aide des mots suivants :

adapté, migrent, hiberne, résistent, caduc,
aiguilles, régime alimentaire, persistant.

Chaque être vivant est .... aux conditions de vie particulières de l'endroit où il vit.

En hiver, quand le renard ne trouve plus de fruits ni d'insectes dans la forêt, il change de .... et chasse de petits animaux.

Le hérisson s'endort dans un nid de feuilles mortes et ....

De nombreux oiseaux .... vers des milieux plus favorables où la nourriture est abondante.

Les végétaux semblent mourir mais ils .... sous d'autres formes, protégés dans la terre : graines en dormance dans la litière de feuilles mortes,tubercules, rhizomes, racines gorgées de réserves.

Les arbres à feuillage .... perdent toutes leurs feuilles et mènent une vie ralentie ; les résineux à feuillage .... conservent leurs feuilles mais celles-ci sont réduites à des .... dures et vernissées pour subsister aux rigueurs de l'hiver.

4. Pourquoi l'homme doit-il réguler le nombre d'individus de certaines espèces animales ou végétales devenues invasives ?

....

....

....

Quels sont la place et le rôle des êtres vivants dans les milieux ?

Informations pour l'enseignant

Tous les êtres vivants évoluent dans un environnement, ou milieu, pour lequel ils sont adaptés et dans lequel ils entretiennent des relations avec d'autres êtres vivants. Ils font ainsi partie de systèmes complexes et organisés appelés « écosystèmes ». L'étude des écosystèmes relève de l'écologie en tant que discipline scientifique.

La notion d'écosystème

Un écosystème est une communauté d'organismes en interaction entre eux et avec leur milieu. Il se compose d'un **biotope**, espace géographique délimité, climatiquement homogène et stable et contenant les ressources nécessaires à la vie, et d'une **biocénose**, ensemble des organismes peuplant cet espace. Un écosystème comprend ainsi :
– une composante non vivante appelée **composante abiotique** : elle inclut les caractéristiques climatiques (température, humidité, éclairement, vitesse du vent...) et les caractéristiques du sol (composition chimique, pH, humidité...) ;
– une composante vivante appelée **composante biotique** rassemblant la faune, la flore et les champignons.
Ces deux composantes de l'écosystème sont en permanence en interaction. La répartition des espèces animales et végétales à l'échelle de la planète s'explique ainsi par l'influence des climats. Les organismes peuvent aussi avoir une influence sur les caractéristiques climatiques dans un écosystème donné, comme, par exemple, le peuplement végétal sur les conditions régnant à l'intérieur d'une forêt tropicale.
Les écosystèmes sont divers de par leur taille. Il existe ainsi des micro-écosystèmes telle une souche d'arbre, des méso-écosystèmes de quelques hectares comme une prairie, des macro-écosystèmes vastes comme un océan.

Le fonctionnement des écosystèmes : les relations alimentaires entre les êtres vivants

Le fonctionnement d'un écosystème suppose, pour les êtres vivants qui le composent, une croissance elle-même reliée à une production de matière organique. Cette production de matière n'est possible que par la nutrition qui permet d'apporter des ressources et de les intégrer après transformations dans de nouvelles molécules. La production de matière est donc basée sur l'existence de relations alimentaires entre les êtres vivants. En fonction de leur place et de leur rôle dans les écosystèmes, trois sortes d'organismes sont distingués : les **producteurs**, les **consommateurs** et les **décomposeurs**.
Les producteurs, comme les végétaux chlorophylliens, sont les organismes capables de produire leur propre matière organique à partir de seules substances minérales et grâce à l'énergie lumineuse. On les qualifie d'organismes **autotrophes**.
Les **consommateurs** sont les organismes qui produisent leur propre matière organique en utilisant de la matière organique provenant d'autres êtres vivants. On les qualifie d'organismes **hétérotrophes**. Certains consommateurs se nourrissent exclusivement de végétaux. On dit que ce sont des organismes

Lexique

Écologie : discipline scientifique née au XIXe siècle qui étudie les interrelations entre les êtres vivants et leurs rapports avec le milieu dans lequel ils vivent.
Environnement : ensemble des facteurs physiques, chimiques, biologiques et sociaux susceptibles d'avoir un effet direct ou indirect, immédiat ou à long terme, sur les êtres vivants et l'homme.
Humus : mélange de matière organique et de matière minérale, constitutif de la plupart des sols et provenant de la transformation par les décomposeurs des feuilles mortes et autres déchets végétaux et animaux.
Matière organique : elle se compose de molécules organiques : des protéines, des glucides (sucres) et des lipides (graisses).
Photosynthèse : processus par lequel les végétaux verts (végétaux chlorophylliens) fabriquent leur propre matière (matière organique) à partir d'eau et de sels minéraux du sol et à partir de dioxyde de carbone atmosphérique. Cette synthèse utilise l'énergie lumineuse comme source d'énergie.

phytophages. D'autres se nourrissent exclusivement d'aliments d'origine animale. On dit que ce sont des organismes **zoophages**. D'autres, enfin, ont une alimentation mixte, d'origine animale et végétale. On dit que ce sont des organismes **omnivores**. Notons que le régime alimentaire d'un animal peut varier au cours des saisons en relation avec les changements climatiques et donc avec la disponibilité des ressources nutritives.
Les **décomposeurs** enfin sont les organismes qui dégradent la matière organique des organismes morts et la transforment en matière minérale. Ce sont donc des organismes hétérotrophes. Parmi eux, on distingue les **détritivores** et les **transformateurs**. Les détritivores (rapaces, grands corbeaux, bousiers, vers de terre…) se nourrissent de cadavres, de débris végétaux ou d'excréments qu'ils dégradent en humus. Les transformateurs (bactéries et champignons du sol) assurent la transformation de la matière organique en substances minérales. Cette transformation est qualifiée de **minéralisation**. Les minéraux ainsi obtenus pourront être consommés par les végétaux chlorophylliens. Les transformateurs sont donc les derniers intervenants d'un cycle de la matière.
« Rien ne se perd, rien ne se crée, tout se transforme. » Cette célèbre phrase de Lavoisier s'applique parfaitement au fonctionnement des écosystèmes.
Par convention, les relations alimentaires au sein des écosystèmes sont schématisées sous la forme de suites ordonnées d'êtres vivants reliés entre eux par des flèches et dans lesquelles les individus se nourrissent de ceux qui les précèdent. De telles suites forment des **chaînes alimentaires**. Chaque niveau au sein d'une chaîne alimentaire s'appelle un **maillon**. Les flèches reliant les maillons ont pour signification « est mangé par ».

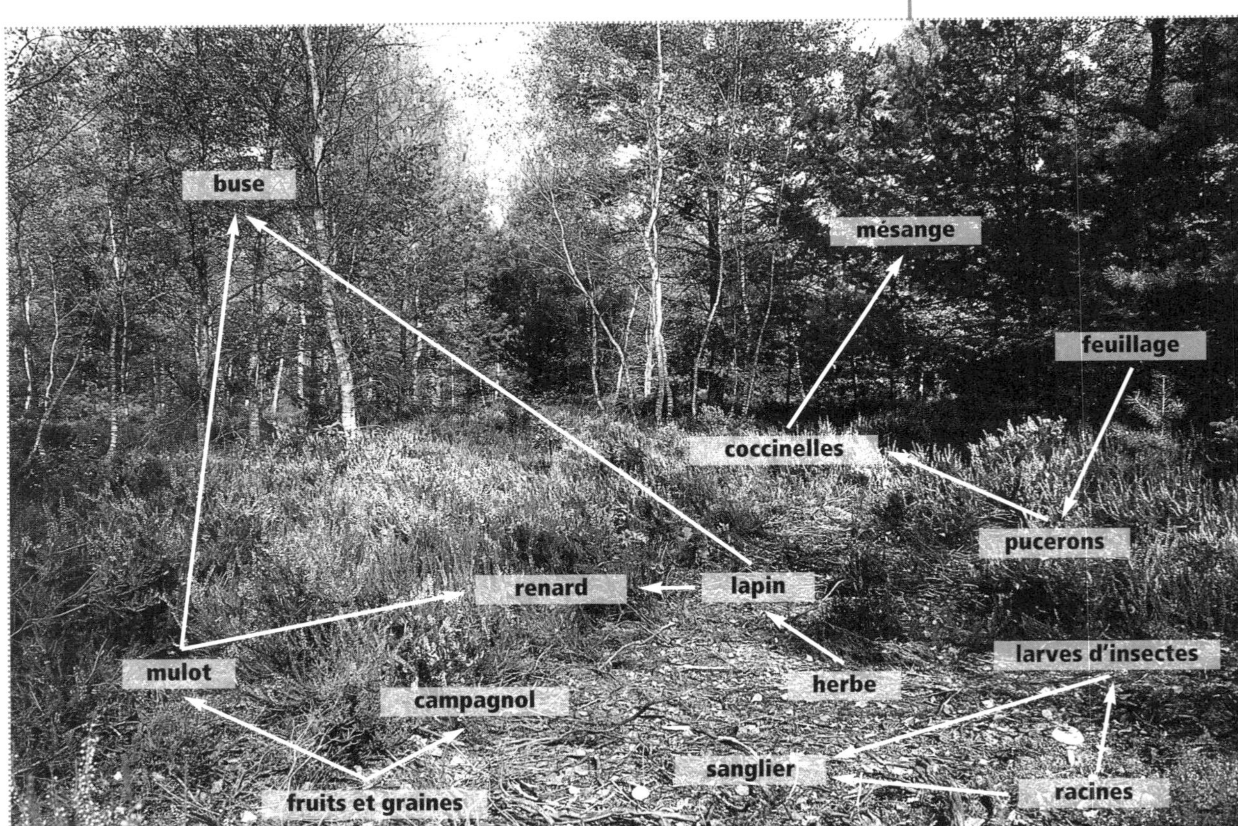

Réseau alimentaire au sein d'un écosystème forestier. Les flèches signifient « est mangé par ».

Pour un écosystème donné, le nombre de maillons varie d'une chaîne alimentaire à l'autre mais le premier maillon est toujours un végétal chlorophyllien. L'ensemble des chaînes alimentaires d'un écosystème définit un **réseau alimentaire**.

Les chaînes alimentaires traduisent ainsi des transferts de matière d'un maillon à l'autre. Ces transferts de matière sont eux-mêmes couplés à des flux d'énergie. Les producteurs (végétaux verts) utilisent pour leurs synthèses l'énergie solaire. Les consommateurs utilisent quant à eux l'énergie libérée par l'oxydation des matières ingérées. Un écosystème peut ainsi être comparé à un « superorganisme » branché sur l'énergie solaire et fabriquant en permanence de la vie organique.

Des relations alimentaires particulières

La **prédation** est le mode de nutrition le plus répandu chez les êtres vivants. Elle se définit comme l'utilisation d'une espèce par une autre pour s'en nourrir. Ce mode de nutrition concerne aussi bien les organismes phytophages que zoophages ou omnivores.

Le **parasitisme** est un autre mode de nutrition. Il se définit comme l'interaction entre deux organismes, animaux ou végétaux, dont l'un, appelé parasite, vit aux dépens de l'autre, appelé hôte. En général, le parasite exploite son hôte sans le tuer. Tel est le cas du gui dont la racine se développe sous l'écorce de nombreux arbres et de laquelle partent des suçoirs qui vont détourner une partie de la sève des arbres.

La **symbiose** enfin, est une association à bénéfices réciproques entre les individus d'espèces différentes (animales ou végétales). Cette association est généralement durable. Les mycorhizes sont un exemple de symbiose entre les racines d'un arbre et des champignons. De nombreux arbres ne possèdent en effet pas de poils absorbants. À la place, leurs racines sont entourées par des filaments de champignons qui vont compenser l'absence de poils absorbants en permettant une absorption d'eau et de sels minéraux. En échange, les champignons reçoivent des substances organiques produites par les arbres au cours de la photosynthèse. Les lichens sont un autre exemple de symbiose. Ils associent des algues microscopiques avec des champignons. Les algues fournissent aux champignons des substances organiques produites par photosynthèse. Les algues reçoivent en échange des champignons de l'eau et des sels minéraux nécessaires à leur vie.

Lexique

Réaction d'oxydation : réaction chimique de dégradation d'un composé consommatrice de dioxygène. Chez les organismes hétérotrophes, les nutriments issus de la digestion des aliments sont pour certains (glucose principalement) oxydés. Cette réaction d'oxydation libère de l'énergie permettant la synthèse de nouvelles matières organiques.

Végétaux chlorophylliens : ou végétaux verts. Leurs tissus externes contiennent un pigment, la chlorophylle, responsable de la couleur verte et permettant de capter l'énergie lumineuse nécessaire aux réactions de synthèse de matière organique par le végétal.

Substances minérales : elles sont constituées de sels minéraux. On en trouve dans le sol sous forme de nitrates (substance minérale azotée), de phosphates, de potassium, de sels de calcium…

Séance 1 – Qui vit dans la mare ? Quelles sont les relations alimentaires entre les animaux de la mare ?

Compétences disciplinaires

- Reconnaître les principaux animaux d'une mare.
- Connaître leur régime alimentaire.
- Savoir que les êtres vivants de la mare ont des relations alimentaires qui déterminent leur place dans des chaînes alimentaires.

Compétences méthodologiques

- Savoir observer.
- Savoir utiliser une clé simple de détermination.
- Savoir schématiser des chaînes alimentaires.

Lexique

Régimes alimentaires phytophage, zoophage, omnivore ; chaînes alimentaires, plancton, réseau alimentaire.

Durée de la séance : 1 heure 30 + une demi-journée à une journée pour une sortie au bord de la mare.

Matériel

- Un appareil photo numérique.
- Des boîtes-loupes.
- Un filet troubleau.
- Des petites épuisettes.
- Une passoire fine, type passoire de cuisine.
- Des bocaux à confiture avec couvercle pour y stocker les échantillons prélevés.
- Des sacs en plastique pour y mettre des échantillons.
- Des gants en plastique, style gants à vaisselle pour fouiller dans la vase.
- Des étiquettes pour préciser le lieu du prélèvement (à la surface, en profondeur…).
- Des seaux avec couvercle pour ramener de l'eau de la mare.
- Des crayons à papier.
- Un aquarium d'au moins 60 litres.
- Des affiches blanches (de format environ 100 x 60 cm).
- Une fiche activité : « Découverte de la mare ».
- 3 documents : « Clé d'identification des animaux de la mare ». « Principaux aliments consommés par les animaux de la mare ». « Vignettes des animaux de la mare ».
- Des photographies : « À la découverte du plancton de la mare ».

Remarque : nous avons choisi de développer ici l'étude de l'écosystème mare. Il n'est pas forcément évident de disposer d'une mare à proximité de l'école, ou d'organiser une sortie au bord d'une mare. Une alternative est de créer une mare sur le site de l'école. De nombreux ouvrages apportant des conseils techniques sont disponibles sur le marché.

Il est aussi possible de réaliser l'étude d'un autre écosystème, comme une forêt, une friche, un parc urbain, un jardin ou encore la cour de l'école. Quel que soit le choix effectué, il est important que l'étude passe par une approche concrète avec des observations directes sur le terrain. Aussi la démarche présentée ci-après est-elle applicable à l'étude de n'importe quel écosystème.

Étape 1

Préparer la sortie au bord la mare

Organisation de la classe
Collectif.

Durée
20 minutes.

L'enseignant annonce une sortie prochaine de la classe au bord d'une mare. Il recueille alors les représentations des élèves.

- ▶ Pour vous, qu'est-ce qu'une mare ?
- ▶ Quels sont les animaux qui vivent dans une mare ?
- ▶ Trouve-t-on également des végétaux ? Lesquels ?

L'enseignant revient sur l'annonce faite au début.

- ▶ Que va-t-on observer et faire au cours de la sortie ? *Observer les lieux (taille de la mare, présence d'arbres autour…), rechercher les animaux présents dans l'eau, observer les plantes à la surface et au bord de l'eau, prélever des animaux pour les ramener en classe et poursuivre les observations.*

L'enseignant pourra alors proposer d'installer un aquarium dans la classe pour y accueillir les collectes faites sur le terrain.

► De quel matériel aurons-nous besoin pendant la sortie ?

Les élèves élaborent avec l'aide de l'enseignant une liste du matériel d'observation (appareil photo, boîtes-loupes) et du matériel pour effectuer les récoltes (épuisettes, passoires fines, bocaux à confiture, sacs en plastique, seaux avec couvercles pour ramener de l'eau de la mare, gants en plastique pour fouiller la vase…).

Pour finir, l'enseignant ne doit pas oublier de donner les recommandations préalables à la sortie concernant le respect du milieu (limiter les prélèvements au strict nécessaire, ne pas déplacer les grosses pierres, ne pas jeter des cailloux ou d'autres projectiles dans l'eau) et concernant la sécurité (ne pas se baigner, ne pas se bousculer au bord de l'eau, ne pas boire l'eau, respecter les limites de la zone d'étude…). Il est également important de donner les recommandations relatives à la tenue à prévoir pour aller sur le terrain (bottes, vêtements de pluie…).

Étape 2

Sortie au bord de la mare

Matériel

- Un appareil photo numérique.
- Des boîtes-loupes.
- Un filet troubleau.
- Des petites épuisettes.
- Une passoire fine, type passoire de cuisine.
- Des bocaux à confiture avec couvercle pour y stocker les échantillons prélevés.
- Des sacs en plastique pour y mettre des échantillons.
- Des gants en plastique, style gants à vaisselle pour fouiller dans la vase.
- Des étiquettes pour préciser le lieu du prélèvement (à la surface, en profondeur…).
- Des seaux avec couvercle pour ramener de l'eau de la mare.
- Des crayons à papier.
- La fiche activité : « Découverte de la mare » (à photocopier).

Organisation de la classe

En collectif, puis en binômes.

Durée

Une demi-journée à une journée en fonction de l'éloignement de la mare choisie pour l'étude.

Fabriquer un filet troubleau et des épuisettes

Il est possible de fabriquer soi-même un filet troubleau à l'aide d'une toile de sac maintenue par un fil de fer en guise de cerclage, le tout lié sur un manche, type manche à balai. Des épuisettes peuvent être fabriquées sur le même principe à l'aide d'une paire de collants fins, de fil de fer pour le cerclage et d'une longue ficelle.

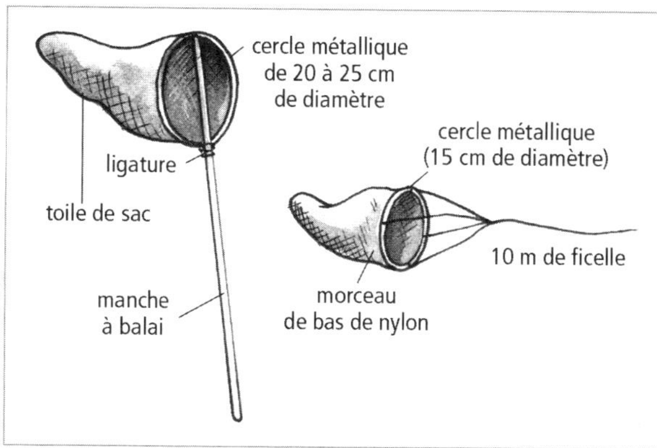

D'après *La découverte du monde vivant. De la maternelle au CM2*. R. Tavernier. Bordas Pédagogie. 2002

Remarque : à l'arrivée sur le terrain, l'enseignant devra gérer l'impatience des élèves à utiliser les épuisettes pour récolter les petits animaux et rappeler l'objectif de la sortie : découvrir la mare, son environnement et les êtres vivants (animaux et végétaux) qui la peuplent. Il convient d'avoir une approche du site la plus silencieuse possible afin de ne pas perturber les oiseaux, les amphibiens (ou batraciens), voire les mammifères présents.

Les élèves répartis en binômes disposent chacun de la fiche « Découverte de la mare ». Des photos du site, des végétaux et des animaux observés par les élèves pourront être prises par l'enseignant.

Une fois ce travail réalisé, les élèves pourront collecter des échantillons animaux et végétaux pour des observations complémentaires en classe, notamment en vue de leur identification. L'enseignant rappellera la nécessité de ne pas faire de prélèvements excessifs. Les animaux seront conservés vivants dans des bocaux modérément remplis d'eau et fermés par un couvercle. On veillera à diversifier les prélèvements et à ne conserver que deux ou trois individus par espèce. Sur chaque bocal, le lieu exact de capture sera mentionné car il renseigne sur les préférences écologiques des animaux. De l'eau de la mare sera également collectée dans des seaux munis d'un couvercle pour l'installation de l'aquarium de la classe.

Remarque : le prélèvement d'amphibiens (tritons, grenouilles, crapauds) adultes ou larvaires n'est pas autorisé. Ces espèces sont toutes protégées en France conformément à la loi relative à la protection de la nature. Pour plus de détails, consultez les articles 3 et 4 de la loi 76-629 du 10 juillet 1976 (*Journal officiel* du 13 juillet 1976) relative à la protection de la nature ainsi que les textes d'application (brochure 1424-11 des journaux officiels).

Étape 3

Reconnaître les principaux animaux de la mare

Matériel
- L'aquarium contenant les animaux et quelques végétaux récoltés lors de la sortie.
- Des bocaux contenant un animal de chaque espèce.
- Des boîtes-loupes.
- Le document « Clé d'identification des animaux de la mare » (doc. 1 à photocopier).

Organisation de la classe
En groupes de 4 élèves, puis en collectif.

Durée
20 minutes.

Lors de la sortie, les élèves ont observé et décrit un animal. Il s'agit maintenant de trouver son nom scientifique à l'aide d'une clé d'identification.
L'enseignant en explique le principe à partir d'un exemple. Il s'agit d'abord de regarder la présence et le nombre de pattes.
- Si l'animal n'a pas de patte, il peut être un mollusque, un ver ou une larve d'insecte.
- Si l'animal a trois paires de pattes, il s'agit d'un insecte. Celui-ci peut vivre au-dessus, sur ou dans l'eau.
- Si l'animal a au moins cinq paires de pattes, il s'agit d'un crustacé.

Les élèves peuvent utiliser les boîtes-loupes pour observer plus finement leur animal.
Une synthèse collective est ensuite réalisée pour établir la liste des animaux capturés.

Étape 4

S'informer sur le régime alimentaire des animaux et schématiser le réseau alimentaire de la mare

Matériel
- Des affiches blanches (de format environ 100 x 60 cm).
- Le document « Principaux aliments consommés par les animaux de la mare » (doc. 2 à photocopier).
- Le document « À la découverte du plancton de la mare » (livret couleur p. 17)
- Le document « Vignettes des animaux de la mare » (doc. 3 à photocopier).

Organisation de la classe
En collectif, puis en groupes de 4 élèves.

Durée
45 minutes.

L'enseignant distribue le document 2 fournissant des informations sur les principaux aliments consommés par les animaux de la mare.

► Quelle est la nature des aliments consommés par les animaux de la mare ? *Certains animaux ne mangent que des végétaux, d'autres se nourrissent exclusivement d'animaux. D'autres encore mangent à la fois des végétaux et des animaux.*

L'enseignant apporte le vocabulaire : les premiers sont dits phytophages ou végétariens. Les seconds sont zoophages. Les derniers sont omnivores.

Remarque : ceci est un rappel des notions acquises en cycle 2. Notons l'utilisation des termes de « phytophages » ou « végétariens » pour les animaux consommant des végétaux plutôt que celui d'« herbivores » qui peut laisser penser aux élèves que ces animaux ne consomment que de l'herbe. Les phytophages se nourrissent aussi pour certains de graines, de racines, de tubercules... Par ailleurs le terme de « zoophage » (littéralement : se nourrit d'animaux) doit être préféré à celui de « carnivore » (littéralement : qui consomme de la viande).

Les élèves constatent que certains animaux de la mare se nourrissent de plancton.

► Qu'est-ce que le plancton ?

Les élèves trouvent des éléments de réponse en observant le document couleur « À la découverte du plancton de la mare ».
L'enseignant explique que le plancton regroupe l'ensemble des organismes végétaux et animaux de très petite taille. Il pourra ajouter que ces organismes se déplacent au gré des mouvements d'eau.
L'enseignant explique ensuite que les scientifiques schématisent les relations alimentaires entre les êtres vivants d'un milieu par des flèches les reliant. Par convention, les flèches signifient « est mangé par ». L'enseignant écrit alors au tableau un exemple de relation alimentaire à partir du tableau du document 2 :
Algues → larves de perles → dytiques : les algues sont mangées par les larves de perle qui sont mangées à leur tour par les dytiques.
Il précise que cette suite d'organismes représente ce qu'on appelle une chaîne alimentaire.

L'enseignant demande alors aux élèves d'écrire d'autres chaînes alimentaires. Pour cela, les élèves sont répartis par groupes de 4 et reçoivent une affiche sur laquelle ils doivent représenter schématiquement une mare. Sur ce schéma, ils feront figurer les principaux animaux observés lors de la sortie, au-dessus, sur ou dans l'eau, ainsi que les chaînes alimentaires les reliant. Pour cette tâche, les élèves pourront utiliser les vignettes représentant les animaux de la mare du document 3.

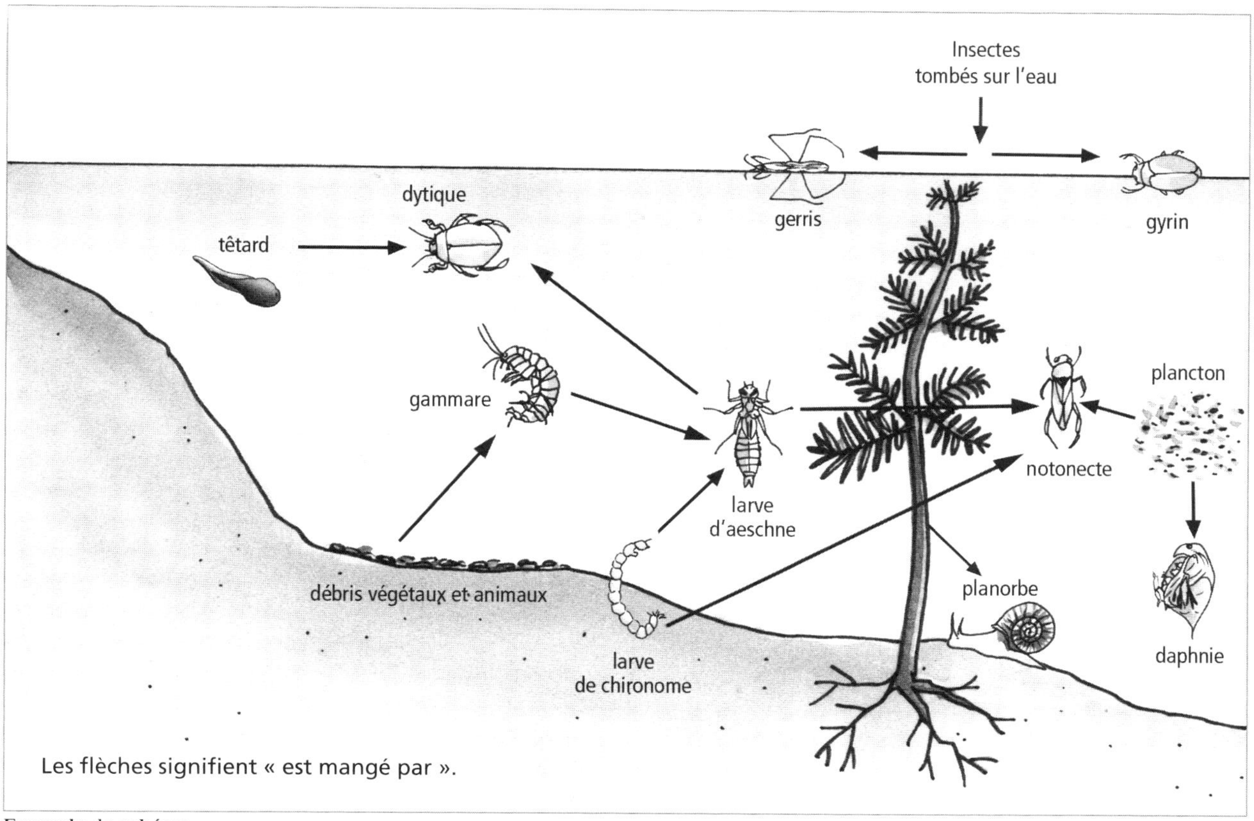

Exemple de schéma.

En synthèse, l'enseignant introduira la notion de réseau alimentaire qu'il définira comme l'ensemble des chaînes alimentaires dans un milieu (écosystème) donné.

Une **trace écrite** individuelle pourra alors être élaborée. Elle récapitulera les principales notions construites en relation avec la découverte de l'écosystème mare.

Exemple de trace écrite

Lors de la sortie au bord de la mare, nous avons observé des végétaux et des animaux. Parmi les animaux, certains vivent au-dessus de l'eau, comme les libellules et les moustiques. D'autres vivent à la surface de l'eau, comme les gerris ou les gyrins. D'autres encore vivent dans l'eau, comme les dytiques, les notonectes ou les gammares.

Parmi eux, on trouve des phytophages (ils ne mangent que des végétaux ; exemple : les planorbes), des zoophages (ils ne mangent que des animaux ; exemple : les dytiques) et des omnivores (ils mangent des végétaux et des animaux ; exemple : les gammares).

Les relations alimentaires entre les êtres vivants de la mare peuvent s'écrire sous la forme de chaînes alimentaires.

Exemple : Débris végétaux et animaux → gammares → larves d'aeschne

La flèche signifie « est mangé par ».

L'ensemble des chaînes alimentaires forme un réseau alimentaire.

5

Fiche activité 1

Qui vit dans la mare ? Quelles sont les relations alimentaires entre les animaux de la mare ?

Découverte de la mare

Date : .... Noms : ....

Heure : ....

1. Vos impressions au bord de la mare

- **Quelles couleurs vos yeux perçoivent-ils ?**

....

- **Quelles odeurs percevez-vous ?**

....

- **Quels sons percevez-vous ?**

....

2. L'organisation de l'environnement de la mare

Faites un croquis représentant l'espace devant vous.

5
Fiche activité 1

Qui vit dans la mare ? Quelles sont les relations alimentaires entre les animaux de la mare ?

Découverte de la mare

3. Les êtres vivants observés

- **Où trouve-t-on des végétaux ?**

☐ au bord de l'eau ☐ dans l'eau ☐ à la surface de l'eau

- **Quels sont les animaux que vous voyez, que vous entendez ou dont vous avez des traces à proximité de la mare ?**

....

- **Observez les animaux présents au-dessus, à la surface et dans la mare.**
- **Choisissez-en un pour l'observer plus précisément. Vous pouvez éventuellement le prélever dans une boîte-loupe avec de l'eau de la mare.**

- **Dans quelle zone de la mare vit-il exactement ?**

☐ au-dessus de l'eau ☐ à la surface de l'eau ☐ en profondeur

- **À votre avis, que fait-il ?**

....

- **A-t-il des pattes ?** .... **Combien ?** ....

- **A-t-il une tête ?** .... **Porte-t-elle des yeux ?** ....

des antennes ? ....

une bouche ? ....

autre chose ? ....

- **Quelle partie de son corps utilise-t-il pour se déplacer ?**

☐ ses pattes ☐ ses ailes ☐ l'extrémité de son corps

☐ autre chose ....

- **Faites un croquis de votre animal.**

- **Quel nom porte-t-il à votre avis ?** ....

5 Fiche documents 1

Qui vit dans la mare ? Quelles sont les relations alimentaires entre les animaux de la mare ?

Clé d'indentification des animaux de la mare

L'animal observé

A n'a pas de pattes :

A1 – **C'est un mollusque** (corps mou avec coquille).

anodonte	limnée	planorbe
15 cm	3 cm	2 cm

A2 – **C'est un ver.**

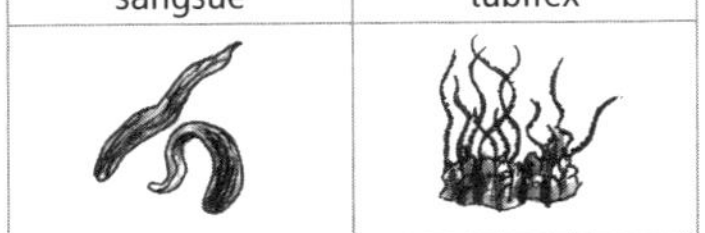

sangsue	tubifex
6 cm	3 cm

A3 – **C'est une larve d'insecte.**

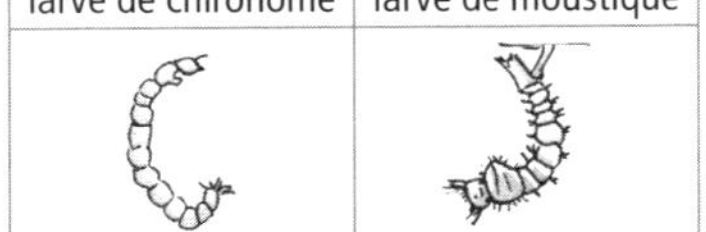

larve de chironome	larve de moustique
2 cm	1 cm

B possède 3 paires de pattes : **c'est un insecte.**

B1 – Il vit sur l'eau.

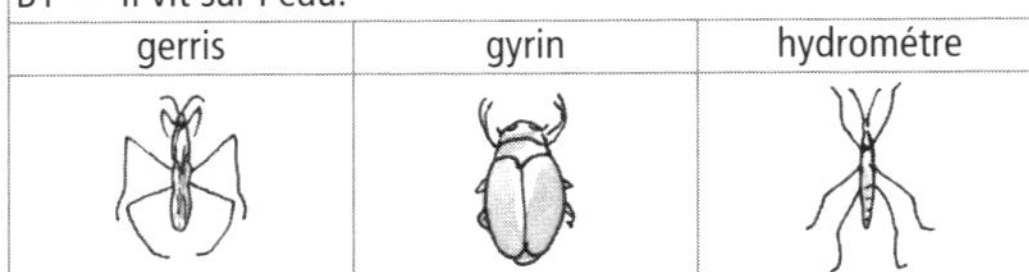

gerris	gyrin	hydrométre
2 cm	6 mm	1 cm

B 2 – Il vit au-dessus de l'eau.

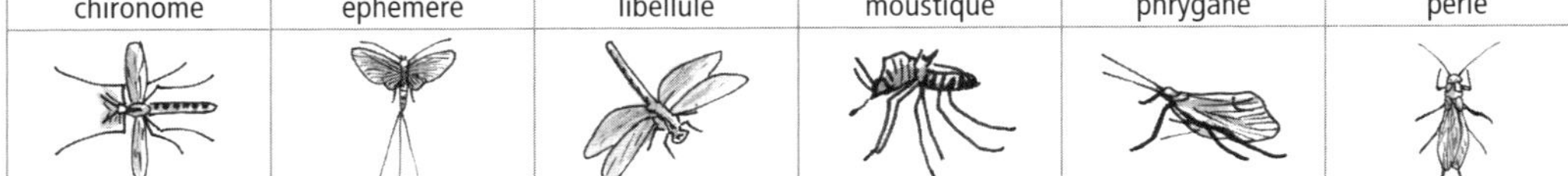

chironome	éphémère	libellule	moustique	phrygane	perle
1 cm	3 cm	6 cm	1 cm	3 cm	3 cm

B 3 – Il vit dans l'eau.

corise	dyptique	larve d'acschne (libellule)	larve d'agrion (libellule)	larve de dytique
1 cm	3 cm	5 cm	4 cm	3 cm

larve d'éphémère	larve de prygane	larve de perle	nèpe	notonecte
3 cm	3 cm	3 cm	2 cm	2 cm

C possède au moins 5 paires de pattes : **c'est un crustacé.**

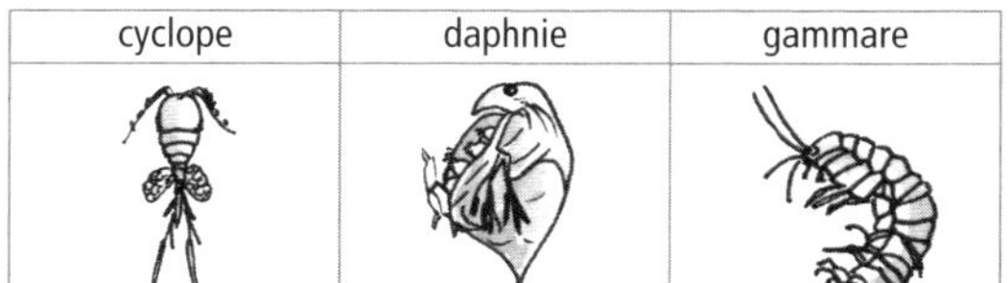

cyclope	daphnie	gammare
3,5 mm	2 mm	2 cm

Qui vit dans la mare ? Quelles sont les relations alimentaires entre les animaux de la mare ?

Principaux aliments consommés par les animaux de la mare

Retrouve ce que mangent les animaux que tu as observés.

Nom		Alimentation
Aeschne (larves)	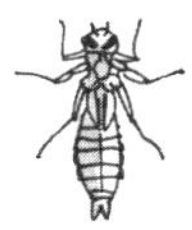	Larves d'insectes Petits crustacés
Agrion (larves)		Larves d'insectes Petits crustacés
Anodonte (adultes)	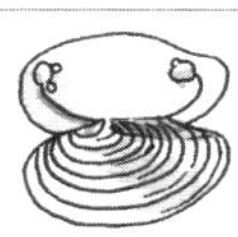	Plancton végétal Débris organiques
Chironome (larves)	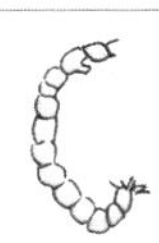	Plancton végétal
Chironome (adultes)	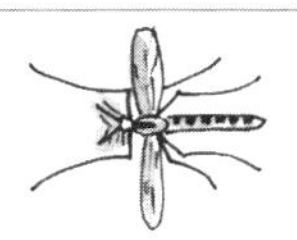	Nectar de fleurs
Corise (adultes)	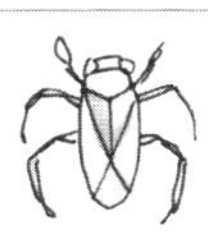	Débris organiques Algues
Cyclope (adultes)		Plancton végétal
Daphnie (adultes)		Plancton végétal
Dytique (larves)		Larves d'insectes Petits poissons Têtards, Vers Mollusques
Dytique (adultes)		Larves d'insectes Petits poissons Têtards
Éphémère (larves)		Larves d'insectes Plancton animal
Gammare (adultes)		Déchets végétaux et animaux
Gerris (adultes)	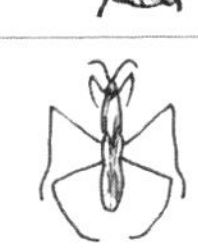	Insectes

Nom		Alimentation
Gyrin (adultes)		Insectes
Hydromètre (adultes)	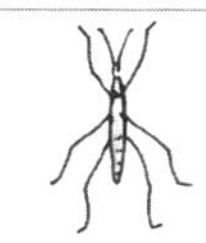	Insectes (morts ou mourants)
Libellule (adultes)		Insectes
Limnée (adultes)		Plantes aquatiques
Moustique (larves)	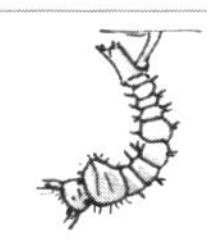	Plancton végétal
Moustique (adultes)		Sang de vertébrés (femelles) Nectar de fleurs (mâles)
Nèpe (adultes)	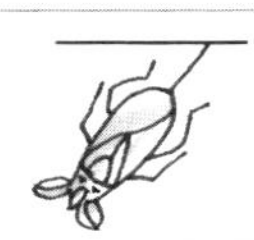	Larves d'insectes Petits poissons Têtards
Notonecte (adultes)		Plancton animal Larves d'insectes
Perle (larves)		Débris végétaux Algues
Phrygane (larves)	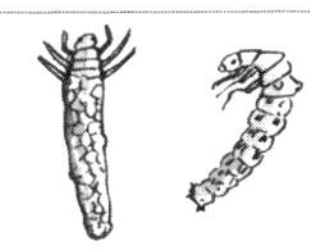	Débris végétaux Algues
Planorbe (adultes)		Plantes aquatiques
Sangsue (adultes)		Sang de poisson (parasite)
Tubifex (adultes)	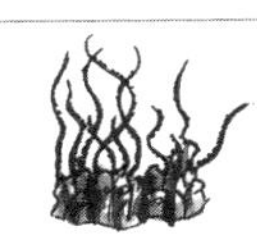	Débris organiques

Qui vit dans la mare ? Quelles sont les relations alimentaires entre les animaux de la mare ?

Vignettes des animaux de la mare

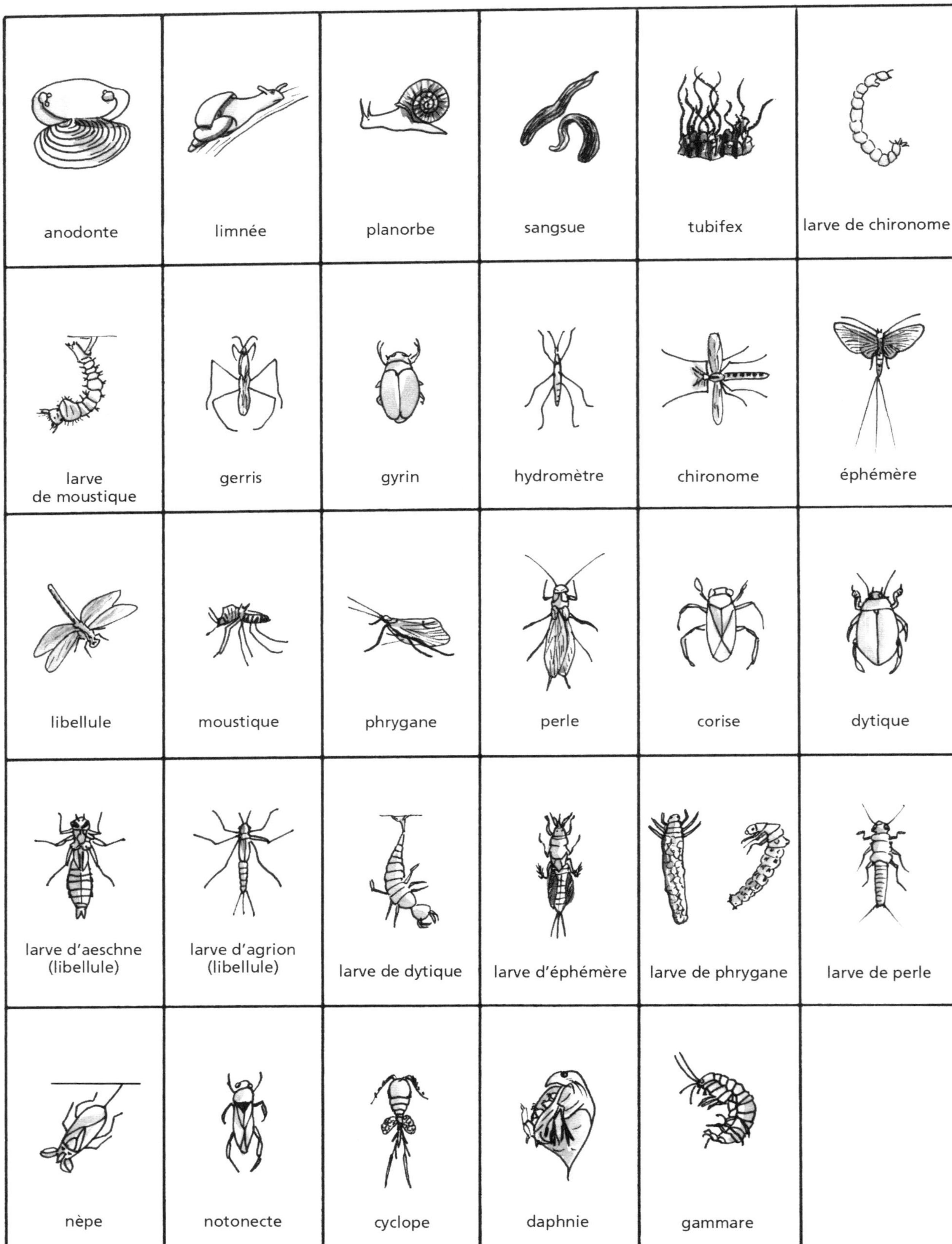

Séance 2 – Que deviennent les feuilles mortes en forêt ?

Compétences disciplinaires

- Savoir que les feuilles mortes sont dégradées par les animaux et transformées en sels minéraux par les champignons et les bactéries du sol.
- Savoir que les sels minéraux, qui résultent de la dégradation des feuilles, sont utiles à la croissance des plantes.
- Connaître le régime alimentaire de quelques animaux du sol.

Compétences méthodologiques

- Savoir observer.
- Savoir utiliser une clé simple de détermination.
- Savoir concevoir un protocole expérimental, expérimenter et analyser des résultats expérimentaux.

Lexique

Litière, faune du sol, champignons, bactéries, décomposition, sels minéraux, recyclage.

Durée de la séance : 3 heures + la sortie en forêt.

Matériel

- Des boîtes-loupes.
- Des sacs en plastique pour y mettre des échantillons.
- Des gants en latex pour brasser la litière.
- Des pinces souples pour prélever des petits animaux.
- Des petites boîtes pour y mettre les animaux récoltés.
- Des cuillères à soupe pour creuser le sol.
- Des bouteilles vides d'eau minérale de 1,5 litre coupées au niveau du tiers supérieur.
- Des lampes, type lampe de bureau.
- Un morceau de gaze ou de grillage fin.
- De l'alcool à 70 ° ou à 50 °.
- Des petits terrariums (boîtes avec un couvercle grillagé ou bouteilles d'eau minérale coupées).
- 4 documents :
  « Clé de détermination simplifiée des petits animaux du sol ».
  « Régime alimentaire des animaux du sol ».
  « Action des champignons et des bactéries du sol ».
  « Rôle des sels minéraux dans le sol ».
- Des photographies :
  « Un sous-bois et un jardin public en automne et au printemps ».
  « Les animaux du sol ».
  « Champignons et bactéries de la litière ».

Remarque : cette séance vise à introduire la notion de recyclage de la matière et, à ce titre, à faire comprendre aux élèves que les feuilles mortes observées en forêt sont dégradées et transformées en sels minéraux sous l'action de la faune du sol et des microorganismes (bactéries et champignons). Pour que des observations soient possibles, cette séance doit être conduite en dehors de la période hivernale, période de vie ralentie de la plupart des animaux de la faune du sol.

Étape 1

Faire émerger le questionnement et préparer une sortie en forêt

Matériel
Les photographies « Un sous-bois et un jardin public en automne et au printemps » (livret couleur p. 18).

Organisation de la classe
Collectif.

Durée
20 minutes.

L'enseignant demande aux élèves d'observer les photographies du livret couleur p. 18.

- ► Quelles différences observez-vous au niveau de la surface du sol du sous-bois et du jardin public ?
  Dans le jardin public, le sol est dépourvu de feuilles mortes y compris en automne. Les feuilles sont ramassées par un jardinier. Dans le sous-bois, le sol est couvert de feuilles mortes en automne. Ces feuilles semblent moins nombreuses au printemps.
- ► Que sont devenues les feuilles mortes en forêt ?

Les élèves peuvent remarquer qu'aucun jardinier ne les a ramassées. L'enseignant fait émerger leurs idées sur le problème soulevé : « *C'est le froid et le vent qui détruisent les feuilles.* » « *Les feuilles sèchent, durcissent et se cassent en tombant sur le sol.* »…

L'enseignant propose aux élèves de faire une sortie en forêt pour y observer les feuilles qui recouvrent le sol. Pour préparer cette sortie, il pose une série de questions aux élèves :

- ▸ Qu'allons-nous rechercher ? *Des indices qui renseignent sur le devenir des feuilles mortes tombées au sol.*
- ▸ De quel matériel aurons-nous besoin ? *Des loupes, des sacs en plastique pour ramener des feuilles en classe...*

Pour finir, l'enseignant donnera les recommandations préalables à la sortie concernant le respect du milieu (être le moins bruyant possible pour ne pas déranger les animaux, notamment les oiseaux présents sur le site, ne pas arracher de branches, ne pas faire de scarifications sur les troncs d'arbres, limiter les prélèvements au strict nécessaire) et concernant la sécurité (ne pas s'éloigner de la zone d'étude...). Des recommandations pourront être également faites sur la tenue à prévoir pour aller sur le terrain (bottes, vêtements de pluie...).

Remarque : l'organisation d'une sortie en forêt est indéniablement la meilleure option pour que les élèves trouvent des éléments de réponse au problème qu'ils se sont posé. Pour diverses raisons, il peut arriver que cette sortie soit cependant impossible. Dans ce cas, il faudra que l'enseignant rapporte lui-même en classe des échantillons de litière (couche superficielle du sol constituée principalement de feuilles mortes et de débris végétaux divers) et des échantillons de sol.

Étape 2

Sortie en forêt

Matériel

- Des boîtes-loupes.
- Des sacs en plastique pour y mettre des échantillons.
- Des gants en latex pour brasser la litière.
- Des pinces souples pour prélever des petits animaux.
- Des petites boîtes pour y mettre les animaux récoltés.
- Des cuillères à soupe pour creuser le sol.

Organisation de la classe
Collectif.

Durée
2 h, sans compter les déplacements pour se rendre sur le site et en revenir.

L'enseignant fait observer aux élèves le tapis de feuilles à la surface du sol. Ce tapis de feuilles forme ce que l'on appelle la litière.

- ▸ Quel est l'aspect des feuilles de la litière ? De quelle couleur sont-elles ? Sont-elles toutes de la même couleur ? *En surface, les feuilles sont plutôt jaune orangé* (si la sortie est effectuée en automne) ; *en dessous, elles sont marron brun ; encore en dessous, elles sont presque noires. Elles ont des trous. Certaines sont couvertes de filaments blancs. D'autres encore ressemblent à de la dentelle.*

En parallèle, les élèves observent, en brassant la litière, des petits animaux, qu'ils reconnaissent pour certains (fourmis, araignées, limaces, vers de terre, cloportes...). D'autres leur sont inconnus.

- ▸ Existe-t-il une relation entre ces animaux et la transformation des feuilles ?

Pour répondre à cette question, l'enseignant propose de prélever des échantillons de litière, de sol et de petits animaux pour faire des expérimentations en classe. Pendant la sortie, on prélèvera :

- des cloportes et des vers de terre ;
- du sol de forêt ;
- des feuilles mortes ;
- quelques feuilles recouvertes de mycélium de champignon (filaments blanchâtres à la surface des feuilles).

Étape 3

Observer et identifier les animaux du sol

Matériel

- Les petits animaux récoltés lors de la sortie.
- Des boîtes-loupes (1 par groupe de 4 élèves).
- Des bouteilles vides d'eau minérale de 1,5 litre coupées au niveau du tiers supérieur (1 par groupe de 4 élèves).
- Des lampes, type lampe de bureau.
- Un morceau de gaze ou de grillage fin.
- De l'alcool à 70 ° ou à 50 °.
- Le document « Clé de détermination simplifiée des petits animaux du sol » (doc. 1 à photocopier).
- Les photographies « Les animaux du sol » (livret couleur pp. 19 et 20).

Organisation de la classe
En collectif, puis en groupes de 4 élèves.

Durée
Deux fois 20 minutes à 24 ou 48 h d'intervalle.

Lors de la sortie, les élèves ont observé des petits animaux, les animaux de la macrofaune du sol. S'ils n'ont eu aucun mal à reconnaître araignées, limaces, fourmis et vers de terre, d'autres leur sont complètement inconnus. Pour les identifier, l'enseignant propose d'utiliser une clé de détermination (doc. 1).
Il en explique le principe à partir d'un exemple. Lorsque le groupe auquel appartient l'animal a été identifié (Insecte, Arachnide, Crustacé, Myriapode,

Ver – ou Annélide –, Mollusque, Nématode), la détermination pourra être précisée à l'aide des photographies couleur.

L'enseignant explique que d'autres animaux, plus difficiles à observer à l'œil nu, sont aussi présents dans la litière du sol. Ce sont les animaux de la microfaune.

Il demande aux élèves de se souvenir des conditions de vie dans la litière.

- La litière est-elle sèche ou humide ? *Plutôt humide.*
- Les animaux qui vivent dans la litière sont-ils très exposés à la lumière ? *Non, car ils sont enfouis sous les feuilles.*
- Que penser des préférences des animaux qui vivent dans la litière ? *Ils aiment bien l'humidité et les endroits peu éclairés.*
- Comment faut-il modifier ces conditions pour faire fuir les animaux hors de la litière ? *Il faudrait éclairer fortement la litière et l'assécher.*

L'enseignant propose alors de mettre en place un dispositif dit de Berlèse pour récolter les animaux de la litière (figure 1 ci-dessous). Le dispositif consiste à éclairer la litière placée dans la partie supérieure d'une bouteille d'eau minérale et à récupérer les animaux qui fuient la lumière et la chaleur de la lampe dans la partie inférieure de la bouteille dans laquelle on aura préalablement versé un fond d'alcool à 50 ° ou à 70 °. Avant de déposer la litière dans la partie entonnoir de la bouteille, on aura placé un morceau de gaze ou de grillage fin. Seuls les animaux dont la taille est inférieure à la taille des mailles tomberont dans l'alcool. Les petits morceaux de feuilles et les débris divers seront retenus.

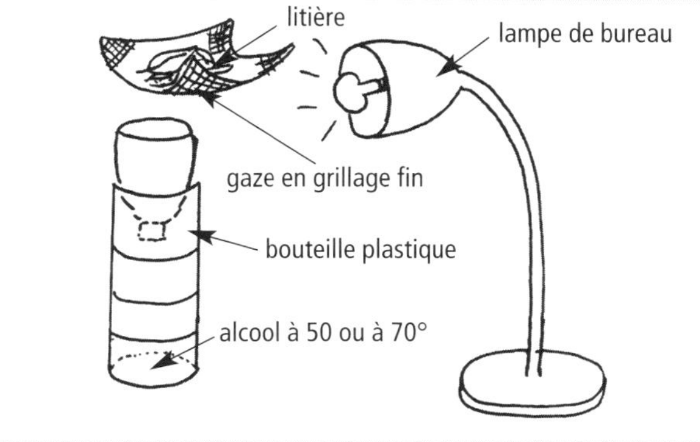

Figure 1. Schéma du dispositif de Berlèse pour récolter les animaux de la litière.

Le dispositif ainsi mis en place par les élèves répartis en groupes de 4 sera laissé entre 24 et 48 h.
Remarque : l'enseignant doit veiller à ce qu'il n'y ait pas trop d'alcool dans le fond de la bouteille et à ce que la lampe de bureau ne soit pas trop proche du dispositif. Si la chaleur est trop forte, ou s'il y a trop d'alcool, celui-ci peut s'enflammer.

Après 24 ou 48 h, les lampes sont éteintes et les fonds de bouteilles sont récupérés pour y observer les animaux tombés dans l'alcool. Les échantillons seront transférés dans des boîtes-loupes qui permettent de mieux observer et de ne pas respirer les vapeurs d'alcool. Les élèves utiliseront les documents « Clé de détermination simplifiée des petits animaux du sol » et « Les animaux du sol » pour identifier les animaux.

Étape 4

Découvrir le rôle des animaux du sol dans la transformation des feuilles mortes

Matériel

- Des cloportes et des vers de terre collectés en forêt.
- Des petits terrariums (boîtes avec un couvercle grillagé ou bouteilles d'eau minérale coupées.
- Du sol de forêt.
- Des feuilles mortes.
- Le document « Régime alimentaire des animaux du sol » (doc. 2 à photocopier).

Organisation de la classe

En groupes de 4 élèves et en collectif.

Durée

45 minutes, puis 20 minutes un mois plus tard.

Lors de la sortie, les élèves ont évoqué la possibilité d'une relation entre les animaux du sol et la transformation des feuilles mortes. L'enseignant leur propose de tester cette relation à partir de quelques exemples.
Dans ce qui suit, deux exemples ont été retenus : celui des cloportes et celui des vers de terre ; mais il est possible de travailler avec d'autres animaux selon une approche identique.
Le problème est alors reformulé :

- Comment montrer que les cloportes et les vers de terre jouent un rôle dans la transformation des feuilles mortes ?

Les élèves, répartis en groupes de 4, s'interrogent sur le dispositif expérimental à mettre en place et listent le matériel nécessaire à leurs expériences.
Une synthèse collective est ensuite réalisée et la validité scientifique des dispositifs expérimentaux envisagés est discutée.
Il faudra que les élèves proposent un dispositif test avec des cloportes ou des vers de terre et un dispositif témoin sans animaux (figure 2).

Remarque : l'idée d'un dispositif témoin, qui ne diffère du dispositif test que par l'absence d'animaux, n'est pas forcément évidente pour tous les élèves. L'enseignant les amènera à prendre conscience de la nécessité d'avoir une référence pour évaluer l'action effective des animaux.

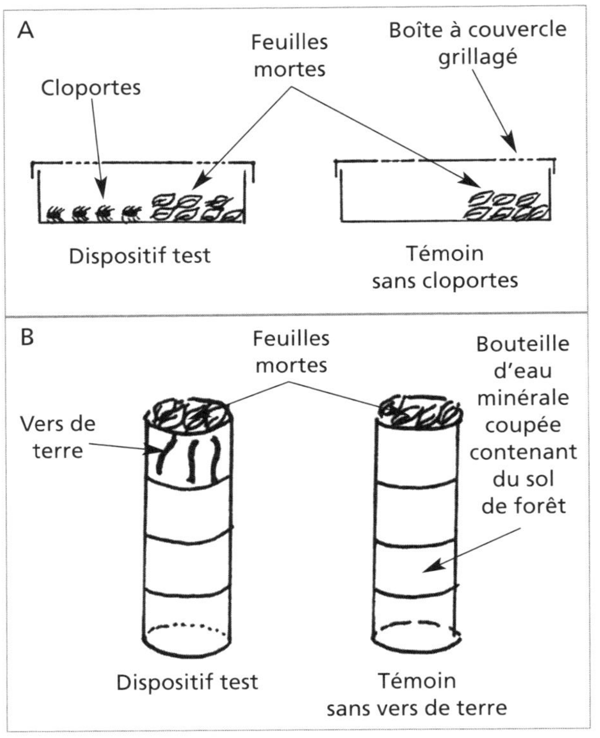

Figure 2. Dispositifs envisageables pour étudier le rôle des cloportes (A) et des vers de terre (B) dans la transformation des feuilles.

Les deux dispositifs, test et témoin, comporteront le même nombre de feuilles mortes et seront placés dans les mêmes conditions de température, d'humidité et de lumière. Pour définir ces conditions, les élèves devront se rappeler des conditions régnant en forêt et en particulier des caractéristiques du milieu de vie des cloportes et des vers de terre (faible luminosité, forte humidité, température moyenne).

Une fois les dispositifs expérimentaux validés, les élèves les mettent en place par groupes de 4 et les schématisent sur leur cahier d'observation et d'expérimentation.

Un mois plus tard, les résultats sont analysés par chaque groupe et notés sur le cahier. Une synthèse collective est ensuite réalisée pour rédiger une phrase de conclusion. Par exemple :
Les vers de terre et les cloportes se nourrissent de feuilles mortes qu'ils fragmentent en petits morceaux.

► Quel rôle jouent les autres animaux du sol dans la transformation des feuilles mortes ?

Les élèves recherchent dans le tableau du document 2 le régime alimentaire des autres animaux observés dans la litière pour identifier ceux qui peuvent jouer un rôle dans la transformation des feuilles mortes : *gloméris, iules, larves d'insectes, oribates, thysanoures.*

Étape 5

Découvrir le rôle des champignons et des bactéries dans la transformation des feuilles mortes

Matériel
- Quelques feuilles collectées en forêt recouvertes de mycélium de champignon (filaments blanchâtres à la surface des feuilles).
- Des boîtes-loupes.
- Les photographies « Champignons et bactéries de la litière » (livret couleur p. 21).
- Les textes « Action des champignons et des bactéries du sol » et « Rôle des sels minéraux dans le sol » (doc. 3 et 4 à photocopier).

Organisation de la classe
Travail collectif et individuel.

Durée
45 minutes.

Lors de la sortie, les élèves ont observé sur certaines feuilles la présence de filaments blancs. L'enseignant fait circuler quelques-unes de ces feuilles collectées en forêt dans des boîtes-loupes.

► À quoi correspondent les filaments blancs sur les feuilles ?

Les élèves comparent les feuilles observées avec celles présentées sur le document couleur. Ils découvrent que les filaments blancs correspondent à des champignons et que les feuilles sont couvertes de bactéries.

► Quelle est l'action des champignons et des bactéries ?

L'enseignant distribue le texte « Action des champignons et des bactéries du sol » et en fait une lecture à voix haute. Les élèves apprennent que les feuilles mortes sont décomposées en sels minéraux.

► Quel est le rôle des sels minéraux dans le sol ?

Les élèves prennent connaissance de l'expérience présentée dans le texte « Rôle des sels minéraux dans le sol ».

► Que montre cette expérience ? *Les plantes utilisent les sels minéraux pour se développer. Leur croissance est plus forte en présence de sels minéraux.*

Remarque : il est bien entendu possible et très formateur de remplacer l'exploitation du document 4 par une réalisation expérimentale par les élèves.

Étape 6

Synthèse

En conclusion, les élèves résument avec l'aide de l'enseignant les différentes étapes de la décomposition des feuilles mortes en forêt : jaunissement, brunissement, fragmentation par les animaux du sol, décomposition en sels minéraux par les champignons et les bactéries du sol.
Un schéma de synthèse est élaboré collectivement et la notion de recyclage est énoncée.

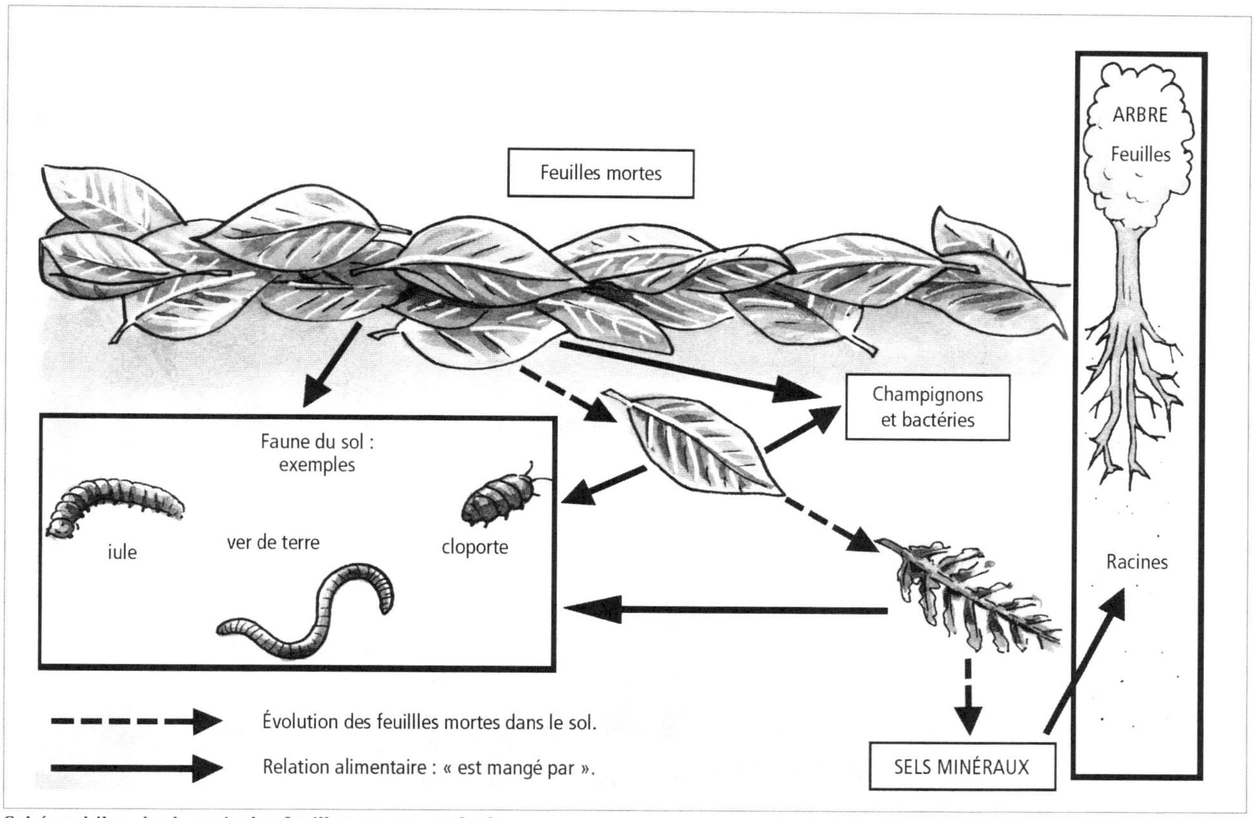

Schéma bilan du devenir des feuilles mortes en forêt.

Évaluation

Compétences évaluées

- Connaître les types de régimes alimentaires des animaux.
- Écrire des chaînes alimentaires.
- Savoir que les feuilles mortes sont dégradées par les animaux et transformées en sels minéraux par les champignons et les bactéries du sol.
- Savoir que les sels minéraux, qui résultent de la dégradation des feuilles, sont utiles à la croissance des plantes.

Durée

1 heure.

Corrigé

1. Dytique : zoophage. Planorbe et larve de chironome : phytophages (ou végétariens). Gammare et têtard : omnivores.

2. a) algues → larve de chironome → têtard → dytique ; b) algues → gammare → dytique.

3. a) La feuille est grignotée par endroit ; la feuille est fortement grignotée jusqu'à la nervure principale ; la feuille est intacte. b) 2 ; 3 ; 1.

4. Les cloportes, les gloméris, les vers de terre.

5. Sous l'action des champignons et des bactéries du sol, les feuilles mortes sont transformées en sels minéraux.

6. Dans le sol, les feuilles mortes sont en partie consommées par des petits animaux et transformées en sels minéraux par les champignons et les bactéries. Ces sels minéraux sont prélevés par les arbres dans le sol grâce aux racines. Ils sont utiles à la croissance et à la formation de nouvelles feuilles. C'est pourquoi on parle de recyclage des feuilles mortes.

5
Fiche documents

Que deviennent les feuilles mortes en forêt ?

Document 1

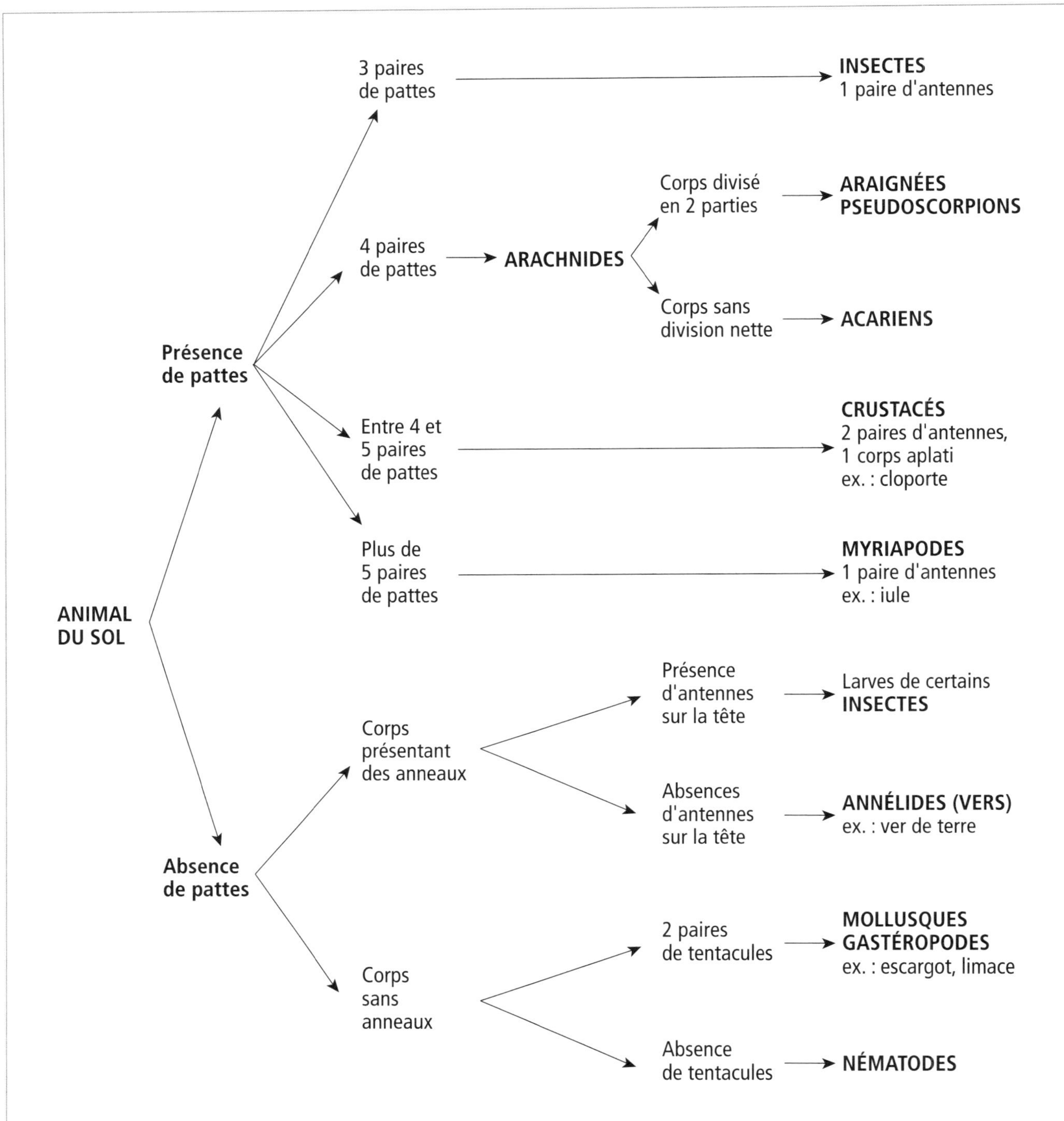

Clé de détermination simplifiée des petits animaux du sol.

Que deviennent les feuilles mortes en forêt ?

Document 2

Nom de l'animal		Régime alimentaire
Bousier		Excréments d'animaux
Carabe		Limaces, vers, insectes
Cloporte		Feuilles mortes, bois pourri
Collembole		Débris divers, filaments de champignons, excréments d'animaux
Diploure		Débris divers, larves d'insectes, collemboles
Géophile	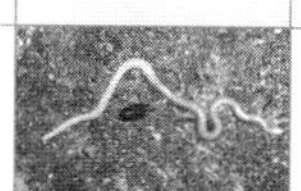	Insectes, vers, araignées
Gloméris		Feuilles en décomposition, filaments de champignons
Grillon des bois		Champignons, débris végétaux, cadavres
Iule		Feuilles et cadavres de petits animaux
Larve de coléoptère	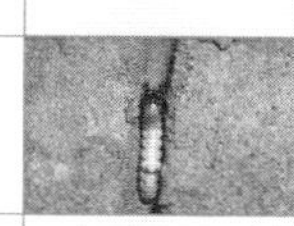	Bois mort, écorces
Larve de diptère		Débris végétaux et animaux
Limace des bois	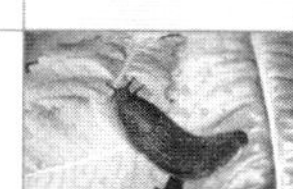	Lichens, champignons, bois pourri
Lithobie		Limaces, vers, insectes
Opilion		Insectes et leurs larves, myriapodes
Oribate		Débris végétaux partiellement décomposés
Protoure		Divers animaux de petite taille
Pseudoscorpion		Collemboles, acariens (oribates, notamment)
Staphylin		Insectes, myriapodes
Thysanoure		Débris végétaux
Vers annélides		Débris végétaux et animaux

Que deviennent les feuilles mortes en forêt ?

Document 3

La litière et le sol contiennent de très nombreux champignons et bactéries.

- Les champignons se présentent sous la forme de filaments appelés **mycélium** et forment un feutrage blanc à la surface des feuilles mortes (voir photographie a).
- Les bactéries sont des organismes de très petite taille en forme de bâtonnet (voir photographie b). Il y en a plusieurs milliards par mètre carré de sol. Elles sont capables de réduire très rapidement une feuille à ses nervures (voir photographie c).

Champignons et bactéries se nourrissent de la matière morte des feuilles qu'ils transforment en **sels minéraux**.
On les appelle des **décomposeurs**.

Action des champignons et des bactéries du sol.

Document 4

Compte rendu d'une expérience

Des graines de maïs ont été mises à germer.
Lorsque les pieds ont atteint une dizaine de centimètres de hauteur, ils ont été repiqués dans des pots contenant, pour les uns, du sable lavé (dépourvu de sels minéraux) et, pour les autres, de la terre provenant d'un sol de sous-bois.
Pendant un mois, les deux lots de pieds de maïs ont été placés dans les mêmes conditions de température, de lumière et ils ont été arrosés de la même façon.
Au bout d'un mois, les pieds sont observés : seuls les pieds repiqués dans la terre de sous-bois se sont développés normalement. Les autres sont restés chétifs, voire ont dépéri.

Rôle des sels minéraux dans le sol.

5
Fiche évaluation

Quels sont la place et le rôle des êtres vivants dans les milieux ?

1. Voici le menu de quelques animaux de la mare :

Dytique	Larves d'insectes, petits poissons, têtards, gammares
Planorbe	Plantes aquatiques
Gammare	Algues, plantes aquatiques, déchets animaux
Têtard	Plantes aquatiques, larves de chironome
Larve de chironome	Algues, débris végétaux

Indique quel est le régime alimentaire de chaque animal (phytophage, zoophage ou omnivore).

Dytique : ....

Planorbe : ....

Gammare : ....

Têtard : ....

Larve de chironome : ....

2. À partir du tableau ci-dessus, écris 2 chaînes alimentaires.

....

....

3. Voici trois dessins de feuilles de chêne provenant de la litière d'un sol forestier :

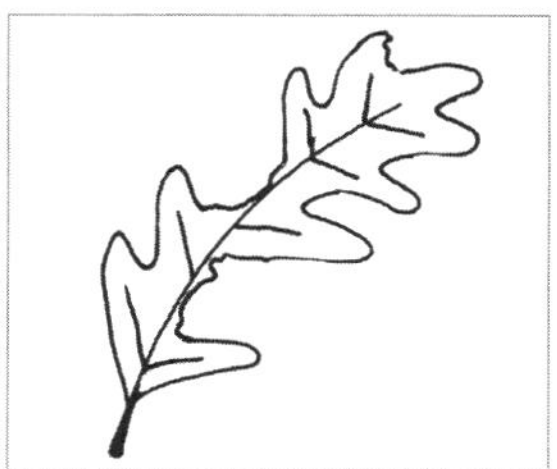

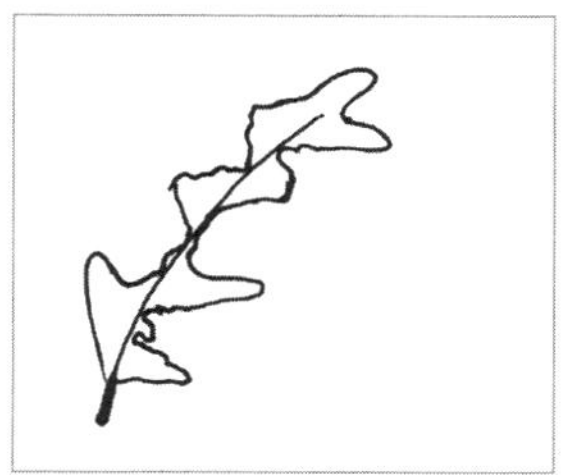

....

....

....

....

a) Décris en une phrase l'aspect de la feuille sous chaque dessin.

b) Numérote les dessins de 1 à 3 pour raconter l'histoire du devenir d'une feuille morte en forêt.

Quels sont la place et le rôle des êtres vivants dans les milieux ?

4. **Cite trois exemples d'animaux participant à la dégradation des feuilles mortes.**

....

5. **Que deviennent les feuilles mortes sous l'action des champignons et des bactéries du sol ?**

....

....

....

6. **Explique pourquoi on parle de recyclage des feuilles mortes.**

....

....

....

....

....

Comment se font les mouvements corporels ?

Informations pour l'enseignant

Chez l'Homme, les mouvements corporels sont permis par l'existence d'un squelette articulé sur lequel sont insérés des muscles. La contraction ou le relâchement de ces muscles provoquent le déplacement des os, d'où un mouvement.

Les éléments du squelette

Le squelette constitue la charpente du corps. Il se compose de 206 os ayant un rôle de soutien ou un rôle de protection des organes internes. Il s'organise autour d'un **axe central** et de deux paires de **membres** (figure 1). L'axe central comprend le crâne, la colonne vertébrale, la cage thoracique et le bassin. Les membres sont reliés à cet axe central. Les membres supérieurs se composent du bras formé par l'humérus, de l'avant-bras formé par le radius et le cubitus, du poignet formé par les carpes et de la main formée par les métacarpes et les phalanges. Les membres inférieurs se composent quant à eux, de la cuisse formée par le fémur, du mollet formé par le tibia et le péroné, de la cheville formée par les tarses et du pied formé par les métatarses et les phalanges (orteils).

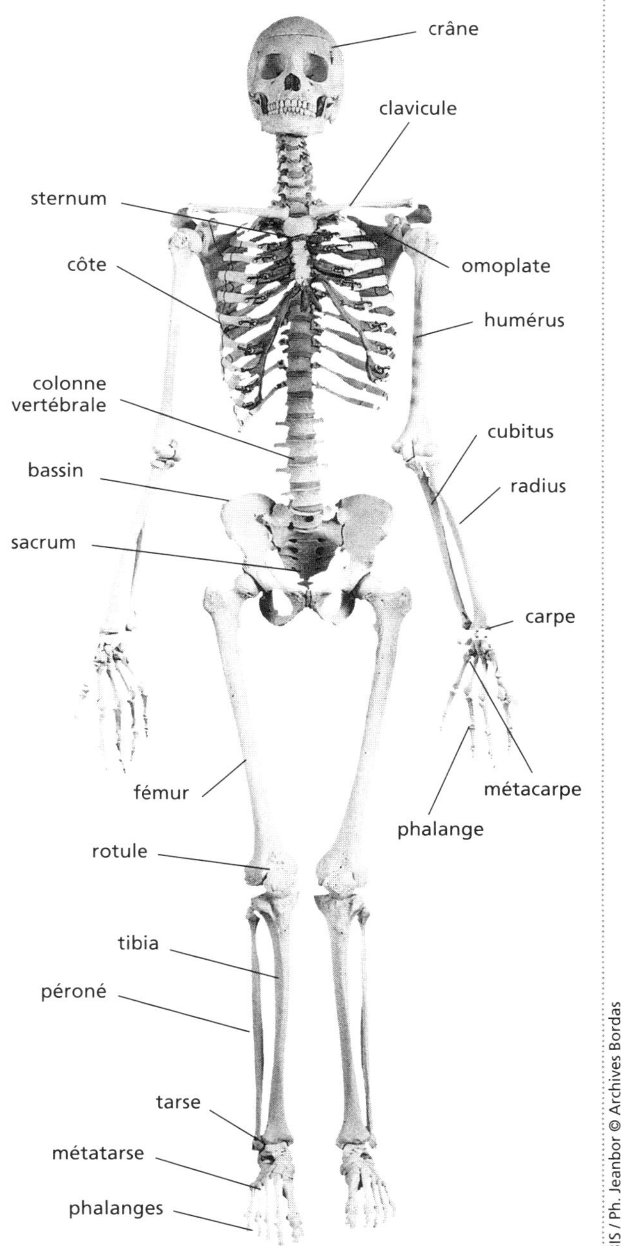

Figure 1.
Organisation du squelette humain.

En fonction de leur forme, on distingue quatre sortes d'os. Les **os courts**, plus ou moins cubiques, se retrouvent au niveau du poignet et de la cheville. Les **os plats**, minces, aplatis et en général légèrement courbés, forment le sternum, les omoplates, les côtes et la plupart des os du crâne. Les **os longs**, appelés ainsi car plus longs que larges, se rencontrent au niveau des membres. Ils présentent deux extrémités, les épiphyses, reliées entre elles par une région intermédiaire, la diaphyse (figure 2). Enfin, les os irréguliers, aux formes complexes, sont les vertèbres et les os iliaques (os du bassin).
Tous les os sont formés d'une région centrale peu dense appelée **os spongieux** et d'une région périphérique très dure et résistante appelée **os compact** (figure 2). Cette région périphérique est recouverte par une double membrane de couleur blanc brillant appelée **périoste**. Chez l'adulte, les os longs présentent sur toute la longueur de la diaphyse une cavité médullaire remplie de **moelle jaune**. Les épiphyses sont recouvertes d'une couche de **cartilage articulaire**.

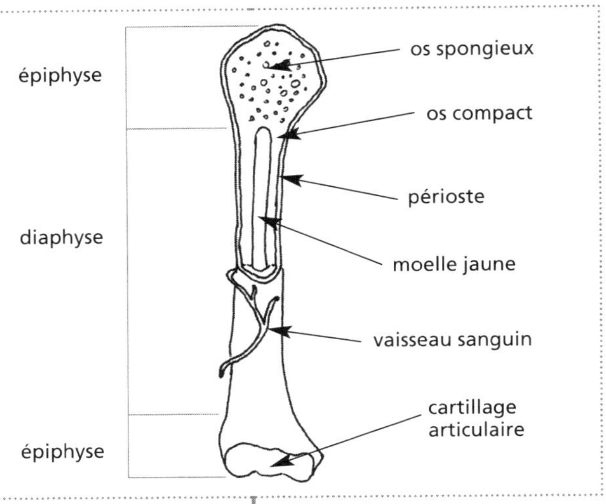

Figure 2.
Structure d'un os long chez l'adulte.

Chez l'enfant, les os présentent des zones de croissance en longueur et en épaisseur. Les premières sont localisées aux extrémités des os longs (cartilage de croissance), les secondes au niveau du périoste.

Les articulations

Les articulations sont les points de rencontre entre les os du squelette. C'est à leur niveau seulement que sont possibles les mouvements. En fonction de leur forme et des mouvements qu'elles permettent, on distingue trois types d'articulations.

- Les articulations fixes : à leur niveau, les os sont soudés les uns aux autres (exemple : les os du crâne).
- Les articulations semi-mobiles : elles permettent de légers mouvements (exemple : les vertèbres).
- Les articulations mobiles : elles permettent la réalisation de mouvements dans différents plans (exemples : le coude, le genou, l'épaule...). À leur niveau, les os sont reliés par des **ligaments** élastiques, mais leurs **cartilages articulaires** n'entrent pas en contact (figure 3). Ils sont séparés par un espace rempli d'un liquide huileux jouant le rôle de lubrifiant, appelé **synovie**.

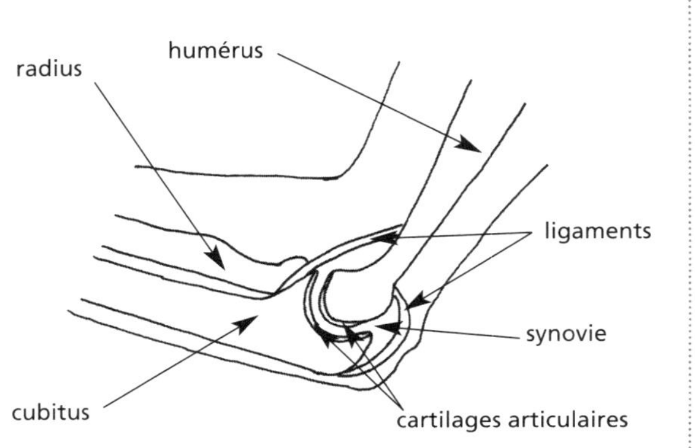

Figure 3.
Structure de l'articulation mobile du coude.

Le rôle des muscles dans la réalisation des mouvements

Les muscles impliqués dans la réalisation des mouvements sont les muscles rattachés au squelette. On les appelle ainsi **muscles squelettiques**. Ils sont insérés sur les os par des **tendons** de part et d'autre d'une articulation. Ils sont constitués de fibres musculaires, cellules très allongées capables de se contracter et de se relâcher. Lorsque les fibres musculaires se contractent, le muscle dans son ensemble se contracte, ce qui provoque son raccourcissement et le déplacement d'un des os auquel le muscle est relié.
Les mouvements de flexion et d'extension du bras sont dus principalement à l'action de deux muscles, le biceps et le triceps (figure 4).

Lexique

Cartilage articulaire : tissu (ensemble de cellules) nacré et lisse qui recouvre l'extrémité des os au niveau d'une articulation.
Claquage musculaire : rupture de fibres musculaires à la suite d'un effort d'intensité supérieure à ce que peut supporter le muscle.
Entorse : (ou foulure) étirement ou rupture des ligaments d'une articulation.

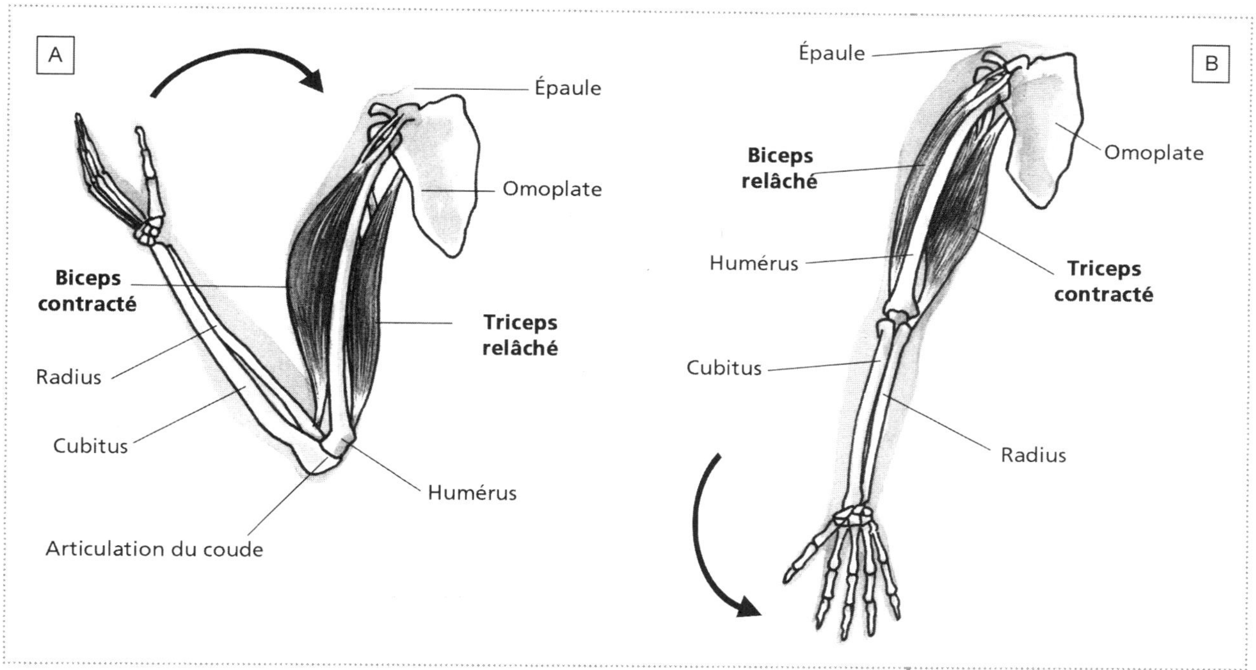

Figure 4.
Flexion (A)
et extension (B) du bras.

Le biceps est attaché à l'omoplate par deux tendons supérieurs et au radius par un tendon inférieur. Le triceps est attaché à l'omoplate et à l'humérus par trois tendons supérieurs et au cubitus par un tendon inférieur.
Lorsque le biceps se contracte, il se raccourcit et exerce ainsi une traction sur le radius provoquant le rapprochement de l'avant-bras vers le bras : c'est la **flexion**. Pour cette raison, le biceps est qualifié de **muscle fléchisseur**.
Lorsque le triceps se contracte, il exerce une traction sur le cubitus provoquant l'éloignement de l'avant-bras du bras : c'est l'**extension**. Pour cette raison, le triceps est qualifié de **muscle extenseur**. Le biceps et le triceps ne se trouvent jamais simultanément contractés. On dit que ce sont des **muscles antagonistes**.

La contraction des muscles squelettiques est commandée par le système nerveux.

Quelques accidents pouvant perturber la réalisation des mouvements

Ces accidents peuvent affecter les os, les articulations ou encore les muscles.
Les accidents du squelette (fractures) nécessitent une immobilisation plus ou moins importante du membre concerné pour permettre un renouvellement du tissu osseux et donc une réparation de l'os.
Les traumatismes articulaires (entorses, luxations, épanchements de synovie), ainsi que les claquages musculaires et les tendinites impliquent aussi un repos.
Afin de limiter le risque d'accidents du système locomoteur, il est indispensable de pratiquer un échauffement sous forme d'étirements progressifs ou encore de se munir de protections adaptées (protège-coudes, protège-poignets, genouillères…).

Lexique

Épanchement de synovie : surproduction de synovie, le liquide articulaire contenu dans l'espace situé entre les os en regard, au niveau d'une articulation.
Luxation : déboîtement d'un des os d'une articulation.
Moelle jaune : elle est contenue dans la cavité médullaire des os longs chez l'adulte. Elle est riche en cellules adipeuses (cellules graisseuses) et en vaisseaux sanguins. Elle provient de la dégénérescence de la moelle rouge (voir os compact).
Os compact : région périphérique des os. L'os compact est formé de cellules osseuses, les ostéocytes. Il est également traversé par des vaisseaux sanguins.
Os spongieux : région centrale des os. L'os spongieux renferme la moelle rouge où sont fabriquées les cellules sanguines (plaquettes, globules rouges et globules blancs) et des anticorps, jouant un rôle dans la protection de l'organisme.
Tendinite : inflammation des tendons qui relient les muscles aux os.

Comment notre bras peut-il se plier et se tendre ?

Compétences disciplinaires
- Connaître l'organisation d'une articulation.
- Comprendre que les mouvements corporels sont dus à l'action de muscles qui déplacent des os articulés.

Compétences méthodologiques
- Savoir observer, se questionner, formuler des hypothèses et construire un modèle pour tester des hypothèses.
- Savoir réaliser une dissection simple.

Lexique
Flexion, extension, articulation, humérus, radius, cubitus, ligament, tendon, muscles extenseurs, muscles fléchisseurs, muscles antagonistes.

Durée de la séance : 2 h à 2 h 30.

Matériel
- Des feuilles blanches A4.
- Du papier calque.
- Une articulation de veau[1] (facultatif).
- Des bandelettes de carton.
- Des attaches parisiennes.
- De la laine ou de la ficelle.
- Des ciseaux.
- Du scotch.
- Des ballons.
- Des élastiques.
- Des pattes de grenouille[2] (1 paire de pattes postérieures par binôme).
- Planches de dissection ou assiettes en plastique (1 par binôme)
- Des pinces (1 paire par élève si possible, sinon, 1 paire par binôme).
- Des cure-dents (si seulement 1 paire de pinces par binôme)
- Des photographies :
  « Un sportif en action ».
  « Radiographies du bras et de l'épaule ».
  « Observation d'une articulation d'épaule de veau ».
- Des schémas :
  « Bras en flexion, bras en extension ».
  « Pattes postérieures de grenouille disséquées ».

Étape 1

Faire émerger les représentations des élèves

Matériel
- Des feuilles blanches A4.
- La photographie d'un sportif en action (doc. 1 à photocopier).

Organisation de la classe
Travail collectif puis individuel.

Durée
30 minutes.

Les élèves observent la photographie du coureur et décrivent la position des membres dans l'espace : *le bras droit et la jambe gauche sont fléchis en avant du corps tandis que le bras gauche et la jambe droite sont quasiment tendus en arrière*.
L'enseignant attire l'attention des élèves sur la comparaison entre les membres en flexion (« pliés ») et les membres en extension (« tendus »).

- Quelle différence observez-vous entre le bras fléchi et le bras tendu ? *Le bras est gonflé sur le dessus quand il est en flexion contrairement au bras en extension.*
- Qu'observez-vous se déformer sous la peau ? *Des muscles.*
- À votre avis, comment les muscles agissent-ils pour faire se plier ou se tendre le bras ?

L'enseignant fait émerger les représentations des élèves.
Individuellement, sur une feuille A4, ceux-ci réalisent un schéma pour expliquer l'action des muscles sur la réalisation des mouvements de flexion et d'extension.

Remarque : à ce stade, il est possible que l'enseignant se rende compte que les élèves ne maîtrisent pas la notion d'articulation ou qu'ils ont une représentation erronée du squelette : les membres sont formés d'un seul os, qui ne peut donc pas se plier ; les membres sont formés d'une chaîne d'osselets… Dans ce cas, il est important de prévoir une étape intermédiaire pour faire découvrir aux élèves l'organisation du squelette dans un membre tel que le bras : voir l'étape 2 ci-après.

1. N'importe quelle articulation de veau convient pourvu qu'on y voie les ligaments, liens qui maintiennent les os entre eux.
2. Les pattes de grenouille congelées vendues dans le commerce conviennent tout à fait à la manipulation.

Étape 2 (facultative)

Découvrir l'organisation du squelette dans le bras

Matériel

- Les radiographies du bras et de l'épaule (doc. 2, livret couleur p. 22).
- Du papier calque.
- Une articulation de veau (facultatif).
- Les photographies d'une articulation d'épaule de veau (doc. 3, livret couleur p. 22).

Organisation de la classe

Travail individuel puis collectif.

Durée

30 minutes.

Les élèves observent la radiographie du bras et décalquent les différents éléments osseux. L'articulation du coude est repérée et les os sont nommés avec l'aide de l'enseignant (humérus pour le bras, radius et cubitus pour l'avant-bras) ce qui permet aux élèves de légender leur dessin.

Schéma attendu

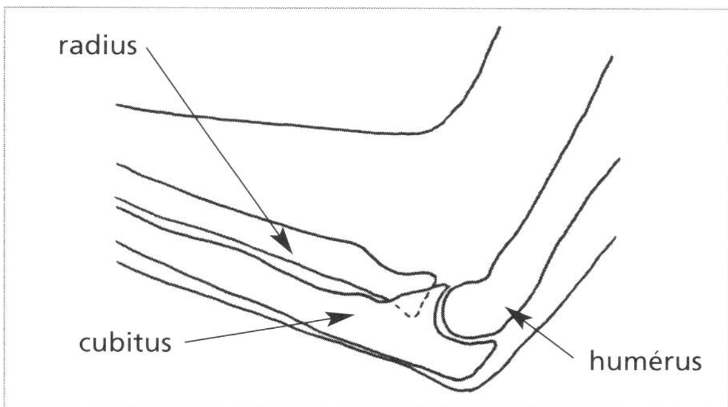

D'après la radiographie, les élèves ont pu observer que les os au niveau de l'articulation du coude ne sont pas attachés. Ceci peut être confirmé par l'observation de radiographies d'autres articulations, comme celle de l'épaule (doc. 2b). Il est aussi possible d'utiliser, pour d'autres parties du corps, des radiographies mises à disposition sur le site Internet du National Health Museum (http://www.accessexcellence.org/RC/VL/xrays/).

Le problème suivant se pose alors aux élèves :

► Au niveau des articulations, comment les os se maintiennent-ils en place sans se déboîter lors des mouvements ? *Des liens existent entre les os, mais ils ne sont pas visibles sur la radiographie.*

Pour visualiser ces liens, l'enseignant propose d'observer une articulation de veau. Pour cela, il peut utiliser le document 3 du livret couleur ou, s'il en a la possibilité, apporter en classe une articulation d'épaule de veau. Les élèves découvriront ainsi la présence de ligaments pour maintenir les os entre eux au niveau de l'articulation.

Étape 3

Construire une maquette de bras pour comprendre le rôle des muscles dans la réalisation des mouvements

Matériel

- Les représentations des élèves de l'étape 1.
- Des bandelettes de carton.
- Des attaches parisiennes, de la laine ou de la ficelle.
- Des ciseaux.
- Du scotch.
- Des ballons.
- Des élastiques.

Remarque : cette liste de matériel n'est pas exhaustive. Il est nécessaire aussi de tenir compte des suggestions des élèves.

Organisation de la classe

En groupes de 4 élèves puis en collectif.

Durée

45 minutes.

L'enseignant propose aux élèves de construire une maquette pour expliquer le rôle des muscles dans la réalisation des mouvements de flexion et d'extension du bras. Répartis par groupes de 4, les élèves établissent d'abord la liste du matériel nécessaire à leur construction. En prenant appui sur leurs dessins, ils réalisent ensuite une maquette. Au cours de cette phase, les élèves vont tâtonner pour positionner au mieux les muscles et choisir le matériel le plus adapté pour les modéliser.
Les maquettes des différents groupes sont ensuite présentées collectivement.

Remarque : à ce stade, il n'est pas question que l'enseignant valide telle ou telle construction. Son rôle est de favoriser les échanges entre les élèves, notamment sur le caractère fonctionnel ou non des maquettes.

Étape 4

Confronter les maquettes explicatives de bras au réel en observant une patte de grenouille

Matériel

- Des pattes de grenouilles (1 paire de pattes postérieures par binôme).
- Des planches de dissection ou des assiettes en plastique (1 par binôme)
- Des pinces (1 paire par élève ou 1 paire par binôme).
- Des cure-dents (si seulement 1 paire de pinces par binôme)

– Les maquettes de bras construites à l'étape 3.
– Les schémas des pattes postérieures de grenouille disséquées (doc. 4, livret couleur p. 22).

Organisation de la classe
En groupes de 2 élèves puis en individuel.

Durée
30 minutes.

Conseils pour mener à bien une dissection
Cette étape s'appuie sur la réalisation d'une dissection tout à fait à la portée des élèves car ne nécessitant pas de hautes compétences techniques.
Avant de lancer l'activité, il conviendra de préciser que les pattes de grenouille proviennent du commerce et sont normalement destinées à l'alimentation humaine. En aucun cas, il n'est autorisé de faire des dissections sur des animaux prélevés dans la nature.
Pour le bon déroulement de l'activité, certaines règles devront être énoncées : maîtriser ses gestes lorsque les outils de dissection (pinces et cure-dents) sont en main, les déposer sur la planche de dissection ou l'assiette lorsqu'ils ne sont plus utilisés, être attentifs aux consignes ou aux questions de l'enseignant...
En fonction du profil des élèves (plus ou moins grande maîtrise de soi, autonomie...), l'activité pourra être envisagée en classe entière ou en demi-classe, les élèves étant répartis en binômes.
Il est aussi possible de travailler sur des pattes de poulet ou encore de lapin mais le coût en est plus élevé et la dissection plus délicate que chez la grenouille. Néanmoins, elle peut être effectuée par l'enseignant sur un échantillon et des observations comparatives peuvent être faites.

L'enseignant distribue par binôme une paire de pattes postérieures de grenouille (un arrière-train) placée sur une planche de dissection (ou une assiette en plastique).

L'activité commence par une observation externe.
▶ Combien de parties voyez-vous sur les pattes de grenouille ? *Trois.*
▶ Comment s'appellent-elles ? *La cuisse, la jambe et le pied.*
▶ Repérez-les sur votre échantillon.
L'enseignant peut passer de binôme en binôme pour s'assurer que les élèves ont repéré les trois parties de la patte.

▶ Identifiez les différentes articulations de la patte de grenouille.
Par la manipulation, les élèves repéreront les articulations de la hanche, du genou et de la cheville.

▶ Que voit-on sur les pattes ? *Des os et des muscles.*

À ce stade, l'enseignant remet à chaque binôme une paire de pinces (ou deux) et des cure-dents. Ces instruments vont servir à écarter les muscles et à observer leurs points d'attache sur les os.
▶ Combien de muscles y a-t-il au niveau de la cuisse ? *Deux.*
▶ Que deviennent les muscles de la cuisse lorsqu'on fait se plier la patte ? *Un des muscles gonfle (il se raccourcit) alors que l'autre s'allonge.*
▶ Et lorsqu'on la fait se tendre ? *C'est l'inverse.*

L'enseignant demande alors aux élèves d'écarter ces muscles à l'aide des pinces et d'un cure-dents pour voir l'os de la cuisse (le fémur) et repérer les points d'attache des muscles. Les élèves, pour cette étape, pourront s'aider du document 4 du livret couleur. Ils observeront ainsi que les muscles sont attachés à chacune de leurs extrémités sur des os différents par une partie de couleur blanc nacré appelée tendon.

▶ Que se passe-t-il lorsqu'on tire alternativement sur l'un et l'autre des muscles de la cuisse ? Lorsqu'on tire sur l'un d'entre eux, la patte plie. Lorsqu'on tire sur l'autre muscle, la patte se tend.

Le muscle qui provoque la flexion de la patte sera alors nommé « muscle fléchisseur », celui provoquant l'extension sera nommé « muscle extenseur ».

L'enseignant demande alors aux élèves de mettre en relation les observations effectuées sur les pattes de grenouille avec les maquettes construites précédemment. Au cours de cette phase, les élèves seront ainsi amenés à revoir éventuellement la position des points d'insertion des muscles sur leur modèle pour mieux rendre compte des mouvements.
Une discussion pourra aussi être menée sur la pertinence du choix du matériel pour la maquette. Par exemple, l'élastique est-il le meilleur choix pour modéliser les muscles ? Quand il est allongé, il est en tension alors que quand il est raccourci, il est détendu. Ce qui ne correspond pas du tout aux deux états du muscle observés chez la grenouille.

Étape 5

Synthèse

Matériel
Le schéma « Bras en flexion, bras en extension » (doc. 5 à photocopier).

Organisation de la classe
Travail collectif puis individuel.

Durée
15 minutes.

L'enseignant distribue le document 5 et demande aux élèves de proposer une explication aux mouvements de flexion et d'extension du bras.

Réponse attendue
En flexion : le biceps est gonflé. Il est contracté et se raccourcit. Il tire sur le radius ce qui ramène l'avant-bras vers le bras. Le biceps est un muscle fléchisseur.
En extension : le triceps est gonflé. Il est contracté et se raccourcit. Il tire sur le cubitus ce qui éloigne l'avant-bras du bras. Le triceps est un muscle extenseur.

L'enseignant pourra faire ensuite remarquer aux élèves que lorsque le biceps est contracté, le triceps est relâché et inversement. Le biceps et le triceps sont des muscles antagonistes.

La **trace écrite** construite avec les élèves intégrera les éléments suivants :
– Les mouvements du bras sont permis par l'articulation du coude.
– Au niveau de l'articulation, les os (humérus, radius et cubitus) sont maintenus entre eux par des ligaments.
– Les muscles biceps et triceps du bras sont rattachés aux os par des tendons.
– Lorsque le biceps se contracte, il se raccourcit et tire sur le radius, ce qui ramène l'avant-bras vers le bras : c'est la flexion. Le biceps est qualifié de muscle fléchisseur. Inversement, lorsque le triceps se contracte, il se raccourcit et éloigne l'avant-bras du bras : c'est l'extension. Le triceps est qualifié de muscle extenseur. Biceps et triceps ont donc des actions antagonistes.
Cette trace écrite inclura le schéma du document 5.

Évaluation

Compétences évaluées

- Connaître le squelette du bras et l'organisation d'une articulation.
- Comprendre le rôle joué par les muscles sur les mouvements de flexion et d'extension du bras.

La fiche évaluation a pour but de vérifier, à partir de l'analyse critique d'une maquette, que les élèves ont bien compris le mécanisme des mouvements de flexion et d'extension.

Corrigé

1. ① Homoplate
② Humérus
③ Radius + cubitus

2. Les vis et les écrous ont la même fonction que les ligaments : ils maintiennent les tiges métalliques entre elles au niveau « d'articulations » de la même façon que les ligaments entre les os.

3. Ce sont les muscles biceps et triceps. Dans la photo A, le biceps est contracté tandis que le triceps est relâché. L'inverse est observé dans la photo B.

Schéma attendu

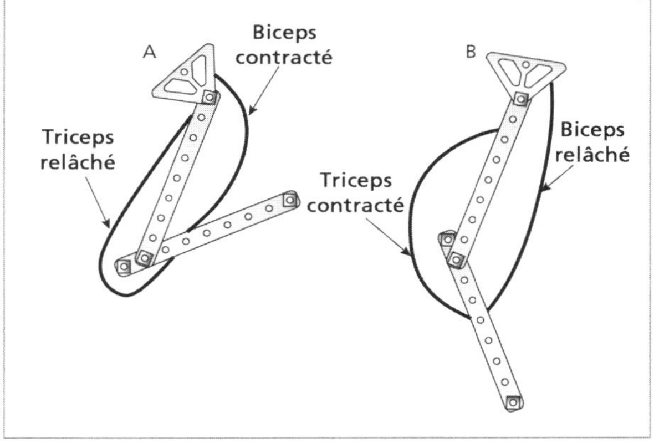

Remarque : la représentation des muscles sous la forme de traits est suffisante à ce niveau de la scolarité. De même, on acceptera que les points d'insertion des muscles sur les os soient représentés par un unique tendon (au lieu de trois pour le triceps et au lieu de deux pour le biceps). La position précise de ces points d'insertion n'est pas non plus exigible, l'essentiel étant de vérifier que l'élève a bien compris que les muscles devaient être rattachés sur deux os différents de part et d'autre d'une articulation pour que celle-ci soit fonctionnelle.

4. A : Bras en flexion.
B : Bras en extension.

Comment notre bras peut-il se plier et se tendre ?

Document 1

Ph. © Corbis / Randy Faris

Un sportif en action.

Document 5

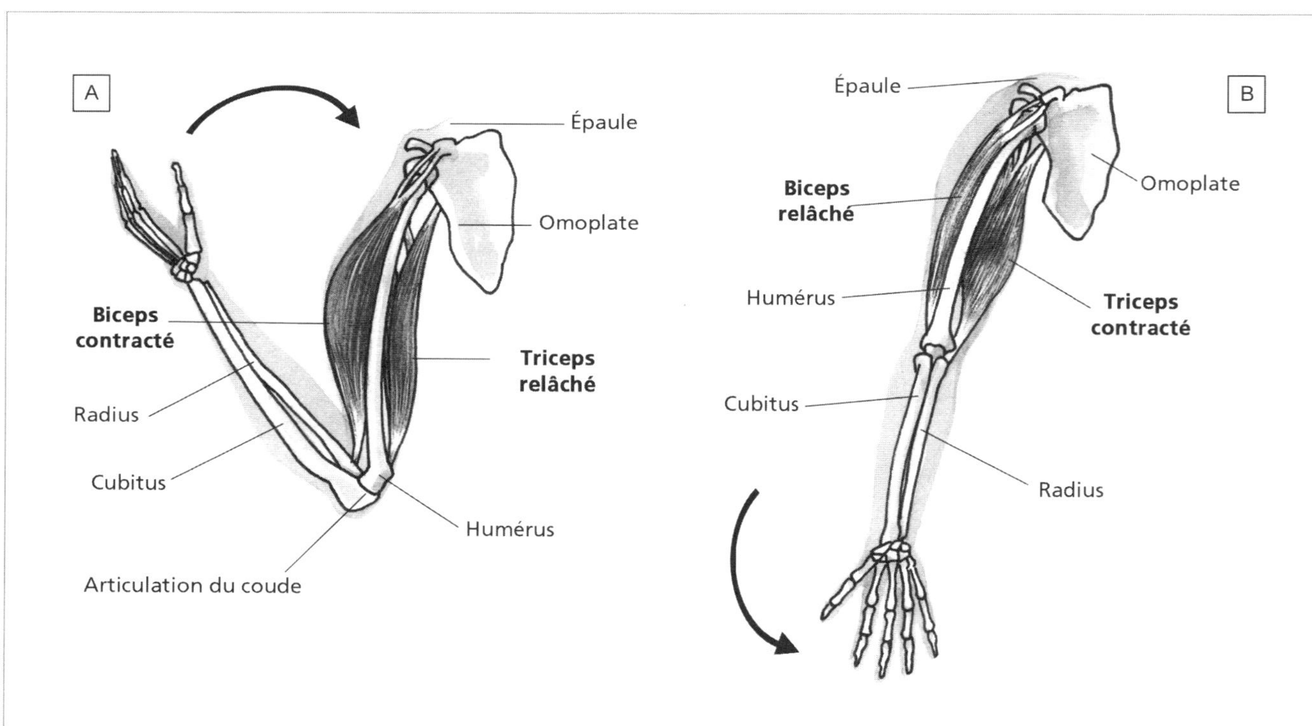

Bras en flexion, bras en extension.

6 Fiche évaluation

Comment notre bras peut-il se plier et se tendre ?

Ces photos présentent une maquette de bras :

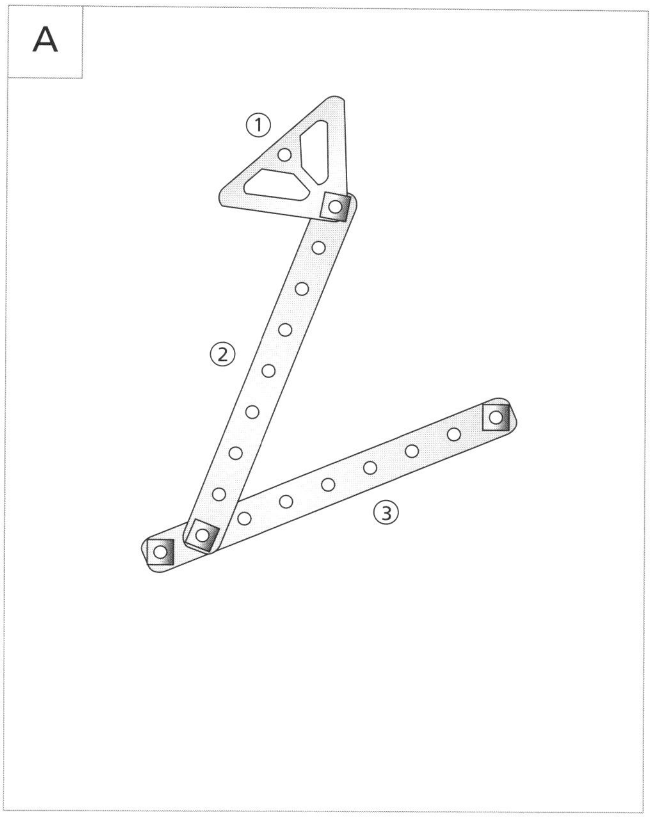

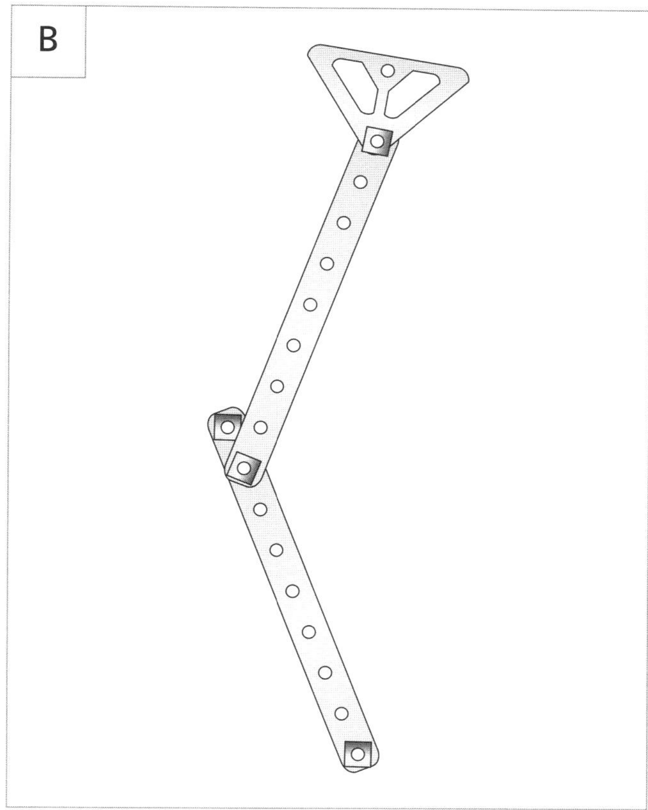

D'après *Sciences Cycle 3, 64 enquêtes pour comprendre le monde*, Magnard, 2003

1. À quoi correspondent les pièces 1, 2 et 3 de la maquette ?

① ....

② ....

③ ....

2. Sur la maquette, quelles pièces ont la même fonction que des ligaments ?

....

....

3. Quels organes non représentés jouent un rôle important dans la réalisation des mouvements de flexion et d'extension ?
Figure-les schématiquement sur les photos A et B de la maquette, nomme-les et précise leur état.

....

4. Donne un titre aux photos A et B.

A : ....

B : ....

Comment rester en bonne santé ?

Informations pour l'enseignant

Les objectifs de l'éducation à la santé ont été définis par un comité d'experts de l'Organisation mondiale de la Santé (OMS) en 1986, dans la charte d'Ottawa :
– modifier le comportement sanitaire de l'individu et de la collectivité et renforcer les comportements favorables préexistants ;
– développer chez les individus le sens des responsabilités pour leur propre santé et celle de la collectivité, et leur aptitude à participer de manière constructive à la vie de la collectivité ;
– promouvoir le sens de la dignité et de la responsabilité de l'individu en même temps que celui de la solidarité et de la responsabilité collective.

L'éducation à la santé est une mission de l'école

La circulaire n° 98-237 du *Bulletin officiel de l'Éducation nationale* du 24/11/98 le réaffirme : « *À l'opposé d'un conditionnement, l'éducation à la santé vise à aider chaque jeune à s'approprier progressivement les moyens d'opérer des choix, d'adopter des comportements responsables, pour lui-même comme vis-à-vis d'autrui et de l'environnement. Elle permet ainsi de préparer les jeunes à exercer leur citoyenneté avec responsabilité, dans une société où les questions de santé constituent une préoccupation majeure. Ni simple discours sur la santé, ni seulement apport d'informations, elle a pour objectif le développement de compétences.* »
C'est une éducation qui favorise l'épanouissement de l'individu dans sa globalité.
Ainsi, l'éducation à la santé est un processus pédagogique qui prend appui sur :
– l'appropriation de connaissances (savoirs) utiles pour comprendre, agir, faire des choix éclairés ;
– la maîtrise de méthodes de pensée et d'action, l'esprit critique (savoir-faire) ;
– le développement d'attitudes (savoir-être), telles que l'estime de soi, le respect des autres et de son environnement, la solidarité, l'autonomie, la responsabilité.

Le concept de santé

La santé est souvent définie comme l'absence de maladie, de handicap, de souffrance. Toutefois, certains l'évoquent de manière positive mais d'un point de vue physiologique : bien se nourrir, dormir, pratiquer des activités sportives, vivre de manière hygiénique ; d'autres enfin parlent de bien-être, d'épanouissement, de réalisation de soi, en un mot, de bonheur.

La santé en trois dimensions

Le premier article adopté en 1946 pour la Constitution de l'OMS affirme : « *La santé est un état complet de bien-être physique, mental et social, et ne consiste pas seulement en une absence de maladie ou d'infirmité. La possession du meilleur état de santé qu'il est capable d'atteindre constitue l'un des droits fondamentaux de tout être humain, quelles que soient sa race, sa religion, ses opinions politiques, sa condition économique et sociale.* »
Ainsi, la santé se définit en trois dimensions : physique, mentale et sociale.

À l'école, quand les enseignants travaillent sur le corps de l'enfant et l'éducation à la santé, quelles études du corps proposent-ils aux élèves ? Bien souvent, il est considéré comme un ensemble d'os, de muscles et d'organes doté de fonctions biologiques. Qu'en est-il alors de l'être pensant, de l'être dans sa globalité ? Pour cela, la parole est-elle donnée à l'élève pour évoquer le ressenti de son corps, ses découvertes, les questions qui l'intriguent et lui font peur ? L'enseignant aide-t-il l'enfant à dire ses expériences, ses émotions, sans lui nuire, tout en sachant gérer l'indicible sans outrepasser ses compétences, en l'aidant par exemple à verbaliser auprès d'une personne de confiance ?

La santé, ancrée dans un système de valeurs

Si la santé se fonde sur la notion de bien-être, perception propre à chacun, les critères de santé sont alors fonction des aspirations, des besoins de chacun au sein d'un groupe social donné avec son histoire, dans son environnement. Ainsi, la santé se décline selon les normes et le système de valeurs propre à chacun comme un modèle social. Elle doit s'appuyer sur les valeurs qui fondent l'homme comme le respect de soi, de l'autre, le sens de la responsabilité individuelle et collective, la solidarité ; et développer l'autonomie, l'initiative personnelle et surtout l'esprit critique.

La santé, un équilibre dynamique

La santé ne peut pas être perçue comme un état, c'est une dynamique, une lutte au sens écologique, qui demande des efforts d'adaptation pour vivre en équilibre, en harmonie avec un environnement sans cesse remis en cause tout en s'inscrivant dans la durée. Ainsi la santé est-elle perçue comme un capital à sauvegarder et à enrichir tout au long de sa vie. J.-Cl. Manderscheid écrit : « *La santé, c'est **la capacité** qu'a l'individu de mettre en valeur sans les dilapider des ressources physiques, intellectuelles et affectives : **pour s'adapter constamment** à un milieu changeant, parfois agressif, de sorte à pouvoir **vivre de façon autonome** et **socialement intégrée** aussi efficacement, aussi pleinement et aussi longtemps que possible, dans des situations successives proches de l'**équilibre**, où la gêne et la souffrance sont minimes ou tout du moins supportables. Et où le **plaisir de vivre** est suffisant pour rendre la vie acceptable, sinon agréable.* »
La première séance proposée ci-après est ainsi incontournable pour faire prendre conscience aux élèves de toutes les dimensions de la santé, une santé globale et citoyenne.

Créer un environnement favorable à la santé

La leçon sur l'hygiène corporelle peut trouver ses prolongements à l'école. En effet, l'école est l'un de ces milieux favorables où l'enfant apprend à devenir élève et se développe sainement sur le plan physique, intellectuel et social. Son aptitude à vivre en harmonie avec ce milieu est essentielle. Les enseignants, avec des partenaires, peuvent aménager les locaux et créer les conditions de leur utilisation : les rendre agréables, propres et définir des règles, répartir les tâches. Ils permettent ainsi l'acquisition de l'autonomie, de l'esprit d'initiative et de comportements favorables à la santé. Cela peut aussi se traduire, avec les élèves, par l'identification de ce qui manque pour une meilleure hygiène dans l'école par rapport aux autres lieux où ils vivent (savon, essuie-mains, brosses à dents...) ; c'est aussi donner son avis ; le confronter à celui des autres ; faire des choix sur les modes de rangement possibles, sur l'aspect utilitaire et esthétique des aménagements.

Une stratégie d'action appropriée

La démarche de projet permet d'ancrer les apprentissages sur des problèmes de santé identifiés et de leur donner du sens, de développer la motivation. Elle favorise l'anticipation : les élèves évaluent les avantages, les inconvénients d'un comportement, en prévoient les risques (compromis entre le possible et l'idéalisé) ; ils confrontent les connaissances acquises au système de valeurs négociées et sociales qui les animent avant de choisir, de décider et d'agir. Ils deviennent acteurs au sein de la communauté éducative où ils prennent leur place.

Les leçons proposées sur les mouvements et l'hygiène du sport et du sommeil mais aussi sur l'alimentation peuvent trouver leur place dans une démarche plus large de projet

Ce que l'on peut évaluer

- Le champ lexical des élèves enrichi par l'expression des sensations et des émotions dans le respect de tous.
- L'amélioration des comportements sociaux.
- Les compétences méthodologiques comme la mémoire, la persévérance, l'attention et la concentration, l'esprit critique, le respect des autres, des règles.
- Les relations interpersonnelles. ■

Ressources pour le maître

- Circulaire N°98-237 du 24-11-98
- Aubry B., « Éducation à la santé », in *La Documentation par l'image* n° 75, Paris, Nathan, 1997.
- Aubry B., « Éducation à la santé », in L'*Éducation enfantine* n° 5, Paris, Nathan, janvier 2000, pp. 59-65.
- Aubry, B. et Lupo C., « L'enfant consommateur », in *Le Journal des instituteurs* n° 4, Paris, Nathan, décembre 2000, pp. 55-65.
- Larue R. (dir.), Fortin J., Michard J.-L., *École et Santé : le pari de l'éducation*, Paris, CNDP-Hachette Éducation, coll. « Ressources formation Enjeux du système éducatif », 2000.
- Wilgenbus D., Cesarini P., Bense, D., « Vivre avec le soleil », Paris, Hatier, coll. « Passerelle », 2005.
- *Prévention des conduites addictives*, guide d'intervention en milieu scolaire, MILDT-DGESCO, à télécharger gratuitement sur le site de la MILDT et sur eduscol.
- *Guide d'éducation à la santé en milieu scolaire*, DGESCO et INPES, à télécharger gratuitement sur le site d'eduscol (http://eduscol.education.fr/D0004/guide_education_sante.pdf).
- « Le Sommeil », in *Textes et Documents pour la Classe*, n° 563, novembre 1990, CNDP. Ce numéro très intéressant sur le sommeil illustré de belles photos de sommeil ou de sieste à travers le monde est archivé dans la collection de cette revue dans la plupart des bibliothèques pédagogiques.
- Bouton J., Dolto-Tolitch C., *Vive le sommeil*, Paris, Hatier, coll. « Grain de sel », 1987.
- Les sites des mutuelles de santé, des pôles d'excellence régionaux au service de la santé publique sont des sites ressources intéressants et souvent mis à jour.

Ressources pour les élèves

L'agenda coopératif cycle 3, OCCE, 101 bis rue du Ranelagh 75016 PARIS. Site et adresse nationale. De nombreuses activités sont proposées pour développer des compétences méthodologiques, des attitudes personnelles et interpersonnelles.

Séance 1 – De quoi avons-nous besoin pour être en bonne santé ?

Compétences disciplinaires et psychosociales

- Connaître les différentes catégories de besoins du corps pour être en bonne santé.
- Prendre conscience de la dimension personnelle, sociale, environnementale et réglementaire de la santé.

Compétences méthodologiques

- Confronter son point de vue à celui des autres, organiser sa pensée, faire une synthèse.

Lexique

Santé, besoins ;
les dimensions de la santé : rapports à soi, aux autres, à l'environnement et à la loi.

Durée de la séance : 30 à 40 min.

Étape 1

Exprimer ses conceptions et les confronter à celles des autres

Organisation de la classe
Travail individuel ou collectif.

L'enseignant interroge :

- ► De quoi avons-nous besoin pour être (ou pour rester) en bonne santé ?

Noter au fur et à mesure les réponses spontanées des élèves au tableau.

Remarque : ce travail de « remue-méninges » peut aussi se faire par écrit en demandant à chaque enfant d'écrire individuellement son avis sur un quart de feuille de papier. Si les élèves ne sont pas habitués à ce genre d'exercice, bien leur préciser qu'il n'y pas de bonnes ou de mauvaises réponses mais que c'est leur point de vue personnel qui compte (et non celui du voisin !).

Réponses possibles (recueillies auprès d'une classe) :
Manger des fruits et des légumes, boire, manger des vitamines et des produits laitiers ; il faut bien déjeuner, faire du sport, dormir, se brosser les dents, se laver et se couper les cheveux ; ne pas attraper de microbes, faire attention à la pollution, qu'on s'occupe bien de nous ; être de bonne humeur, être heureux, être bien dans sa peau, être bien avec les copains, ne pas avoir peur ; être logé, faire attention à nous, ne pas fumer, ne pas boire d'alcool, se soigner, prendre des médicaments quand on est malade, ne pas prendre des médicaments tout seul ; si on a un problème le dire tout de suite aux grandes personnes…

L'enseignant demande ensuite aux élèves d'essayer de classer toutes les propositions de la classe, soit de manière directe si l'exercice a été fait au tableau, soit de manière différée si chaque élève a remis son point de vue par écrit, le temps que l'adulte recense l'ensemble des réponses sur une grande affiche.
Plusieurs critères peuvent être pertinents ; l'enseignant peut regrouper les propositions autour de ce qui se rapporte à « moi », aux « autres », à « l'environnement » et éventuellement, selon les réponses autour du tabac, de l'alcool, des drogues ou des médicaments, à « la loi » (ou « les règles à respecter »).
Parfois, il est difficile de classer certaines propositions ; c'est alors le moment de demander aux élèves de préciser ce qu'ils voulaient dire. Par exemple, « ne pas avoir peur » : de qui ? de quoi ? Des propositions peuvent être inscrites dans plusieurs colonnes à la fois.

Exemple de classement

Moi	Les autres	L'environnement	La loi
Manger des fruits et des légumes, boire, manger des vitamines et des produits laitiers, bien déjeuner. Faire du sport. Dormir. Se brosser les dents, se laver et se couper les cheveux. Être de bonne humeur, être heureux, être bien dans sa peau...	Qu'on s'occupe bien de nous. Être bien dans sa peau. Ne pas avoir peur. Si on a un problème, le dire tout de suite aux grandes personnes. Être bien avec les copains...	Ne pas attraper de microbes. Faire attention à la pollution. Ne pas avoir peur. Être logé...	Ne pas fumer, ne pas boire d'alcool, ne pas prendre des médicaments tout seul...

L'intérêt de cet exercice est de faire émerger les conceptions premières de tous les élèves, puis d'élargir leur champ par la confrontation à d'autres représentations afin qu'ils découvrent que la santé n'est pas seulement l'absence de maladie mais que cela renvoie **à soi** (son corps, son esprit, son mental, son bien-être) ; **à autrui** (ses relations avec les autres, le bien-vivre ensemble) ; **à l'environnement** (ses capacités d'adaptation, sa contribution à rendre l'environnement favorable à la santé de tous), mais aussi au rapport que l'on a avec **la loi**, les règles de vie.
Ce tableau peut être affiché dans la classe et soumis à la relecture des élèves quelques mois plus tard. Certains propos auront sans doute évolué quand d'autres seront confortés.

Étape 2

Élaborer un résumé

Dans le cahier, les élèves écrivent la question posée au début de cette séance et élaborent un résumé pour répondre à cette question.
Le résumé peut se structurer autour des besoins physiologiques, des besoins de sécurité, des besoins affectifs et sociaux (appartenance, estime de soi, être reconnu) et des besoins de réalisation de soi.

Exemple de résumé

Pour être en bonne santé, on a besoin :
- de manger, de boire, de dormir ;
- de se sentir en sécurité ;
- d'avoir une famille, des amis ;
- d'avoir confiance en soi, de se sentir estimé, respecté ;
- d'avoir des projets et de les réaliser.

Séance 2 – Le sport, c'est la santé. D'accord ou pas d'accord ?

Compétences disciplinaires et psychosociales

- Connaître l'adaptation du corps à l'effort.
- Connaître les mouvements corporels, les actions des activités sportives sur les fonctions de l'organisme (respiration, circulation…).
- Connaître et utiliser les ressources de son corps ; accepter ses limites ; savoir reconnaître les signes d'alarme de son corps pour adapter sa conduite et prendre les précautions nécessaires.

Compétences méthodologiques

- Exprimer son point de vue, argumenter, débattre.
- S'informer pour faire des choix de comportements.
- Utiliser ses connaissances sur les mouvements dans un autre contexte.

Lexique

Bienfaits du sport, fonctions de l'organisme, stress, résistance, contrôle de soi, adaptation à l'effort.

Durée de la séance : 50 min.

Matériel

– Une fiche activité.
– Un magnétophone.

Étape 1

Participer à un débat d'opinion sur les bienfaits du sport

Matériel
La fiche activité (une par groupe, à photocopier).

Organisation de la classe
En groupes de 3 à 5 élèves.

L'enseignant répartit les élèves en groupes et demande à chacun d'exprimer ses choix à partir du tableau présenté sur la fiche. Cet échange de points de vue permet de se questionner pour revoir son opinion ou la consolider.

Puis il procède à une mise en commun sous la forme d'un débat d'une vingtaine de minutes pour identifier les comportements nocifs et bénéfiques à notre santé, à partir des exemples que les élèves auront formulés pour remplir le tableau.

Les élèves doivent prendre conscience que les comportements sont des choix personnels effectués à partir d'une meilleure connaissance de soi (contrôle du pouls, maîtrise de sa respiration, de ses possibilités, de ses limites) et d'informations scientifiques (alimentation saine, échauffement, entraînement progressif à la durée, récupération). Certaines activités sportives peuvent nécessiter des efforts néfastes pour certains et bénéfiques pour d'autres.

Étape 2

Enquêter auprès de sportifs

Matériel
Un magnétophone pour enregistrer des témoignages de sportifs.

Il s'agit de demander à des sportifs leur opinion sur le tableau « D'accord, pas d'accord ? » et les questionner sur les bienfaits du sport qu'ils pratiquent.

Pour cela, l'enseignant peut organiser une rencontre avec une équipe de sportifs au cours de laquelle les enfants posent aux joueurs les questions du tableau et leur demandent leur point de vue, si possible argumenté.

L'enseignant peut aussi inviter un sportif accompli (ou un entraîneur, un médecin sportif…) en classe et animer l'interview faite par les enfants en donnant la parole à chacun, en reformulant les questions, les réponses pour les adapter au niveau de compréhension des élèves.

Étape 3

Mettre en commun et faire un résumé

Les données recueillies évoqueront assurément les bénéfices suivants :

– les mouvements corporels dans le sport mettent en jeu plusieurs systèmes de l'organisme : musculaire, squelettique, respiratoire, cardio-vasculaire (et hormonal) ;

– le tout est commandé et régulé par le système nerveux.

Le sport, **bien adapté à chacun et sans excès**, développe le tonus musculaire qui favorise le maintien et la croissance staturo-pondérale (taille et masse corporelle).

Il améliore la souplesse des articulations, la capacité respiratoire par l'augmentation du volume des poumons et du nombre de capillaires. Le débit cardiaque est rendu plus efficace par des contractions moins nombreuses mais plus puissantes et un volume agrandi des cavités cardiaques.

Les activités sportives réactivent les fonctions vitales : élimination des déchets, digestion, vascularisation des os, fabrication du sang.
Elles favorisent un sommeil de qualité (à condition d'éviter les excès le soir).

Le sport améliore la résistance au stress car il permet un meilleur contrôle de soi, de ses émotions et libère des substances (hormones) antidouleur.

Les exercices physiques donnent envie de se surpasser, donnent confiance en soi et contribuent à la construction d'une image positive de soi. Si le sport est collectif, il apprend le respect des règles, la coopération et l'entraide.

Le résumé privilégiera l'un ou l'autre de ces aspects selon le niveau de connaissances des élèves et de la richesse du recueil des données. Il mettra en lumière la nécessité de bien adapter son organisme à l'effort par un entraînement régulier et contrôlé.

7
Fiche activité

Le sport, c'est la santé. D'accord ou pas d'accord ?

	Tout à fait d'accord	Plutôt d'accord	Plutôt pas d'accord	Pas du tout d'accord
Le sport favorise la croissance et développe le tonus musculaire.				
Le sport occasionne des accidents (entorses, élongations, déchirures musculaires, fractures…).				
Le sport rend agressif et combatif.				
Le sport apprend à gérer le contrôle de soi.				
Le sport améliore la résistance au stress.				
Le sport favorise les gagnants et exclut les plus faibles.				
On peut faire du sport sans être en compétition avec les autres.				
Le sport développe l'esprit de coopération.				
Le sport pratiqué le soir empêche de dormir.				

7
Fiche activité

Le sport, c'est la santé. D'accord ou pas d'accord ?

	Tout à fait d'accord	Plutôt d'accord	Plutôt pas d'accord	Pas du tout d'accord
Le sport favorise la croissance et développe le tonus musculaire.				
Le sport occasionne des accidents (entorses, élongations, déchirures musculaires, fractures…).				
Le sport rend agressif et combatif.				
Le sport apprend à gérer le contrôle de soi.				
Le sport améliore la résistance au stress.				
Le sport favorise les gagnants et exclut les plus faibles.				
On peut faire du sport sans être en compétition avec les autres.				
Le sport développe l'esprit de coopération.				
Le sport pratiqué le soir empêche de dormir.				

Séance 3 – Pourquoi être propre ?

Compétences disciplinaires et psychosociales

- Connaître la notion d'hygiène et ses fondements (données scientifiques, valeurs, culture).
- Connaître les notions de produits d'hygiène, de toilette et de beauté.
- Connaître les conséquences à court terme et à long terme de son hygiène de vie.
- Connaître le rôle de la peau.
- Développer son esprit critique en comparant ses connaissances et les messages véhiculés par la publicité et les médias ; faire des choix responsables.

Compétences méthodologiques

- Donner son point de vue, comparer, exercer son esprit critique.
- Chercher des informations pour vérifier ses hypothèses.
- Réaliser un poster.

Lexique

Hygiène corporelle, hygiène dentaire et hygiène des cheveux, produits de toilette, produits de beauté, peau.

Durée de la séance : 50 min.

Matériel

– Des étiquettes.
– ¼ de feuille de papier pour chaque élève.
– Une fiche documents : « Garder un corps sain et se faire beau ».
– Des grandes feuilles.

Étape 1

Donner son point de vue (exprimer ses sentiments)

Matériel

Les étiquettes à réaliser au préalable (en grand format) sur le modèle suivant :

Pour sentir bon	Pour faire plaisir à mes parents
Pour ne pas attraper de maladies	
Pour être propre	Pour être beau ou belle
Pour ne pas avoir honte	
Pour me sentir bien	......

Organisation de la classe

Travail individuel puis collectif.

L'enseignant affiche au tableau les étiquettes qu'il a préalablement constituées et il distribue aux élèves une petite feuille de papier.

Remarque : ce sujet de l'hygiène corporelle touche l'intimité des enfants, leur vécu personnel et celui de leur entourage familial ; aussi, afin d'amorcer une distanciation et de favoriser l'expression des élèves, l'enseignant propose sous forme d'étiquettes des réponses possibles et ouvertes ; il peut aussi inclure une étiquette blanche avec des points de suspension par exemple.

Il demande :

► Pourquoi vous lavez-vous les mains ?

Chacun écrit sur un petit papier la (ou les) réponse(s) choisie(s).

L'enseignant collecte rapidement l'ensemble et fait la synthèse à haute voix.

Remarque : cette démarche pédagogique permet de respecter chaque enfant et de préserver ce qui relève de l'intime.

L'adulte poursuit en signalant que toutes ces réponses sont bien réelles, mais que l'essentiel réside dans le fait qu'une bonne hygiène des mains évite d'attraper des maladies, des parasites, de s'intoxiquer..., car on porte souvent ses mains à sa bouche sans s'en rendre compte ; de plus, la peau n'est pas imperméable à toutes les substances.

Poursuivre la réflexion en interrogeant oralement et collectivement :

► À quoi sert la peau ?

L'enseignant relève les réponses et valide : la peau est une barrière de protection qui enveloppe le corps. Elle le protège de la chaleur en secrétant la sueur, et contre le froid en fabriquant une substance grasse : le sébum. Elle « respire » et élimine les déchets par ses pores.

Remarque : l'enseignant peut également lire un texte explicatif pris sur un dépliant à disposition dans les pharmacies, ou tout autre document spécialisé.

Étape 2

Comparer et exercer son esprit critique

Matériel
La fiche documents « Garder un corps sain et se faire beau » (à photocopier).

Organisation de la classe
Par groupes de 3 ou 4 élèves.

Cet exercice a pour but d'aider les élèves à faire des choix responsables et à éveiller leur esprit critique par rapport aux habitudes d'hygiène préconisées par les personnels de santé – qui s'appuient sur des connaissances scientifiques – et par les médias – qui s'appuient sur la publicité, et par rapport à la réalité qu'ils vivent au quotidien.

L'enseignant distribue le document et demande à chaque groupe de classer les objets et les produits utilisés dans une salle de bains selon leur utilité et en répartissant les thèmes : pour les soins des cheveux ; pour les soins du corps en général, pour les soins des dents. Ils peuvent bien sûr proposer d'autres produits que ceux illustrés.

Réponses attendues (exemple)

Produits utiles (de toilette et d'hygiène)	Produits superflus (produits de beauté)
Pour les cheveux : shampooing, eau, peigne, brosse…	Pour les cheveux : laque, lotion après shampooing, gel à fixer…
Pour le corps : savon ou un produit nettoyant sans savon quand on a des problèmes de peau (allergie, eczéma, atopie…).	Pour le corps : produit moussant et parfumé pour le bain ou la douche, huiles parfumées, lotions diverses…
Pour les dents : brosse à dents, dentifrice.	Pour les dents : produits blanchissants, spray parfumé…

Mettre en commun les résultats et débattre sur les points de discordance.

Étape 3

Réaliser une affiche récapitulative

Matériel
Une grande feuille par groupe.

Organisation de la classe
Par groupes de 3 élèves.

L'enseignant propose aux élèves de se répartir en groupes afin d'élaborer un poster à afficher. Chaque groupe choisit un thème (cheveux, corps ou dents) et présente des réponses à la question : « Pourquoi se laver les cheveux ? les dents ? le corps ? ». Ils doivent mentionner les produits d'hygiène à utiliser.

Plusieurs prolongements peuvent être possibles en partenariat avec la médecine scolaire et les associations agréées comme l'union française pour la santé bucco-dentaire (http://www.ufsbd.fr/) ou les CESC (comités d'éducation à la santé et à la citoyenneté) pour répondre aux problèmes locaux (poux, galle, etc.).

7
Fiche documents

Pourquoi être propre ?

Garder un corps sain et se faire beau

Identifie les produits présents dans cette salle de bain ; repère ceux qui te semblent utiles, indispensables, et ceux qui permettent de sentir bon, d'être beau…

Note tes réponses dans le tableau ci-dessous.

Produits utiles (de toilette et d'hygiène)	Produits superflus (produits de beauté)
Pour les cheveux : …………………………………………… …………………………………………… ……………………………………………	Pour les cheveux : …………………………………………… …………………………………………… ……………………………………………
Pour le corps : …………………………………………… …………………………………………… ……………………………………………	Pour le corps : …………………………………………… …………………………………………… ……………………………………………
Pour les dents : …………………………………………… ……………………………………………	Pour les dents : …………………………………………… ……………………………………………

Séance 4 – Peut-on vivre sans dormir ?

Compétences disciplinaires et psychosociales

- Connaître la notion de cycle de sommeil (moment de sommeil lent et moment de sommeil paradoxal).
- Connaître le rôle du sommeil sur l'organisme et quelques règles d'hygiène.
- Savoir exprimer ses sentiments, se fixer quelques règles de comportements et d'attitudes pour bénéficier d'un meilleur sommeil.

Compétences méthodologiques

- Décrire une image, analyser un document.
- Renseigner un tableau à l'aide de mesures.
- Rechercher de l'information.

Lexique

Sommeil, sieste, phase, durée du sommeil, bienfaits.

Durée de la séance : 1 h.

Matériel

- Un poster d'un enfant qui fait la sieste.
- Une fiche activité avec un graphique sur le sommeil selon l'âge, accompagné d'un tableau de relevé des mesures.
- Une fiche documents avec un texte informatif sur les bienfaits du sommeil.

Étape 1

À partir d'une image, exprimer son vécu et son ressenti

Matériel

La photographie d'un enfant qui fait la sieste (poster).

Organisation de la classe

Collectif.

Observer l'image et la décrire :

- ► Que fait cet enfant ? *Il dort.*
- ► À quel moment se situe cette scène ? *Dans la journée, sans doute l'après-midi, au moment de la sieste.*
- ► Dans quoi se repose-t-il ? *Dans un hamac.*
- ► Comment est son visage ? *Détendu.*

L'enseignant propose alors aux élèves de s'exprimer sur leur relation au sommeil.
Remarque : on respectera le silence des enfants qui ne souhaitent pas s'exprimer.

- ► Vous arrive-t-il de faire la sieste ? Quand ? Dans quels endroits ?
- ► Où aimez-vous dormir ? Dans quelle position aimez-vous dormir ?
- ► Comment vous sentez-vous après avoir fait une sieste ?
- ► Et la nuit, combien de temps dormez-vous ?

L'enseignant note au tableau les durées indiquées par les élèves sans émettre de jugement de valeur.

Étape 2

Analyser un graphique

Matériel

La fiche activité avec un graphique sur le sommeil selon l'âge et un tableau de relevé des mesures (à photocopier).

Organisation de la classe

Travail individuel puis collectif.

L'enseignant distribue la fiche aux élèves et leur fait calculer la durée de sommeil de chacune des personnes ainsi que le nombre de moments de sommeil (introduire le mot : « phases ») sur une période de 24 heures.
Les résultats sont notés dans le tableau de la fiche et complétés en ajoutant son propre résultat.

Réponses attendues

Âges	Durée totale du sommeil	Nombre de phases
6 mois	15 h	4
2 ans	13 h	2
10 ans	10 h	1
40 ans	8 h	1
80 ans	7 h	3

Mise en commun collective

On en conclut que la durée du sommeil évolue tout au long de la vie et peut varier d'une personne à l'autre. Cependant, tout le monde a besoin de dormir.
L'enseignant insiste auprès des élèves sur le fait que le sommeil est vital. Privé de sommeil, un être vivant décède rapidement. On ne peut pas vivre sans dormir.

Étape 3

Recherche d'informations

Matériel
La fiche documents avec un texte informatif sur les bienfaits du sommeil (à photocopier).

Organisation de la classe
Travail individuel puis collectif.

Poursuivre en demandant aux élèves ce qu'ils savent des bienfaits du sommeil. Noter au tableau les propositions qui seront à vérifier à l'aide de documents sélectionnés par l'enseignant ou à partir du texte photocopié.
Sur ce texte, souligner avec de la couleur les bienfaits du sommeil. Selon le niveau des élèves, il peut être demandé de souligner d'une couleur les bienfaits du sommeil lent et d'une autre ceux du sommeil paradoxal.

L'enseignant attire l'attention des élèves non seulement sur la récupération physique, mentale et émotionnelle, mais aussi sur le fait que le sommeil consolide la mémoire et les apprentissages.
Un sommeil de qualité permet de mieux apprendre et de réussir en classe.

Étape 4

Élaborer quelques règles pour bien dormir

Organisation de la classe
Collectif.

Avec les enfants, élaborer quelques règles pour bien dormir ou donner quelques conseils parmi ceux-ci :

Le soir, quand les yeux picotent et que l'on baille, il est temps d'aller se coucher.
Pour bien dormir, il ne faut pas faire des activités physiques et intellectuelles trop tard le soir ; il faut éviter les émotions devant l'écran de jeux ou la télévision.
Il est bon de terminer le repas par un verre de lait ou une pomme et d'attendre un peu avant d'aller se coucher.
Une chambre fraîche, aérée, une veilleuse facile à allumer ou à éteindre, un lit confortable facilitent le sommeil.
Se laver les dents, les mains et passer aux toilettes avant de se coucher évitent bien des désagréments pendant la nuit.

Poursuivre en signalant que, parfois, la nuit, il nous arrive d'avoir des ennuis. On fait parfois des cauchemars (expliquer ce mot ou le faire rechercher dans le dictionnaire). Il nous arrive d'avoir peur des monstres ou du noir, de parler en dormant, de grincer des dents, d'être somnambule (mot à définir), de ne pas arriver à dormir (insomnie)...
Mis en confiance, dans ce contexte de dédramatisation, les élèves continueront sans doute à énumérer d'autres ennuis comme faire pipi au lit, ronfler pour les personnes plus âgées, tomber du lit...

Conclure en indiquant que ces petits ennuis peuvent trouver des solutions quand on fait attention à bien préparer son sommeil ; qu'il ne faut pas hésiter à en parler aux parents ou au médecin pour demander conseil si ces ennuis se répètent souvent.

Évaluation

Compétences évaluées

- Le vocabulaire spécifique et celui qui exprime des émotions, des attitudes, des comportements.
- La connaissance des règles d'hygiène de vie et des comportements vitaux.
- L'argumentation, l'esprit critique, le respect des autres dans les propositions de solutions.

Corrigé

1.

Comportements nocifs	Comportements bénéfiques
Image n° 1	Image n° 2
Image n° 3	Image n° 4
Image n° 5	Image n° 6
Image n° 7	Image n° 8

2.

Comportements nocifs	Risques
Image n° 1	Difficulté à s'endormir, sommeil perturbé, risque d'obésité et de déséquilibre alimentaire...
Image n° 3	Risque de blessures physiques, sentiments qui conduisent à l'insécurité (peur, vengeance, haine), non-respect des règles...
Image n° 5	Causer des nuisances à l'environnement, aux autres et porter atteinte au bien-être des autres (risque de blessures avec le verre cassé...)...
Image n° 7	Risque grave pour sa santé, risque de perdre sa liberté et d'entrer dans la dépendance, infraction à la loi et risque d'être verbalisé...

3.

Comportements nocifs	Conseils à donner
Image n° 1	Éviter de regarder des films violents à la télé avant de s'endormir, ne pas grignoter devant la télé...
Image n° 3	Essayer de gérer ses conflits en parlant, en exprimant verbalement et poliment son ressenti, en sachant pardonner et excuser les erreurs des autres...
Image n° 5	Respecter l'environnement et participer à son amélioration en l'embellissant ; jeter ses détritus dans les poubelles prévues à cet effet ; participer à l'arrosage des plantes du quartier par exemple ; ne pas écraser les fleurs, ne pas traverser les massifs en courant ou en sautant...
Image n° 7	Oser refuser fermement de fumer une première fois, respecter la loi avec droiture, résister et ne pas se laisser entraîner par les copains en osant dire son point de vue (sans avoir peur des copains et de ce qu'ils peuvent dire) et le garder sans se fâcher...

7 Fiche activité

Peut-on vivre sans dormir ?

À chaque âge son sommeil

- **Calcule la durée de sommeil quotidien (journalier) de chacune des personnes.**
- **Indique le nombre de moments de sommeil (on parle de « phases » de sommeil) sur une période de 24 heures.**
- **Complète la dernière frise en grisant les cases des heures pendant lesquelles tu dors.**
- **Complète le tableau en inscrivant ce qui te concerne.**

Chaque frise correspond à une journée (24 heures).
Les heures sont indiquées dans chaque case.
Les cases grisées correspondent au sommeil.

Nourrisson de 6 mois

20	**21**	**22**	**23**	**24**	**1**	**2**	**3**	**4**	**5**	6	7	8	**9**	**10**	11	12	**13**	**14**	**15**	16	17	**18**	19	20

Enfant de 2 ans

20	**21**	**22**	**23**	**24**	**1**	**2**	**3**	**4**	**5**	**6**	7	8	9	10	11	12	13	**14**	**15**	16	17	18	19	20

Enfant de 10 ans

20	**21**	**22**	**23**	**24**	**1**	**2**	**3**	**4**	**5**	**6**	7	8	9	10	11	12	13	14	15	16	17	18	19	20

Adulte de 40 ans

20	21	**22**	**23**	**24**	**1**	**2**	**3**	**4**	**5**	6	7	8	9	10	11	12	13	14	15	16	17	18	19	20

Vieillard de 80 ans

20	21	22	**23**	**24**	**1**	2	3	**4**	**5**	6	7	8	9	10	11	12	13	**14**	**15**	16	17	18	19	20

Mon âge : .... ans

minuit midi

20	21	22	23	24	1	2	3	4	5	6	7	8	9	10	11	12	13	14	15	16	17	18	19	20

Âges	Durée totale du sommeil	Nombre de phases
6 mois		
2 ans		
10 ans		
40 ans		
80 ans		
Ton âge :		

Peut-on vivre sans dormir ?

Les bienfaits du sommeil

Le sommeil est un ensemble de cycles.
Chaque cycle a une durée de 1 h 30 à 2 h selon les âges et les individus.
Une sieste naturelle correspond à un cycle de sommeil.
Dans la nuit, plusieurs cycles s'enchaînent.
Chaque cycle de sommeil commence par le **sommeil lent**. Il permet la récupération des forces physiques après une journée d'activités sportives par exemple, et favorise la croissance.
Le sommeil lent est suivi par le **sommeil paradoxal**. Ce dernier moment facilite la récupération des capacités intellectuelles et consolide en mémoire les apprentissages de la journée. Il permet aussi de retrouver l'équilibre quand on a eu de fortes émotions (colère, chagrin, contrariété, énervement).

7
Fiche
ocuments

Peut-on vivre sans dormir ?

Les bienfaits du sommeil

Le sommeil est un ensemble de cycles.
Chaque cycle a une durée de 1 h 30 à 2 h selon les âges et les individus.
Une sieste naturelle correspond à un cycle de sommeil.
Dans la nuit, plusieurs cycles s'enchaînent.
Chaque cycle de sommeil commence par le **sommeil lent**. Il permet la récupération des forces physiques après une journée d'activités sportives par exemple, et favorise la croissance.
Le sommeil lent est suivi par le **sommeil paradoxal**. Ce dernier moment facilite la récupération des capacités intellectuelles et consolide en mémoire les apprentissages de la journée. Il permet aussi de retrouver l'équilibre quand on a eu de fortes émotions (colère, chagrin, contrariété, énervement).

7
Fiche évaluation

Comment rester en bonne santé ?

1. Observe ces vignettes et classe les comportements que tu identifies.

Comportements nocifs	Comportements bénéfiques
Image n° …………	Image n° …………
Image n° …………	Image n° …………
Image n° …………	Image n° …………
Image n° …………	Image n° …………

2. Qu'est-ce que risquent les enfants aux comportements nocifs ?

Comportements nocifs	Conseils à donner
Image n° …………	
Image n° …………	
Image n° …………	
Image n° …………	

3. Quels conseils pourrais-tu leur donner ?

Comportements nocifs	Risques
Image n° …………	
Image n° …………	
Image n° …………	
Image n° …………	

Comment bien se nourrir pour être en bonne santé ?

Informations pour l'enseignant

Se nourrir est une fonction importante du vivant car elle permet de satisfaire les besoins de l'organisme. Chez l'Homme, l'acte de se nourrir revêt en outre une dimension sociale, plus ou moins marquée en fonction des cultures, dans laquelle le plaisir peut trouver une place. Plaisir des sens qui sont sollicités (vue, odorat, goût, éventuellement toucher) mais aussi plaisir de partager des plats dans un moment de convivialité.

Les besoins de l'organisme

Fondamentalement, l'acte alimentaire est un acte de survie qui vise à apporter à l'organisme les matières premières dont il a besoin. Ces besoins concernent l'édification de l'organisme (notamment pendant la période de croissance), mais aussi le renouvellement et la réparation des tissus (processus de cicatrisation). Pour assurer son fonctionnement (mouvements divers, activités cardiaque, respiratoire, cérébrale…), l'organisme a également besoin d'énergie. La couverture de ces besoins est fonction des aliments ingérés, leur valeur énergétique dépendant en effet de leur composition. On distingue classiquement dans l'alimentation deux catégories de constituants : les constituants minéraux et les constituants organiques. Les premiers sont l'eau et les sels minéraux. Les seconds sont les **lipides**, les **glucides**, les **protides** et les **vitamines**.

Les constituants organiques des aliments

Les lipides : communément appelés graisses, les lipides sont des dérivés d'acides gras. Un acide gras est une chaîne d'une vingtaine d'atomes de carbone dont une extrémité comporte une fonction acide. On distingue différentes catégories d'acides gras. Les uns, dits saturés, sont abondants dans le beurre, la charcuterie et les viandes de mouton et de bœuf. Les autres, dits insaturés, se rencontrent dans la plupart des huiles végétales, dans le poisson et les viandes de porc et de volaille.

Les glucides : les glucides, ou sucres, sont constitués par l'enchaînement d'unités élémentaires de glucose, de fructose ou de galactose. Selon la longueur de leur chaîne, on distingue les sucres simples et les sucres complexes. Parmi les sucres simples (de faible longueur de chaîne), citons le saccharose (sucre de notre alimentation) ou encore le lactose (sucre du lait). Parmi les sucres complexes (de grande longueur de chaîne), on trouve l'amidon et la cellulose, un constituant de la paroi des cellules végétales présent dans les aliments de type fibres.

Les protides : les protides ou protéines sont constitués d'un enchaînement d'acides aminés dont il existe 20 types différents. Les protéines sont abondantes dans de nombreux aliments d'origine animale (œufs, viandes, poissons, fromages…) mais se rencontrent aussi dans certains produits végétaux (soja, haricots, fèves…).

Les vitamines : les vitamines sont des molécules organiques dont certaines sont solubles dans l'eau (vitamines hydrosolubles) comme les vitamines C, B et PP alors que d'autres sont solubles dans les graisses (vitamines liposolubles) comme les vitamines A, D, E et K. Les premières sont abondantes dans des aliments riches en eau comme les fruits et les légumes frais. Elles sont plus ou moins sensibles à la lumière, à la chaleur et à l'oxydation à l'air. Il est donc nécessaire de prendre certaines précautions pour garantir la teneur en vitamines de ces aliments (consommation rapide des aliments après achat, assaisonnement au dernier moment, choix du système de cuisson…). Les vitamines liposolubles sont présentes dans des aliments contenant des lipides, comme le beurre, la crème, les fromages, mais aussi certaines viandes et certains fruits et légumes. ■

Seuls les lipides, les glucides et les protides fournissent après digestion de l'énergie à l'organisme (tableau 1). L'eau, les sels minéraux et les vitamines, qui entrent aussi dans la composition de l'alimentation, n'ont aucun rôle énergétique.

Types de constituants	Quantité d'énergie fournie pour 1 g de constituant (en kcal)
Lipides	9
Glucides	4
Protides	4

Tableau 1.
Énergie fournie par les différentes catégories de constituants organiques.

Les données présentées dans le tableau ci-dessus ne doivent cependant pas occulter que, bien que semblant plus intéressants sur le plan énergétique, les lipides ne sont pas directement utilisables par l'organisme. Ils sont le plus souvent mis en réserve sous forme de tissu graisseux. Ce sont les glucides après digestion (essentiellement du glucose) qui sont utilisés par les organes du corps. Lorsque le glucose vient à manquer, une partie des réserves lipidiques peut être convertie en glucose.

Les besoins en énergie varient en fonction du niveau d'activité physique, de l'âge ou encore du sexe des individus (tableau 2). Ces besoins sont exprimés en kilojoules (kJ), l'unité internationale de l'énergie, ou en kilocalories (kcal) unité encore très utilisée dans le domaine de l'alimentation. Une kilocalorie correspond à 4,18 kilojoules.

Variation des besoins énergétiques en kJ/jour (en kcal/j)		
Enfants		
De 1 à 3 ans	5 700 (1 364)	
De 4 à 6 ans	7 600 (1 818)	
De 7 à 9 ans	9 200 (2 201)	
Adolescents	**Garçons**	**Filles**
De 10 à 12 ans	10 900 (2 608)	9 800 (2 344)
De 13 à 15 ans	12 100 (2 895)	10 400 (2 488)
De 16 à 19 ans	12 800 (3 062)	9 700 (2 321)
Adultes	**Hommes**	**Femmes**
Activité physique réduite	8 800 (2 105)	7 500 (1 794)
Activité physique moyenne	11 300 (2 703)	8 400 (2 010)
Activité physique importante	12 500 (2 990)	9 200 (2 201)

Tableau 2.
Variation des besoins énergétiques journaliers exprimés en kilojoules (kJ) et en kilocalories (entre parenthèses).

À niveau d'activité équivalent, les hommes ont en moyenne des besoins énergétiques plus importants que les femmes. Ces différences apparaissent dès l'adolescence. Pendant toute la période de développement, les besoins énergétiques augmentent avec l'âge.

Comme évoqué plus haut, les aliments, en plus de leur rôle énergétique, répondent à des besoins de construction, de fonctionnement et de protection de l'organisme. Toutes les catégories d'aliments y contribuent à des degrés divers. Les protides étant impliqués dans la constitution des muscles et des os, ils ont surtout un rôle de construction. Les lipides et les glucides contribuent également à la constitution de l'organisme (composition des membranes des cellules), mais aussi à son fonctionnement (au travers des hormones notamment, ou des fibres qui facilitent le transit intestinal pour les glucides). Les vitamines sont indispensables à la croissance et à l'entretien de l'organisme. L'eau et les sels minéraux jouent un rôle fonctionnel en facilitant la réalisation de nombreuses réactions chimiques. Ils contribuent également de façon majeure à la constitution de l'organisme. L'eau représente ainsi jusqu'à 70 % du poids corporel ce qui permet à l'organisme de mieux supporter des chocs mécaniques. Des sels minéraux comme le calcium et le phosphore sont des constituants majeurs des os et des dents. Le fer entre dans la constitution des globules rouges.
Bien évidemment, les besoins de l'organisme dépendent des pertes subies par celui-ci et les apports doivent être ajustés en conséquence. Ces pertes peuvent se faire via les urines, les selles, la sueur, mais aussi par la respiration. En ce qui concerne l'eau, les pertes sont estimées entre 2 et 2,5 litres par jour chez un adulte. L'alimentation doit donc compenser ces pertes sous forme de boisson et grâce à ce que les aliments apportent par eux-mêmes.

Vers une alimentation équilibrée

Une alimentation équilibrée est une alimentation variée, permettant d'apporter les différentes catégories de constituants nécessaires à l'organisme, et suffisante en quantité pour couvrir les besoins énergétiques. Selon les nutritionnistes, l'apport énergétique journalier doit se répartir de la façon suivante : 12 % sous forme de protéines, 30 à 35 % sous forme de lipides et 50 à 55 % sous forme de glucides.
Sur le plan qualitatif, l'alimentation doit impérativement fournir certains éléments que l'organisme ne peut fabriquer seul, comme des acides aminés, des acides gras et des vitamines. Ces éléments sont appelés éléments essentiels. L'absence de ces éléments peut induire des troubles ou des maladies de carence. Concernant les apports glucidiques, les nutritionnistes conseillent une ration comportant 2/3 de glucides complexes contre 1/3 de glucides simples. Il s'agit donc de privilégier la consommation d'aliments comme les féculents, les pâtes, les fibres et contrôler la consommation de pâtisseries, de biscuits ou encore de boissons sucrées. Pour les matières grasses, les nutritionnistes préconisent un apport préférentiel en acides gras insaturés présents dans de nombreuses huiles végétales mais aussi dans le poisson, les volailles et le porc par rapport aux acides gras saturés présents dans la charcuterie, les viandes de bœuf ou de mouton.
Classiquement, les nutritionnistes répartissent les aliments en sept groupes : 1. Le lait et les produits laitiers, 2. Les viandes, les poissons, les œufs, 3. Le pain, les céréales et autres féculents, 4. Les fruits et les légumes, 5. Les produits sucrés, 6. Les matières grasses, 7. Les boissons. Un repas équilibré se définit comme un repas qui fournit un représentant de chacun de ces groupes. Cependant, il est important de savoir qu'il n'est pas nécessaire que chaque repas soit conforme aux apports nutritionnels conseillés et qu'un déséquilibre sur une journée ne met pas en péril la santé. La notion d'équilibre alimentaire doit être envisagée sur une période de plusieurs jours consécutifs car l'organisme est capable de s'adapter en modifiant son appétit et en utilisant ou non ses réserves. En revanche, un déséquilibre durable peut avoir des conséquences sur la santé (voir paragraphe suivant).
Enfin une alimentation équilibrée doit être individualisée. Elle doit en effet être ajustée en fonction de la situation des individus : période de croissance, niveau d'activité physique, état physiologique (grossesse, pathologies…).

Les déséquilibres alimentaires observés en France et leur incidence sur la santé des individus

En une soixantaine d'années, les habitudes alimentaires des Français ont beaucoup évolué, en lien avec les changements de mode de vie. Cette évolution s'est traduite par l'apparition de déséquilibres alimentaires causés par des modifications sur la nature et les quantités d'aliments consommés. La tendance actuelle montre une surconsommation de sucres simples aux dépens des sucres complexes. Cela tient principalement à la consommation de pâtisseries et viennoiseries souvent industrielles qui contiennent par ailleurs un taux élevé de graisses cachées de type saturées. Parallèlement, un recul est observé dans la consommation de légumes et de fruits. Ce recul est très net dans la population des préadolescents et adolescents[1]. À long terme, ces déséquilibres peuvent avoir une incidence sur l'état de santé des individus. Une alimentation trop riche en graisses, notamment de type saturées, est ainsi un facteur de risque de surpoids voire d'obésité.

Lexique

Constituants organiques : par opposition aux constituants minéraux (eau et sels minéraux), les constituants organiques sont des molécules composées d'atomes de carbone, d'hydrogène et d'oxygène. Ils regroupent les lipides, les glucides, les protides et les vitamines. Les protides possèdent des atomes d'azote en plus des atomes de carbone, d'hydrogène et d'oxygène.

Digestion : processus de transformation des aliments en éléments simples de petite taille, les nutriments, seuls capables de quitter le tube digestif (au niveau de l'intestin grêle) pour rejoindre la circulation sanguine. Le glucose et les acides aminés sont des exemples de nutriments.

1. Pour plus d'information, consulter les enquêtes alimentaires INCA (1999, 2006) et le rapport « Glucides et santé : état des lieux, évaluation et recommandations » (2004) de l'Agence française de sécurité sanitaire des aliments (AFSSA).

L'obésité

L'obésité se définit comme un excès de masse grasse sous forme de lipides. Pour en préciser les limites, les médecins calculent un indice de masse corporelle (IMC) en divisant le poids (en kg) par la taille (en m) au carré. L'interprétation des valeurs est reportée dans le tableau ci-dessous (d'après données AFSSA).

Valeur de l'IMC	Dénomination usuelle
< 18,5	maigreur
18,5 – 24,9	Poids souhaitable
25 – 29,9	surpoids
30 – 34,9	Obésité modérée
35 – 39,9	Obésité sévère
> 40	Obésité morbide

L'obésité s'accompagne de nombreuses complications : insuffisance respiratoire en lien avec une compression du volume respiratoire, usure plus rapide des cartilages des articulations, notamment de la hanche et du genou qui supportent le plus le poids du corps, troubles cardiovasculaires, diabète. Dans les cas extrêmes, l'obésité peut conduire à la mort.
Les causes de l'obésité sont multiples. L'hérédité en est une première, le risque étant plus important si l'un ou les deux parents souffrent eux-mêmes de cette maladie. Les habitudes alimentaires mises en place dès l'enfance ont aussi un rôle dans l'apparition de l'obésité de même que les facteurs externes, de type stress, susceptibles d'avoir un effet sur le comportement alimentaire. Le manque d'activité physique contribue aussi fortement à l'obésité lorsqu'il est relié à une mauvaise hygiène alimentaire. ■

Une alimentation trop riche entraîne une augmentation de la fréquence des maladies cardio-vasculaires. Des dépôts de cholestérol peuvent se former sur la paroi des artères provoquant la formation de bouchons interrompant la circulation sanguine, ce qui conduit à un accident vasculaire.

La progression de la consommation d'alcool en France est un autre élément de préoccupation de santé publique. La France fait partie des 10 premiers pays européens consommateurs d'alcool. Une enquête réalisée en 2002 a montré qu'un peu plus d'un quart des jeunes âgés de 12 à 19 ans ont déjà été ivres. Les habitudes de consommation d'alcool peuvent se mettre en place très tôt. Il convient donc, dès le plus jeune âge, de ne pas banaliser cette consommation.

Cholestérol

Le cholestérol est surtout connu pour ses méfaits sur la santé des artères. Mais il faut savoir qu'il est aussi indispensable à la vie. C'est un constituant essentiel des membranes des cellules et de certaines hormones comme les hormones sexuelles. Il permet la formation de la vitamine D dans la peau sous l'effet du soleil et il contribue à la formation de la bile utile à la digestion des graisses.
On a coutume de parler de deux types de cholestérol, le « bon » ou HDL-cholestérol et le « mauvais » ou LDL-cholestérol. Un taux de LDL-cholestérol élevé favorise la formation de dépôts dans les artères. Un taux de HDL-cholestérol élevé semble au contraire être un bon facteur de protection. Les causes d'un taux sanguin élevé de cholestérol peuvent être génétiques et/ou alimentaires. ■

Pour une nutrition préventive : le Programme national nutrition-santé (PNNS)

Depuis 2001, la France s'est dotée d'un Programme national nutrition-santé pour prévenir le risque d'obésité et de pathologies liées à une mauvaise nutrition. Les objectifs nutritionnels visés par ce programme sont : augmenter la consommation de fruits et de légumes, augmenter la consommation de calcium, réduire la consommation de graisses notamment de type saturées, augmenter la consommation de glucides complexes, réduire la consommation d'alcool. Pour atteindre ces objectifs, le programme s'articule autour de plusieurs axes : information des consommateurs et en particulier des jeunes sur les choix alimentaires favorables à leur santé, prévention et dépistage des troubles nutritionnels, sensibilisation et implication des industriels de l'agroalimentaire, développement de la recherche en nutrition, mise en place d'actions spécifiques ciblées sur certaines catégories de population.

Ressources en ligne

Plusieurs documents sont téléchargeables gratuitement sur le site de l'Institut national de prévention et d'éducation pour la santé (inpes.sante.fr) :

– *Guide des ressources en information et éducation nutritionnelles 2007* ;
– *La santé vient en mangeant et en bougeant*, guide nutrition des enfants et ados pour tous les parents ;
– *La santé vient en mangeant*, guide alimentaire pour tous ;
– *Livret d'accompagnement du guide alimentaire pour tous destiné aux professionnels de la santé.*

Autres sites ressources :

– Le site de l'Agence française de sécurité sanitaire des aliments : afssa.fr.
– Le site du Programme national nutrition-santé : mangerbouger.fr

Comment bien se nourrir ?

Compétences disciplinaires
- Connaître les principaux constituants des aliments.
- Comprendre les informations relatives à la composition des aliments portées sur les emballages alimentaires.
- Avoir connaissance des comportements alimentaires favorables à la santé.

Compétences méthodologiques
- Savoir se questionner.
- Savoir analyser les données d'un tableau.
- Savoir exprimer son point de vue et le justifier.
- Savoir exercer son esprit critique.

Lexique
Minéraux, protides, lipides, glucides complexes et simples, vitamines, recommandations de consommation.

Durée de la séance : 2 h 15.

Matériel
- Des affichettes publicitaires de produits alimentaires de type biscuits, barres chocolatées, bonbons, glaces, chips, biscuits pour apéritif, sodas…
- Des emballages de produits alimentaires.
- Des grandes affiches vierges de format environ 100 x 60 cm.
- La brochures de l'INPES « J'aime manger, j'aime bouger » (téléchargeable sur le site inpes.sante.fr).
- 3 documents textuels : « À combien de morceaux de sucre et de plaquettes de beurre cet aliment est-il équivalent ? » « Repères de consommation selon le Programme national nutrition-santé ». « La télé et nos choix alimentaires ».
- 2 fiches activité : « Composition comparée de produits allégés et de produits classiques ». « Analyse d'une journée de repas ».

Étape 1

Découvrir la composition des aliments

Matériel
- Les affichettes publicitaires de produits alimentaires de type biscuits, barres chocolatées, bonbons, glaces, chips, biscuits apéritif, sodas….
- Les emballages de produits alimentaires.

Organisation de la classe
En collectif et en groupes de 4 ou 5 élèves.

Durée
30 minutes.

L'enseignant fixe au tableau les affichettes présentant des produits généralement appréciés des enfants et souvent consommés entre les repas comme des biscuits sucrés, des barres chocolatées, des bonbons, des glaces, des chips, des biscuits apéritif, des sodas, etc.

► Parmi ces aliments, lesquels consommez-vous régulièrement ?

► À quelle fréquence : tous les jours ? 2 à 3 fois par semaine ? 1 fois par semaine ? 2 à 3 fois par mois ? Jamais ?

► À quels moments de la journée : au petit déjeuner ? Dans la matinée ? Au déjeuner ? Dans l'après-midi ? Au dîner ? Dans la soirée ?

L'enseignant relève les réponses des élèves sans émettre de jugement de valeur. Il peut pour cela réaliser une affiche qui restera dans la classe et qui pourra servir de référence pour l'évaluation des changements éventuels de comportement alimentaire des élèves au cours de l'année.

► Savez-vous ce que contiennent les aliments présentés ici ?

Les élèves donnent leurs idées sur la question.

► Comment vérifier ? *Il suffit d'apporter en classe des emballages de ces produits et de lire les informations qui s'y trouvent.*

L'enseignant distribue alors des emballages aux élèves répartis en groupes de 4 ou 5, et donne pour consigne de relever les informations relatives à la composition des aliments.
Ces informations sont ensuite mises en commun et synthétisées au tableau. Il conviendra de faire la distinction entre les ingrédients – par exemple sucre, chocolat, farine, sel pour une barre chocolatée – et les constituants qui pourront être répartis en plusieurs ensembles : les minéraux (sodium, potassium…), les vitamines, les protides, les lipides et les glucides.
L'enseignant indiquera que les lipides correspondent aux matières grasses, que les glucides correspondent aux sucres et que protides et protéines désignent la même chose.

On pourra ajouter, à propos des glucides, qu'il en existe deux catégories : les glucides simples, comme le sucre de table, qui donnent un goût sucré aux aliments et les glucides complexes, comme l'amidon présent dans le pain, les pâtes ou les pommes de terre, qui ne donnent pas un goût sucré.
Remarque : les élèves peuvent constater sur les emballages différentes catégories de lipides (saturés, monoinsaturés ; polyinsaturés). À ce stade de la scolarité, il est prématuré d'en expliquer les différences. Mais on pourra indiquer qu'il est préférable pour la santé de contrôler la consommation des graisses saturées.

La **trace écrite** pourra prendre la forme suivante :
La composition des aliments est mentionnée sur les emballages. En plus de la liste des ingrédients, figure la liste des constituants. Ces constituants sont : les minéraux (comme le calcium, le sodium, le fer...), les vitamines, les protides ou protéines, les lipides ou graisses et les glucides. Les glucides se répartissent en glucides complexes, comme l'amidon, et en glucides simples comme le sucre.

Étape 2

Prendre conscience de la richesse en sucres et en graisses de certains aliments

Matériel
- Les emballages de produits alimentaires.
- La brochure de l'INPES « J'aime manger, j'aime bouger » (à télécharger et à imprimer).
- La fiche documents : « À combien de morceaux de sucre et de plaquettes de beurre cet aliment est-il équivalent ? » (doc. 1 à photocopier).
- La fiche activité 1 : « Composition comparée de produits allégés et de produits classiques » (à photocopier).

Organisation de la classe
Travail collectif et individuel.

Durée
45 minutes.

L'enseignant distribue le document 1 et s'assure de sa compréhension par les élèves.
- ► Lorsque vous mangez 4 Petit Beurre, c'est comme si vous mangiez combien de morceaux de sucre ? *1.*
- ► Et combien de plaquettes de beurre ? *1.*

L'enseignant propose ensuite le cas suivant :
Une fillette de 9 ans a mangé : 1 petit paquet de chips à la récréation du matin, 1 barre chocolatée à la récréation de l'après-midi, 4 Petits Beurres + 1 barre de chocolat au lait (4 carrés) au goûter.
- ► Quelle est l'équivalence en morceaux de sucre de tout ce qui a été mangé par la fillette ? *9 morceaux de sucre.*
- ► Et en plaquettes de beurre ? *5 plaquettes et demie.*

Dans le prolongement de cette activité, il est possible, à partir des emballages étudiés précédemment, de relever la quantité de sucre et de calculer l'équivalence en morceaux de sucre. Attention, seuls les sucres simples doivent être pris en compte car les sucres totaux incluent en plus des sucres simples les sucres complexes de type amidon ou fibres. Le même type de travail peut être réalisé pour les lipides en prenant en compte les lipides totaux.

- ► Pour limiter la consommation de sucres et de graisses, que peut-on envisager ? *Consommer des aliments moins riches.*

Si les élèves n'y songent pas, l'enseignant peut aussi leur expliquer que certaines prises alimentaires ne se justifient pas et peuvent donc être supprimées. Tel est le cas de la collation de milieu de matinée et celle de l'après-midi avant le goûter.

Certains élèves peuvent rétorquer qu'ils ne prennent pas de petit déjeuner parce qu'ils n'ont pas faim au réveil. Par conséquent, ils ont faim en milieu de matinée.
- ► Dans ce cas, quels aliments peut-on raisonnablement consommer ?

Pour répondre à cette question, il est possible de faire une recherche documentaire pour trouver des aliments moins riches en sucres simples et en graisses. L'enseignant peut aussi proposer aux élèves des plaquettes d'information mises à disposition notamment par l'INPES, comme la brochure « J'aime manger, j'aime bouger » pages 15 et 16, qui donne des conseils pratiques sur le petit déjeuner ou sur son remplacement.

L'enseignant peut alors attirer l'attention des élèves sur l'existence de produits allégés en sucre ou en graisses.
- ► Cela vous paraît-il être une solution pour limiter la consommation de sucres et de graisses ?

L'enseignant distribue aux élèves la fiche activité 1 « Composition comparée de produits allégés et de produits classiques ». Il s'assure d'abord de la compréhension du tableau par les élèves et les aide à en faire la lecture.
- ► Que sont les calories ?

L'enseignant explique qu'il s'agit de la quantité d'énergie fournie par les aliments pour permettre l'activité du corps. Elle est exprimée dans le tableau en kilocalories sous l'abréviation kcal.
Les élèves peuvent remarquer que l'énergie est parfois exprimée différemment sur les emballages, en kilojoules. L'enseignant pourra expliquer sans entrer dans les détails, qu'il existe une correspondance entre les kilocalories et les kilojoules.

Corrigé

- La compote allégée est moins calorique que la compote classique. Elle apporte 5 g de sucre en moins pour 100 g de compote. La différence est minime, mais on peut préférer la compote allégée.
- Les différences entre la brioche allégée et la brioche classique sont faibles, que ce soit au niveau de l'apport en calories ou des apports en glucides et en lipides. Les différences sont minimes, mais on peut préférer le produit allégé.
- Le chocolat au lait allégé contient moins de sucre, mais il contient plus de lipides. Le produit allégé n'est donc pas forcément intéressant.
- Le soda allégé ne contient pratiquement plus de sucre. Il est intéressant par rapport au soda classique.
- Le yaourt aux fruits allégé ne contient pratiquement plus de lipides, mais presque autant de sucre. Il contient aussi plus de protides. Il n'est donc pas forcément plus intéressant que le yaourt classique.

L'enseignant pourra faire remarquer aux élèves que le yaourt allégé porte la mention 0 % de sucre ajouté mais il contient du sucre !

Remarque : il est aussi possible de remplacer la fiche activité par l'exploitation de données relevées directement sur des emballages apportés par les élèves ou l'enseignant.

Une **synthèse écrite** pourra être faite à partir des connaissances récapitulées par les élèves. Cette synthèse constituera la trace écrite et pourra intégrer les éléments suivants :

– Les aliments que nous aimons bien consommer en dehors des repas et au goûter sont souvent gras et sucrés.
– Certains en-cas peuvent être supprimés, ou sinon orientés vers le choix d'aliments moins gras et moins sucrés (comme les fruits, le pain, les yaourts,...).
– Il faut être vigilant par rapport aux informations figurant sur les emballages. Elles comportent des pièges.

Étape 3

Bien s'alimenter tout en se faisant plaisir

Matériel

- De grandes affiches vierges de format 100 x 60 cm environ (une par groupe de 3 ou 4 élèves).
- Le document : « Repères de consommation selon le Programme national nutrition-santé » (doc. 2 à photocopier).
- La brochure de l'INPES « J'aime manger, j'aime bouger ».
- La fiche activité 2 : « Analyse d'une journée de repas » (à photocopier).

Organisation de la classe

Travail collectif, individuel et en groupes de 3 ou 4 élèves.

Durée

1 h.

► Bien s'alimenter, qu'est-ce que cela signifie ?
L'enseignant recueille les idées des élèves sur cette question. Compte tenu de ce qui a été fait précédemment, on peut s'attendre à ce qu'ils disent : *Ça signifie ne pas manger trop gras, trop sucré, ne pas multiplier les en-cas, manger des fruits...*

L'enseignant introduit alors le document 2 : « Repères de consommation selon le Programme national nutrition-santé » qui rassemble des recommandations de nutritionnistes. Une lecture en est faite avec les élèves. Puis, la fiche activité 2 : « Analyse d'une journée de repas » est distribuée. Les élèves évaluent la composition des repas de trois individus au regard des recommandations du document 2.

Une correction collective est ensuite réalisée.

Corrigé

- Tom : la composition des repas est conforme aux recommandations. Il faut poursuivre dans cette voie.
- Lucie : l'analyse des repas sur la journée montre l'absence de produits laitiers. Cette absence doit être compensée les jours suivants.
- Alix : trop peu de fruits et aucun légume vert sur la journée. Il est nécessaire d'en consommer le lendemain. Attention également à un excès de graisses (friand au fromage, camembert...).

Les élèves répartis en groupes de 3 ou 4 établissent alors des menus sur une journée en prenant appui sur les recommandations du document 2, et éventuellement sur les pages 12 et 14 de la brochure de l'INPES « J'aime manger, j'aime bouger » (« J'aime le sucré » et « J'aime bien le fast-food »).
Les propositions de chaque groupe présentées sur de grandes affiches seront ensuite validées collectivement en utilisant les critères du document 2.

Elles pourront servir à produire la **trace écrite**, chaque élève recopiant la proposition qui lui plaît le plus sur le plan gustatif et indiquant les éléments de conformité avec les recommandations des nutritionnistes :

Consommer au moins 5 fruits et légumes par jour, consommer du pain, des pommes de terre ou des légumes secs à chaque repas, consommer des produits laitiers 3 fois par jour, consommer de la viande, de la volaille, des œufs ou du poisson 1 à 2 fois par jour, limiter la consommation de matières grasses ajoutées, limiter la consommation de produits sucrés, boire de l'eau, limiter la consommation de sel.

Prolongement

Matériel
Le document : « La télé et nos choix alimentaires » (doc. 3 à photocopier).

Organisation de la classe
Collectif.

L'enseignant peut amener les élèves à exercer leur esprit critique par rapport aux messages publicitaires des produits alimentaires. Un débat peut être lancé à partir du document 3, « La télé et nos choix alimentaires ».
Ce débat peut ouvrir sur une enquête pour dénombrer les publicités de produits alimentaires sucrés et riches en graisses diffusées pendant les émissions pour enfants.
Une analyse de certains spots publicitaires peut aussi être envisagée, ainsi qu'une évaluation de l'impact des messages sanitaires qui les accompagnent systématiquement depuis septembre 2006. Les élèves ont-ils remarqué ces messages qui correspondent aux recommandations du Programme national nutrition-santé ?

Remarques :
1) Ce travail sur l'alimentation peut s'inscrire dans un projet plus vaste d'éducation à la santé, en lien avec le projet d'école. Dans ce contexte, des actions diverses peuvent être programmées tout au long de l'année : découverte de la diversité des aliments et des saveurs en relation avec la semaine du goût, opération goûter en relation avec les parents d'élèves pour améliorer la qualité nutritionnelle de ce repas, découverte de la diversité des habitudes alimentaires en fonction des cultures…
2) La séance présentée ici n'aborde pas les conséquences des déséquilibres alimentaires sur la santé. Il n'est pas impossible à ce niveau de la scolarité de parler des problèmes de surpoids et d'obésité mais cela peut être délicat si certains élèves de la classe sont concernés. Par ailleurs, l'alimentation n'est pas seule en cause dans ces problèmes. En revanche, il peut être plus simple de faire le lien entre l'alimentation et l'hygiène dentaire. Pourquoi ne pas faire appel à un dentiste pour expliquer comment se forment les caries et quels sont les facteurs qui favorisent leur formation ?

Évaluation

Compétences évaluées

- Connaître les principaux constituants des aliments.
- Avoir un esprit critique sur les mentions portées sur les emballages alimentaires.
- Être capable d'identifier des comportements alimentaires favorables à la santé.

Corrigé

1.

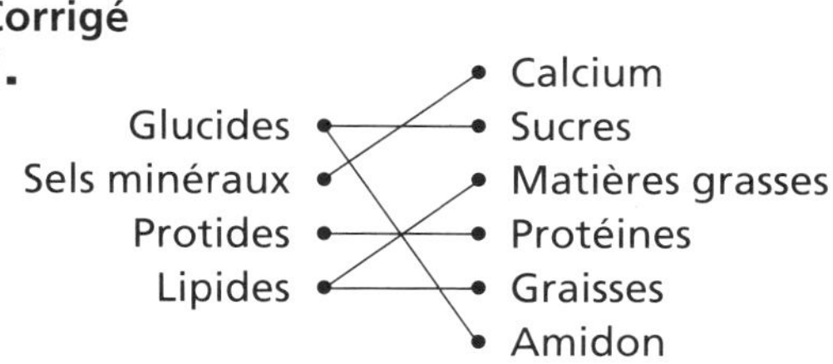

2. Un produit « sans sucre ajouté » peut contenir du sucre. Exemple : des compotes.

3. a) OUI.
b) NON. Les matières grasses sont nécessaires mais il ne faut pas en abuser.
c) OUI.
d) NON. On peut boire pendant et en dehors des repas.
e) OUI.
f) OUI.

Remarque : au-delà de l'évaluation des connaissances acquises par les élèves, il est aussi possible d'évaluer l'évolution des comportements alimentaires si plusieurs actions ont été conduites tout au long de l'année. Cette évaluation peut par exemple porter sur l'évolution du grignotage si celui-ci a constitué une préoccupation de santé majeure dans l'école et a motivé plusieurs actions. Un questionnaire reposant sur les questions posées par l'enseignant lors de l'étape 1 pourrait être proposé.

Comment bien se nourrir ?

Document 1

Produit	Nombre de morceaux de sucre*	Nombre de plaquettes de beurre**
1 petit paquet de chips (45 g)	0	2
½ paquet de biscuits apéritif salés	0	2
2 madeleines	1	1
4 biscuits Petit Beurre	1	1
2 tartines de pain + 1 noisette de beurre + 1 cuillère à café de confiture	2	1
1 barre chocolatée (50 g)	6	2
1 cône glacé	6	2
1 poignée de bonbons (7 bonbons)	7	0
6 barquettes pulpe d'abricots	4	0,5
1 cuillère à soupe de pâte à tartiner chocolatée	4	1
1 barre de céréales chocolat et lait	2	0,5
1 brioche aux pépites de chocolat	1	1
2 tranches de gâteau marbré chocolat	4	1,5
Céréales au chocolat (30 g)	2	0
4 carrés de chocolat au lait	2	0,5

À combien de morceaux de sucre et de plaquettes de beurre cet aliment est-il équivalent ?

* 1 morceau de sucre = 5 g de sucre
** 1 plaquette de beurre de 12,5 g = 10 g de lipides

Comment bien se nourrir ?

Document 2

VOS REPÈRES DE CONSOMMATION
CORRESPONDANT AUX OBJECTIFS DU PNNS

S'il est recommandé de limiter la prise de certains aliments, il n'est pas question d'en interdire la consommation. De temps en temps, on peut s'offrir un petit plaisir.

Fruits et légumes		au moins 5 par jour	• à chaque repas et en cas de petits creux • crus, cuits, nature ou préparés • frais, surgelés ou en conserve
Pains, céréales pommes de terre et légumes secs		à chaque repas et selon l'appétit	• favoriser les aliments céréaliers complets ou le pain bis • privilégier la variété
Lait et produits laitiers (yaourts, fromages)		3 par jour	• privilégier la variété • privilégier les fromages les plus riches en calcium, les moins gras et les moins salés
Viandes et volailles produits de la pêche et œufs		1 à 2 fois par jour	• en quantité inférieure à celle de l'accompagnement • viandes : privilégier la variété des espèces et les morceaux les moins gras • poisson : au moins 2 fois par semaine
Matières grasses ajoutées		limiter la consommation	• privilégier les matières grasses végétales (huiles d'olive, de colza...), • favoriser la variété • limiter les graisses d'origine animale (beurre, crème...)
Produits sucrés		limiter la consommation	• attention aux boissons sucrées • attention aux aliments gras et sucrés à la fois (pâtisseries, crèmes dessert, chocolat, glaces...)
Boissons		de l'eau à volonté	• au cours et en dehors des repas • limiter les boissons sucrées (privilégier les boissons *light*) • boissons alcoolisées : ne pas dépasser, par jour, 2 verres de vin (de 10 cl) pour les femmes et 3 pour les hommes. 2 verres de vin sont équivalents à 2 demis de bière ou 6 cl d'alcool fort
Sel		Limiter la consommation	• préférer le sel iodé • ne pas resaler avant de goûter • réduire l'ajout de sel dans les eaux de cuisson • limiter les fromages et les charcuteries les plus salés et les produits apéritifs salés
Activité physique		Au moins l'équivalent d'une demi-heure de marche rapide par jour	• à intégrer dans la vie quotidienne (marcher, monter les escaliers, faire du vélo...)

114 115

Extrait de la brochure « La santé vient en mangeant. Le guide alimentaire pour tous », INPES, 2002.

Repères de consommation selon le Programme national nutrition-santé.

Document 3

As-tu remarqué que tu as tout le temps envie de manger quand tu regardes la télé ? Pas étonnant avec tous ces spots publicitaires qui passent au moment de tes émissions préférées. Comme par hasard, c'est un défilé de barres chocolatées, de crèmes dessert, de glaces, de bonbons, de sodas... Est-ce qu'on n'essaierait pas de te manipuler un peu, par hasard ?

Extrait de la brochure « J'aime manger, j'aime bouger », INPES, 2005.

La télé et nos choix alimentaires.

8
Fiche activité 1

Comment bien se nourrir ?

Composition comparée de produits allégés et de produits classiques

Pour 100 g d'aliment	Aliment allégé	Aliment classique
Compote	« Compote sans sucre ajouté »	
– Calories (kcal)	67	90
– Glucides (g)	16	21
Brioche		
– Calories (kcal)	302	351
– Glucides (g)	48,7	55
– Lipides (g)	7,7	11
Chocolat au lait		
– Calories (kcal)	497	541
– Glucides (g)	51	56,5
– Lipides (g)	37	32
Soda		
– Calories (kcal)	0	39
– Glucides (g)	0,1	10
Yaourt aux fruits	« Yaourt 0% de matières grasses, 0% de sucre ajouté »	
– Calories	66	93
– Glucides (g)	10,6	13,10
– Lipides (g)	0,13	3,1
– Protides (g)	5,6	3,2

L'aliment allégé te paraît-il plus intéressant que l'aliment classique pour consommer moins gras et moins sucré ?
Explique pourquoi.

- Compote : ....

....

- Brioche : ....

....

- Chocolat au lait : ....

....

- Soda : ....

....

- Yaourt aux fruits : ....

....

Comment bien se nourrir ?

Analyse d'une journée de repas

Tom	Lucie	Alix
Petit déjeuner Chocolat au lait, pain, beurre **Déjeuner** Carottes râpées Filets de cabillaud aux tomates Riz Yaourt Pomme Eau, pain **Goûter** Une barre de céréales **Dîner** Pâtes bolognaises Salade verte Petit suisse Tarte aux abricots Eau, pain	**Petit déjeuner** Céréales, jus d'orange **Déjeuner** Quiche lorraine Poisson pané Haricots verts Poire Eau, pain **Goûter** Compote, pain, chocolat **Dîner** Pâté Salade verte Soufflé de potiron Orange Eau, pain	**Petit déjeuner** Chocolat au lait, céréales **Déjeuner** Friand au fromage Escalope de dinde Riz Camembert Flan Eau **Goûter** Pain au lait, chocolat **Dîner** Salade de pâtes Gratin de pommes de terre Banane Eau

**En te basant sur les repères de consommation du document 2,
dis ce que tu penses des repas de Tom, Lucie et Alix ?
Que pourrais-tu leur conseiller de manger en priorité le lendemain ?**

• Tom : ....

....

....

....

• Lucie : ....

....

....

....

• Alix : ....

....

....

....

Comment bien se nourrir ?

1. Relie les mots qui vont ensemble.

	• Calcium
Glucides •	• Sucres
Sels minéraux •	• Matières grasses
Protides •	• Protéines
Lipides •	• Graisses
	• Amidon

2. Un produit « sans sucre ajouté » est-il un produit qui ne contient pas de sucre ? Donne un exemple.

3. Parmi les conseils ci-dessous, lesquels sont à favoriser ?
Entoure OUI ou NON pour chaque proposition.
Dans le cas d'une réponse négative, justifie-la.

a) Consommer au moins 5 fruits et/ou légumes par jour.	OUI	NON
b) Ne pas consommer de matières grasses.	OUI	NON
c) Consommer des produits laitiers 3 fois par jour.	OUI	NON
d) Boire de l'eau uniquement pendant les repas.	OUI	NON
e) Limiter la consommation de produits sucrés.	OUI	NON
f) Manger des féculents à chaque repas.	OUI	NON

Le courant électrique : conducteurs et isolants

Informations pour l'enseignant

Qu'est-ce que l'électricité ?

Les deux grandeurs principales caractérisant l'électricité sont la tension électrique (unité : volt, symbole : V) et l'intensité du courant (unité : ampère, symbole : A).
Un courant électrique est un mouvement ordonné de charges électriques, généralement les électrons (particules gravitant autour du noyau des atomes et chargées négativement).
Un circuit électrique est constitué de plusieurs dipôles (dispositif électrique ayant deux bornes). Parmi ces dipôles, au moins un doit être un générateur (c'est-à-dire qu'il fournit de l'énergie aux autres composants du montage) et au moins un doit être un récepteur (lampe, moteur...).
Pour que le courant circule dans un circuit électrique, plusieurs conditions doivent être réunies :
- le circuit doit être fermé, c'est-à-dire former une boucle,
- le circuit doit contenir au moins un générateur (par exemple, une pile),
- le circuit ne doit être constitué que de matériaux conducteurs.

Matériel

Lors de cette séance, le matériel nécessaire sera :
- des piles (préférez des piles plates de 4,5 V, plus faciles à manipuler et de tension électrique suffisante) ;
- des lampes (attention les lampes doivent être adaptées en tension aux piles, des lampes 4,5 V brilleront correctement si elles sont alimentées par des piles 4,5 V) ;
- des fils électriques et éventuellement des pinces crocodiles pour assurer des liaisons solides entre les composants des montages ;
- des interrupteurs (non indispensables).

Conseils pour les manipulations

- Pour des raisons de sécurité, n'utilisez que des piles comme générateur. Il est extrêmement dangereux de faire des expériences avec la tension du secteur ou des batteries de voiture, par exemple.
- Pour observer des courants d'intensité faible, il est préférable d'utiliser une diode électroluminescente. Ce composant brillera même s'il n'est traversé que par un courant de très faible intensité. Attention, ce composant est polarisé (son fonctionnement dépend du sens du branchement) : il ne laisse passer le courant que dans un sens.
- N'hésitez pas à utiliser d'autres récepteurs : buzzers, petits moteurs électriques... Il est possible d'en acheter, mais on peut aussi en récupérer sur de vieux jouets fonctionnant à pile. ■

Lexique

Courant électrique continu : généré par des piles ou des batteries, il s'écoule toujours dans le même sens.
Courant électrique alternatif : il change de sens à intervalle régulier. C'est le cas du courant électrique issu du secteur, courant alternatif de fréquence 50 Hz (il se reproduit périodiquement 50 fois par seconde c'est-à-dire qu'il change de sens 100 fois par seconde).

Symboles

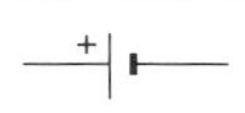

Symbole d'une pile.

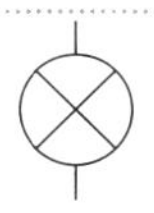
Symbole d'une lampe.

Symbole d'un interrupteur.

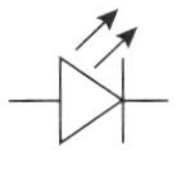
Symbole de la diode électroluminescente.

Conseils pédagogiques

• Le langage de l'électricité dans la vie quotidienne est victime de nombreuses simplifications. Malheureusement, ces simplifications entraînent des représentations fausses, souvent persistantes. Pour commencer à les surmonter, il ne faut pas hésiter à faire souvent manipuler les élèves.
Exemple : pour alimenter un appareil, on dira dans le langage courant que l'on « branche le fil électrique ». Cette représentation s'appelle la représentation unifilaire. Elle est renforcée par le fait que les fils des appareils sont contenus dans une gaine unique. Mais, dans la réalité, il y a deux fils entre le générateur et le récepteur.
• La sécurité électrique doit être un souci de formation. Il n'y a pratiquement aucun risque électrique lors des manipulations proposées dans cette séance. Par contre, il faut bien indiquer aux élèves que ces expériences ne sont pas reproductibles avec l'électricité du secteur, car elle est très dangereuse.
• La symbolisation électrique n'est pas obligatoire en cycle 3. Cependant, elle peut être utilisée profitablement pour schématiser les circuits et faire un premier travail d'abstraction scientifique. En fonction du ressenti avec la classe, c'est à l'enseignant de choisir la façon dont il souhaite que les élèves représentent les circuits électriques.

Pour approfondir les notions de matériau conducteur et d'isolant

En réalité, il est difficile de dire d'un corps s'il est conducteur ou isolant. On le caractérisera plutôt par sa résistance électrique (unité : ohm, symbole : Ω). Plus un corps a une résistance électrique faible, plus, lorsqu'il est soumis a une tension électrique donnée, il sera traversé par un courant d'intensité importante.
Un corps dont la résistivité électrique est faible sera considéré comme un conducteur, et un corps dont la résistivité est importante, comme un isolant.
La résistance électrique est susceptible de varier selon plusieurs paramètres et ce de façon très variable d'un matériau à l'autre.
Voici quelques exemples :
– De nombreux matériaux ont une résistance qui varie en fonction de la température (cette propriété est utilisée dans la fabrication de certains thermomètres électroniques, avec le platine entre autres).
– La résistance de certains matériaux varie en fonction de la force que l'on exerce dessus (c'est le principe des balances électroniques).
– La tension qu'on applique à certains objets en fait varier la résistance. C'est le cas du corps humain : sa résistance électrique est très élevée à basse tension (lorsque nous touchons les deux bornes d'une pile, quasiment aucun courant électrique ne nous traverse), mais faible à tension plus élevée. C'est également le cas de l'air qui devient passant lors des orages, quand la tension électrique entre le sol et les nuages devient très grande.
– La résistivité de certaines matières dépend également de leur composition chimique. Ainsi, l'eau pure est isolante ; elle devient conductrice si on y ajoute du sel.

Quelques sites Internet intéressants sur la sécurité

Les sites d'EDF et d'Hydro-Québec proposent des animations intéressantes et adaptées aux élèves en termes de sécurité électrique : www.edf.com et www.hydroquebec.com.

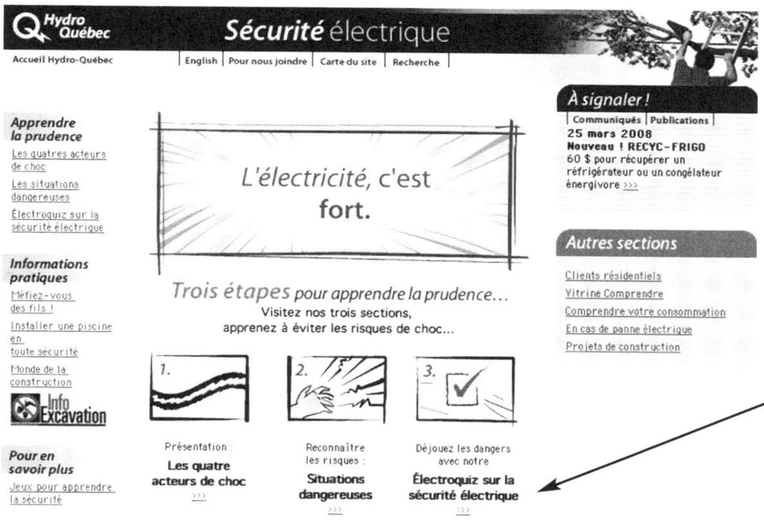

Quizz autocorrigé de niveau abordable (certaines questions sont tout de même un peu délicates pour un élève de CE2).

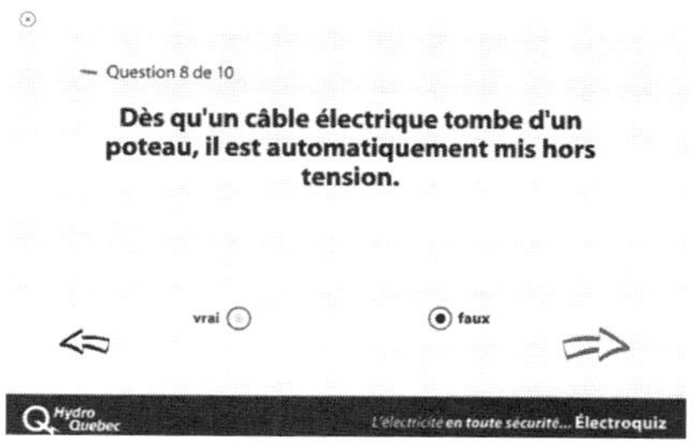

On peut trouver à cet endroit un jeu de recherche de situations dangereuses.

Hydroquebec.com.

Les exemples utilisables sur www.edf.com sont développés dans la suite de cette séquence. On y trouve également des quizz autocorrigés, avec des aides, des définitions des mot-clés, et des situations dangereuses à découvrir. Le tout est d'un niveau abordable en CE2.

Quelles sont les conditions pour établir un courant électrique dans un circuit ?

Compétences disciplinaires
- Connaître les principes élémentaires de fonctionnement de circuits électriques simples.
- Connaître l'utilisation des matériaux conducteurs et des matériaux isolants.
- Connaître des principes élémentaires de sécurité électrique.

Compétences méthodologiques
- Manipuler et expérimenter :
  – participer à la conception d'un protocole expérimental et le mettre en œuvre en utilisant les outils appropriés ;
  – développer des habiletés manuelles et techniques ;
  – percevoir la différence entre le réel et le virtuel.
- Effectuer une recherche en ligne.

Questionnement scientifique et technique
Tous les matériaux peuvent-ils être traversés par du courant électrique ?

Lexique
Conducteur, isolant.

Durée de la séance : 1 h 30 à 2 h.

Matériel
– Des piles plates de 4,5 V.
– Des lampes.
– Des fils électriques.
– Des pinces « crocodiles ».
– La fiche documents 1 : « Les symboles en électricité ».
– La fiche documents 2 : « Les dangers de l'électricité ».

Étape 1

Petit jeu visant à rappeler les connaissances de cycle 2

Organisation de la classe
Travail en petits groupes.

Connaissances acquises aux cycles précédents :
– Nécessité d'un générateur pour faire circuler du courant.
– Le circuit doit être fermé pour que le courant circule.

L'enseignant appuie sur l'interrupteur de la salle de classe, la lampe au plafond s'allume.
► Que s'est-il passé ? Pourquoi ?
► Pouvez-vous fabriquer un montage analogue avec le matériel que je mets à votre disposition ?

Conseils : pour éviter les courts-circuits intempestifs dans les montages des élèves (ou au moins les limiter), demandez-leur de faire le dessin du montage qu'ils veulent réaliser avant de les autoriser à le câbler.
Notons que si l'école ne dispose pas d'interrupteur, les élèves peuvent le simuler en mettant ou non un des fils reliés à la pile en contact avec cette dernière.
Voir schéma attendu (avec des symboles) page suivante.

Étape 2

Bilan de ce premier montage – Vocabulaire

Matériel
« Les symboles en électricité » (fiche doc. 1 à photocopier).

Organisation de la classe
Collectif.

Les élèves listent les conditions nécessaires pour faire briller la lampe :
– il faut une pile dans le montage,
– il faut que l'interrupteur soit fermé,
– il faut que le circuit soit fermé, c'est-à-dire que tous les composants du circuit soient reliés entre eux par des fils.

Remarque : le point délicat de cette étape est le vocabulaire. En effet, les élèves doivent dire « circuit fermé », « interrupteur fermé », « lampe » alors qu'habituellement, ils « ouvrent la lumière », ils « changent l'ampoule » (terme qui désigne la forme de l'objet et non sa fonction).

Approfondissement possible
S'il le souhaite, l'enseignant peut profiter de cette étape pour introduire les symboles électriques (fiche documents 1).
Cette introduction peut se faire après le commentaire collectif de certains dessins de circuits électriques que l'enseignant met au tableau. Par une discussion avec les élèves autour des commentaires des dessins, la classe pourra conclure :
– les dessins sont longs à faire,

- si on dessine mal, mon voisin risque de ne pas comprendre mon schéma,
- la forme ou la couleur des composants et des fils ne sont pas importantes, on peut réussir à refaire le schéma sans connaître ces indications.

Une discussion peut être engagée sur les informations nécessaires à connaître sur les composants en prenant l'exemple de la pile. Pour bien brancher la pile, il faut savoir le sens de branchement des bornes « + » et « – » de la pile, et non sa forme et sa couleur.

Les symboles sont alors présentés comme un langage commun simple où ne sont données que les informations strictement indispensables.

Schéma attendu (exemple)

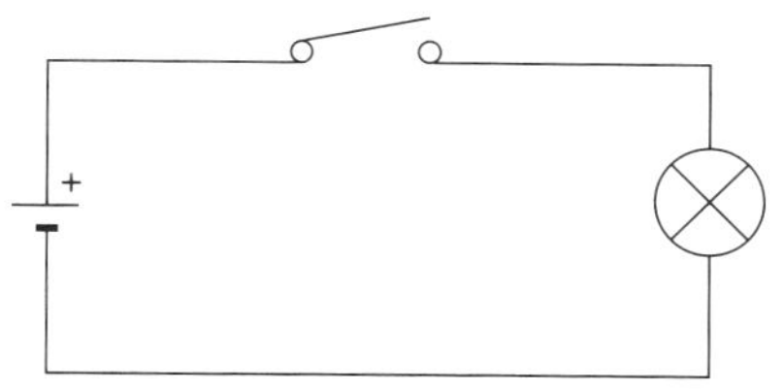

Étape 3

Petit défi pour construire la notion de conducteur et d'isolant

Matériel
Le même qu'à la première étape,
mais en enlevant un fil.

Organisation de la classe
Travail en petits groupes.

L'enseignant demande de refaire le montage de l'étape 1 à partir du schéma. Surprise ! Il manque un fil.

- Peut-on tout de même allumer la lampe ?
- Par quoi peut-on remplacer ce fil ?

Les élèves recherchent dans leur trousse, dans la classe, tout ce qui peut remplacer le fil. Ils consignent le résultat de leur recherche dans leur cahier (ils notent ce qui peut remplacer un fil et ce qui ne convient pas).

Étape 4

Bilan et mise en commun

Matériel
L'enseignant conserve l'un des montages
à titre d'exemple, afin de tester les solutions
proposées par les élèves.

Organisation de la classe
Collectif.

Les élèves indiquent à tour de rôle le résultat de leurs recherches ; l'enseignant note au tableau et vérifie expérimentalement au besoin.

Puis, l'enseignant lance la discussion :

- Pourquoi un objet laisse-t-il passer le courant électrique ?
- Comment le décrire ?

Cette discussion doit aboutir successivement aux notions suivantes :
Seuls certains objets métalliques, ou certaines parties des objets, laissent passer le courant.
Pour ne pas se limiter aux objets métalliques, et si aucun élève ne l'a trouvé, l'enseignant peut montrer que la mine d'un crayon laisse passer le courant électrique. Il peut également montrer que l'eau (quand on y ajoute du sel) laisse également passer le courant électrique.

Conclusion
C'est de la matière que dépend le passage du courant.

Les élèves donnent ensuite les définitions des termes conducteur et isolant (introduits par l'enseignant).

Définitions attendues
Conducteur : matière qui laisse passer le courant électrique.
Isolant : matière qui ne laisse pas passer le courant électrique.

Étape 5

Sensibilisation à la sécurité électrique

Matériel
« Les dangers de l'électricité »
(fiche doc. 2 à photocopier).

Organisation de la classe
Travail en groupes en fonction des ordinateurs disponibles dans l'école.

Cette étape, fortement recommandée par les programmes, peut également être menée avant ou après la séance. Les élèves peuvent travailler en autonomie.

Ils se connectent sur le site d'EDF (edf.com) ou l'enseignant les connecte en ayant au préalable enregistré l'adresse directe (il est également possible de trouver la bonne page en tapant « EDF ateliers jeunes » dans un moteur de recherche) : http://www.edf.com/407i/Accueilfr/LAtelierJeunes.html (sur la page d'accueil, choisir « jeunes » ; choisir alors « école », puis « L'école de l'énergie »).
Ils réalisent les jeux disponibles tout en complétant un questionnaire proposé sur la fiche documents 2.

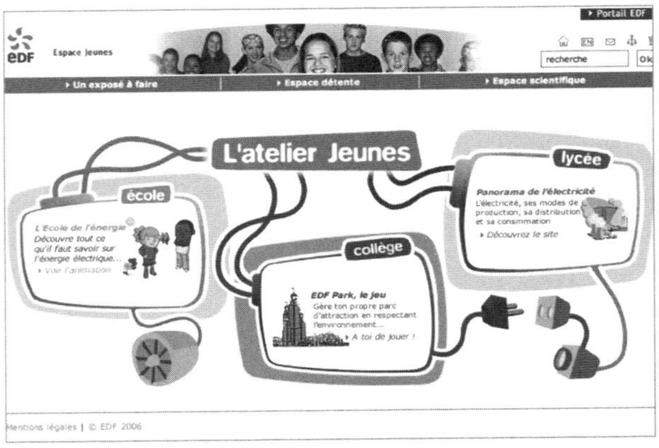

EDF / DR

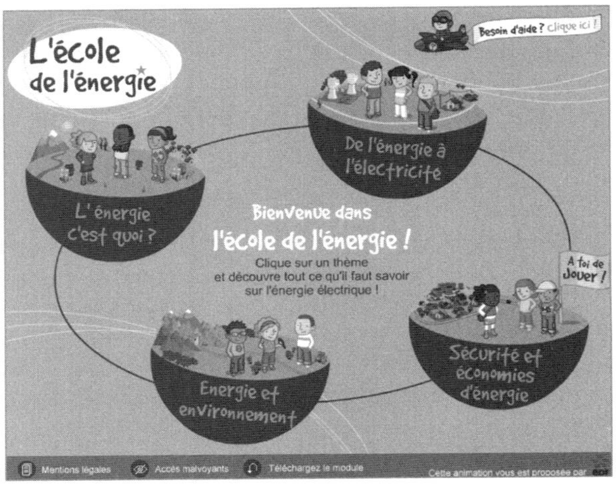

EDF / DR

Il serait tout à fait profitable de faire la correction en commun. Ainsi, une analyse collective orale des différentes situations retenues par les élèves peut être faite, leur permettant de débattre de chacune des situations.

Conclusion attendue

L'électricité délivrée par une prise électrique est très dangereuse ; elle peut provoquer des séquelles très graves voire la mort. On ne doit pas reproduire à la maison, avec les prises électriques, les expériences que l'on fait en classe avec des piles.

Notions à communiquer aux élèves

EDF, « Électricité de France », est une entreprise dont la spécialité est la fabrication et le transport de l'énergie électrique. L'électricité disponible lorsque l'on branche un appareil sur une prise murale est généralement produite par EDF en France, sauf pour les maisons ayant une source d'électricité indépendante, comme les panneaux solaires. ■

Évaluation

Compétences évaluées

- Savoir représenter un montage permettant de tester le caractère conducteur ou isolant d'un matériau (il s'agit d'un circuit que l'on ferme avec le matériau à tester).
- Savoir que les métaux sont conducteurs.

Les élèves remplissent individuellement la fiche évaluation.
Une correction est ensuite faite selon le déroulement paraissant le plus approprié à l'enseignant (collective, auto-correction, ou correction par l'expérience).

Corrigé

1.

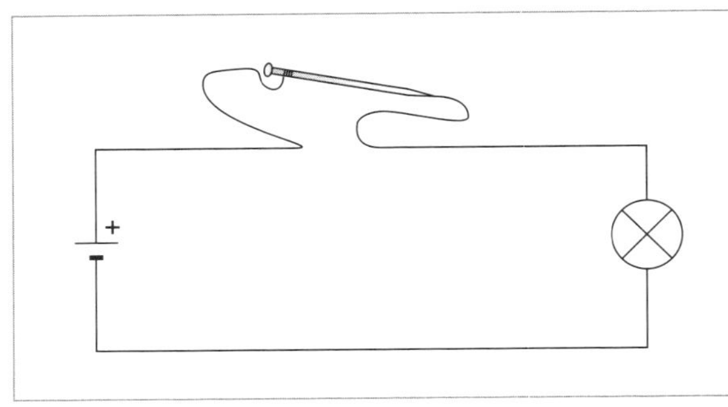

2.

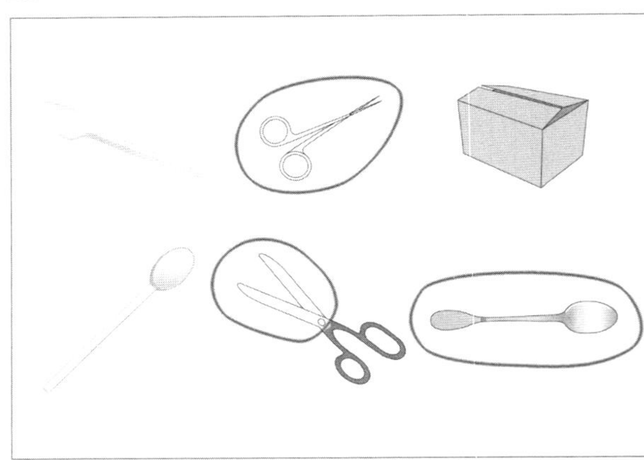

3. Les objets sont conducteurs s'ils sont constitués de métal.

Remarque : il est important que la réponse de l'élève à cette dernière question soit basée sur la notion de matière, cette question ayant pour but de vérifier que l'élève distingue bien objet et matière (connaissance à acquérir au cycle 3).

Le courant électrique

Les symboles en électricité

Ph. © Jupiter images / PhotoObjects

Lampe.

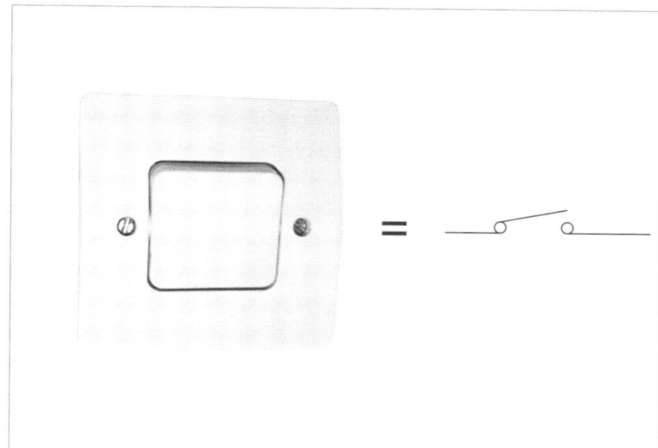

Ph. © Jupiter images / Imagestate

Interrupteur.

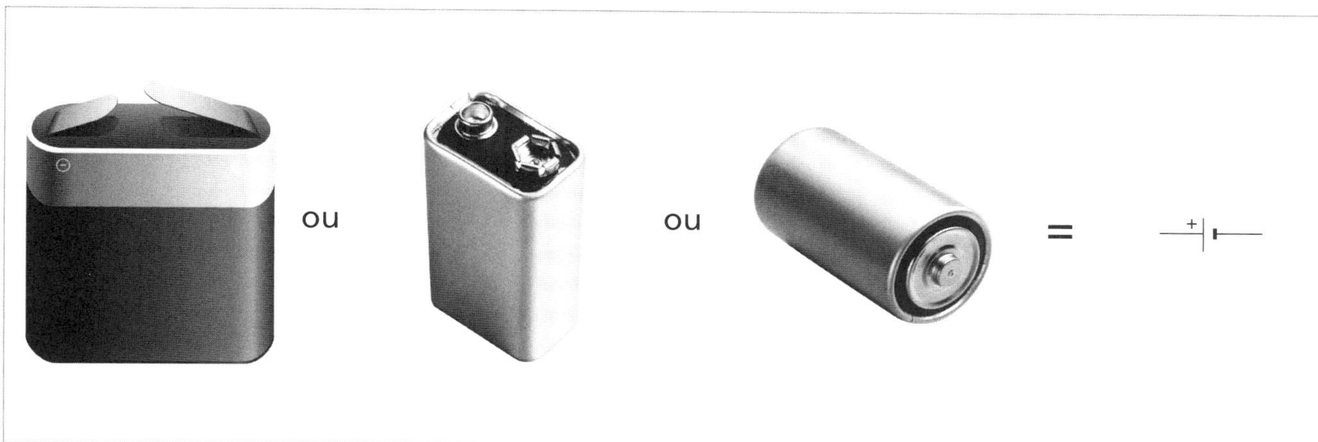

Ph. © Fotolia / Onidji (g) ; Ph. © Jupiter images / Polka Dot Images

Pile.

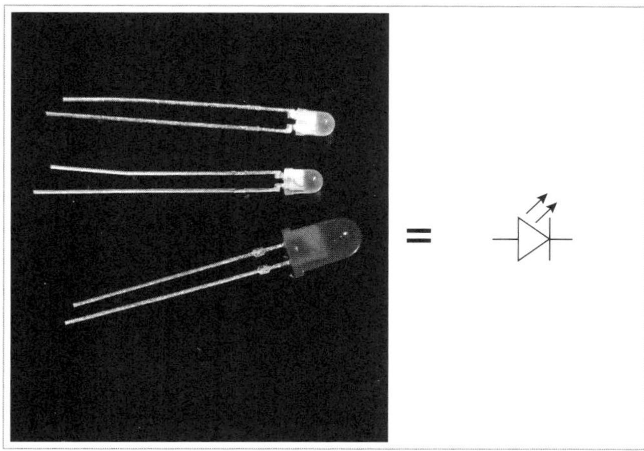

Ph. © Fotolia / Galster

Diode.

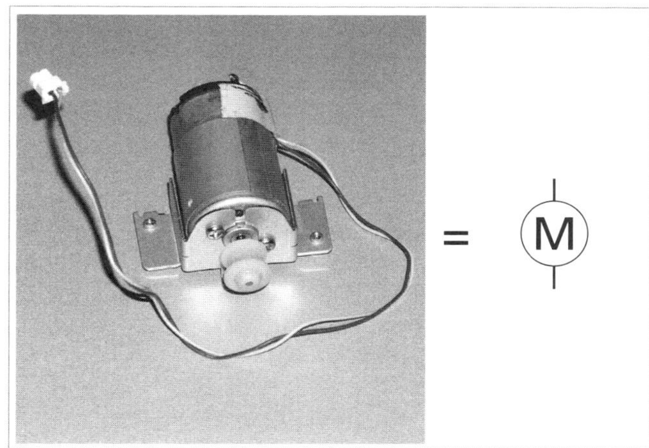

Ph. © M. Kluba

Moteur.

9
Fiche documents 2

Le courant électrique

Les dangers de l'électricité

Première étape :

Connecte-toi sur le site d'EDF (il s'agit de l'atelier Jeunes – école).

EDF / DR

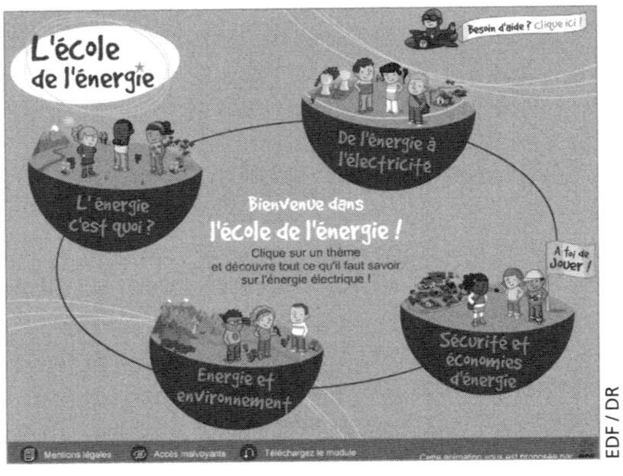

EDF / DR

Deuxième étape :

Effectue les trois questionnaires du site :

EDF / DR

Troisième étape : ce que tu en retiens

- Que sais-tu d'EDF ?

....

....

- Cite des exemples de situations dangereuses que tu as vues sur le site.

....

....

....

....

- Peux-tu, à la maison et avec une prise électrique, refaire les expériences menées à l'école avec des piles ? Explique pourquoi.

....

....

....

....

9
Fiche évaluation

Le courant électrique : conducteur ou isolant ?

1. Dessine un montage permettant de tester la conductivité du clou.

2. Ces matériaux sont-ils conducteurs ou isolants ? Entoure les objets conducteurs.

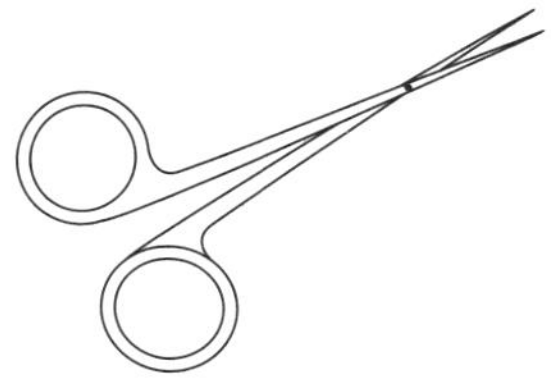

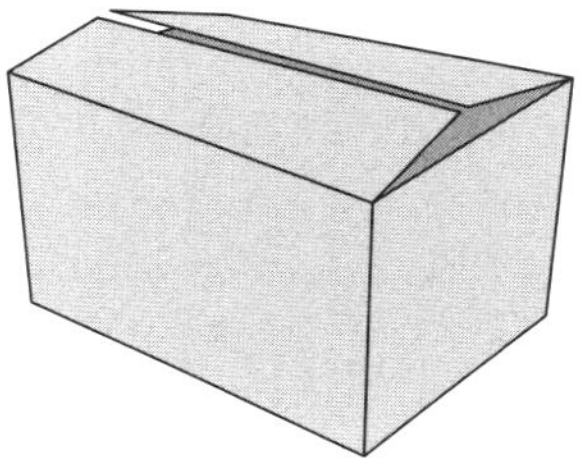

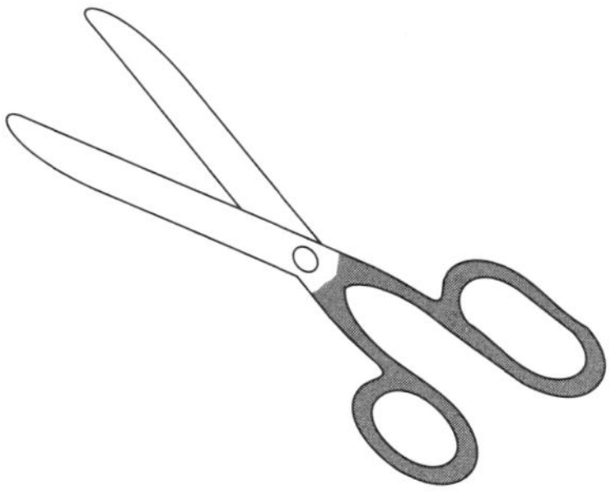

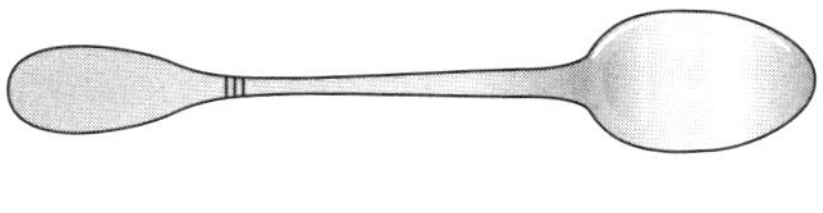

3. Explique comment tu as choisi.

....

....

....

10

Circuits électriques (parallèles et en série)

Informations pour l'enseignant

Remarques : cette séance est à réaliser après la séquence 9, « Conducteurs et isolants ». Elle permet de réinvestir les connaissances relatives aux circuits fermés et d'introduire d'autres possibilités de montages.
La sécurité électrique doit être évoquée également dans cette séquence.
Les symboles utilisés dans cette partie ont été définis lors de la séquence 9.

Deux stratégies de montage

Dans nos foyers, l'énergie électrique est généralement fournie par le réseau électrique appelé secteur. Deux fils électriques sont tirés jusqu'à notre foyer. Avec ces deux fils nous devons alimenter tous nos appareils électriques.
C'est pour modéliser et finalement comprendre les montages domestiques qu'est enseigné ce chapitre. Le problème technique transposé au matériel de cycle 3 devient : « Comment alimenter plusieurs lampes avec une seule pile ? » Tout d'abord, proposons les solutions à cette question pour un montage avec deux lampes.

- **Le montage en série**

Comme son nom l'indique, dans ce montage, la deuxième lampe est branchée en série avec la première ; elles sont l'une derrière l'autre. Ce montage n'est constitué que d'une boucle. Si on débranche une des lampes du montage, le circuit est alors un circuit ouvert, l'autre lampe ne brille plus non plus.

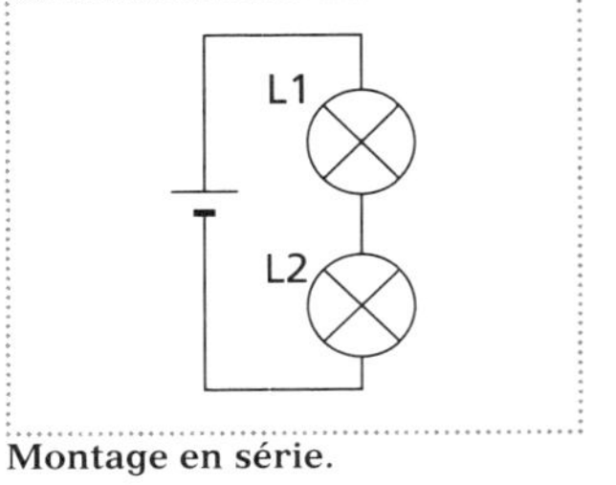

Montage en série.

- **Le montage en parallèle (ou en dérivation)**

Dans ce montage, chacune des lampes est reliée aux deux bornes de la pile, comme si elle était seule dans le montage. Il y a plusieurs boucles de courant. On dit que les lampes sont branchées en dérivation. Si on débranche une des lampes, l'autre continue de fonctionner normalement.

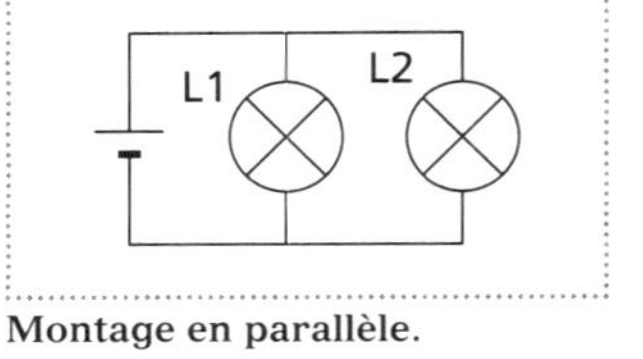

Montage en parallèle.

On peut envisager ces mêmes montages avec plus de deux lampes :

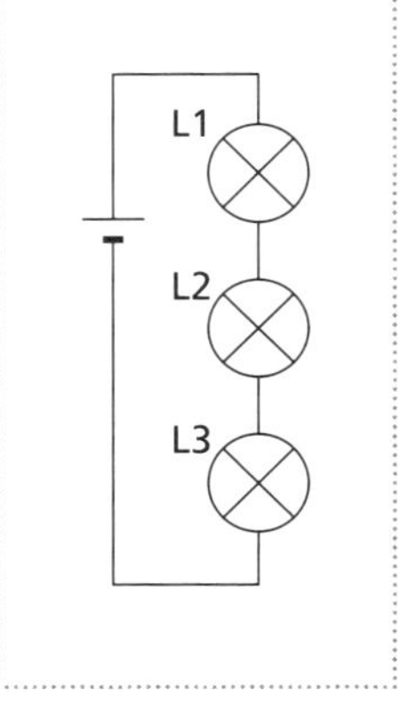

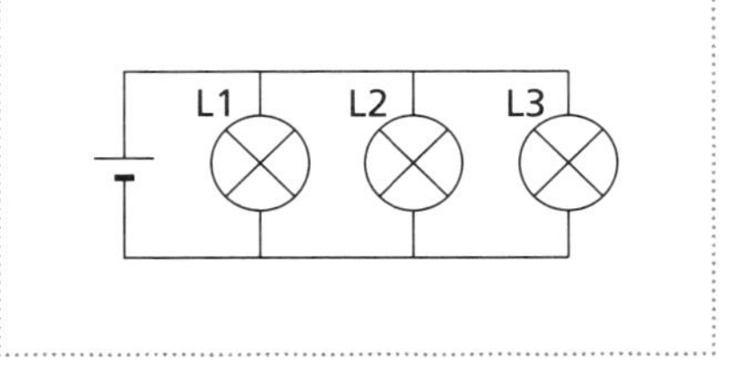

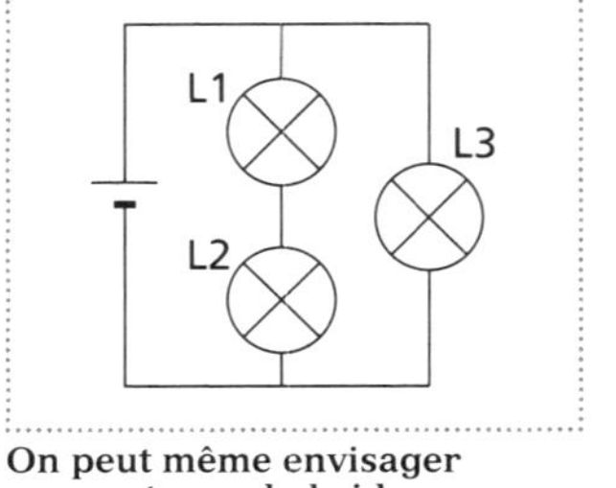

On peut même envisager un montage « hybride », en série et en parallèle.

Les lois de l'électricité régissant ces montages

Attardons-nous sur les montages à deux lampes[1].

• Montage en série

Lorsqu'on branche en série deux lampes sur une pile, on constate que chacune des lampes brille plus faiblement que si elle était branchée seule sur la pile. Ceci est dû au fait que la tension de la pile se divise (ou se répartit) sur les deux lampes. Chacune des lampes reçoit donc une portion des 4,5 V de la pile. Autrement dit, les deux lampes se partagent les 4,5 V de la pile. De ce fait, les lampes sont « sous-voltées », c'est-à-dire que la tension électrique à leurs bornes n'est plus suffisante pour qu'elle brillent normalement. Ce phénomène est d'autant plus visible si l'on branche plus de deux lampes en série.

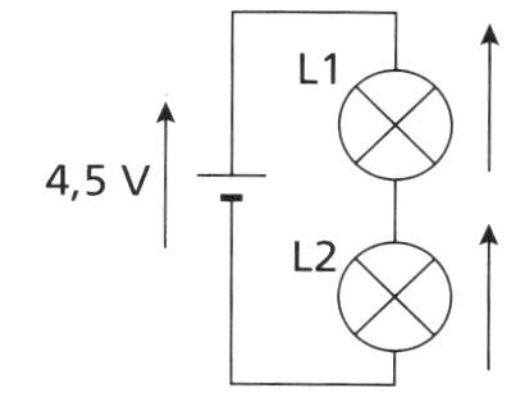

Flèche symbolisant la tension aux bornes de la lampe. Cette tension est une portion des 4,5 V de la tension de la pile.

• Montage en parallèle

Cette fois-ci, quel que soit le nombre de lampes branchées en dérivation, toutes brillent correctement. En effet, chaque lampe a ses bornes reliées aux bornes de la pile, comme si elle était seule dans le montage. Donc, chaque lampe est adaptée en tension à la pile.
Par contre, et il est aisé de le comprendre par un raisonnement énergétique, la pile s'use plus vite car elle doit alimenter « normalement » deux lampes. Elle fournit donc deux fois plus d'énergie que s'il n'y avait qu'une seule lampe branchée à ses bornes.
Ce phénomène se traduit au niveau de l'intensité du courant. La pile fournit le courant normal à la première lampe (on appelle cette valeur « courant nominal ») et elle fournit le courant normal à la second lampe ; au total, elle est fournit deux fois plus de courant que s'il n'y avait qu'une lampe de branchée. C'est pour cette raison qu'il est dangereux de brancher un nombre trop important d'appareils sur une même multiprise : l'intensité du courant peut devenir trop importante et les fils chauffer jusqu'à fondre, voire déclencher un incendie.

Le cas particulier du court-circuit

On a affaire à un court-circuit lorsque les deux bornes d'un générateur ou d'un récepteur sont reliées par un fil. La tension aux bornes du dipôle devient alors 0 V.
Si le dipôle est un récepteur, comme une lampe, il s'éteint. Si le dipôle est un générateur, l'intensité du courant issu de la pile devient très grand – la pile se décharge très vite – afin d'avoir 0 V à ses bornes. Si l'intensité du courant devient très grande, ce qui peut être le cas avec le secteur EDF, il y a alors risque d'incendie.

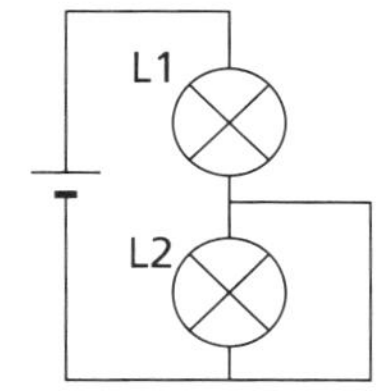

La lampe 2 est court-circuitée, elle ne brille pas. De ce fait, la lampe 1 se retrouve avec ces deux bornes directement reliées à la pile, elle brille donc normalement (et non plus faiblement comme dans ce montage en série lorsqu'il n'y a pas court-circuit).

À quoi servent ces montages ?

Le montage en série est peu utilisé, si ce n'est pour certaines guirlandes électriques.
Le montage en parallèle est utilisé dans la plupart des applications, à commencer par la maison, mais aussi dans la voiture (une seule batterie pour tous les éléments électriques). On le trouve également dans plusieurs applications réalisables en classe : une maison éclairée (voir fiche activité 2), une voiture électrique (phares branchés en dérivation sur la source d'énergie)...

---

1. Les constatations et explications qui vont suivre sont facilement transposables aux montages à 3 lampes et plus.

Comment allumer plusieurs lampes avec une seule pile ?

Compétences disciplinaires

- Savoir allumer au moins deux lampes à l'aide d'une pile.
- Distinguer montage en série et montage en dérivation.

Compétences méthodologiques

- Pratiquer une démarche d'investigation : savoir observer, questionner, formuler une explication possible (hypothèse), en utilisant éventuellement un modèle simple et chercher à la valider.
- Manipuler et expérimenter : participer à la conception d'un protocole expérimental et le mettre en œuvre en utilisant les outils appropriés.

Lexique

Dérivation, série.

Durée de la séance :

2 h + 1 séance optionnelle de réalisation d'un objet technique.

Matériel

- Des piles plates de 4,5 V.
- Des lampes.
- Des fils.
- Des pinces « crocodiles ».
- Une guirlande électrique.
- Un ou deux rouleaux d'aluminium.
- Des boîtes en carton (type boîte à chaussures).
- Une fiche activité « Des dispositifs électriques ».
- Une fiche activité « Construction d'une maison électrique ».

Étape 1

Naissance du questionnement
Appropriation du sujet

Organisation de la classe

Collectif.

Situation d'entrée possible : l'enseignant présente plusieurs appareils, dont une guirlande électrique et un plafonnier avec plusieurs lampes (ou tout simplement plusieurs lampes de bureau branchées ensemble sur une multiprise).

Une discussion en classe entière est alors menée :

- D'où vient l'électricité ? *De la prise électrique.*
- Combien de sources d'électricité existe-t-il ? *Une seule.*
- Combien de dispositifs alimentés connaissez-vous ? (L'enseignant peut s'amuser à faire compter aux élèves le nombre de lampes qu'il y a dans la classe.)

L'idée qui doit émerger de cette discussion est que plusieurs appareils peuvent être alimentés par une seule source.

L'enseignant énonce la question de la séance :

- Comment peut-on alimenter plusieurs lampes avec une seule pile ?

Étape 2

Essais

Matériel

- Des piles plates de 4,5 V.
- Des lampes.
- Des fils.
- Des pinces « crocodiles ».

Organisation de la classe

Travail individuel puis en groupes.

L'enseignant demande aux élèves de dessiner un montage permettant d'allumer deux lampes avec une seule pile.

Les élèves sont ensuite répartis en groupes. L'enseignant leur demande de tester les différents montages et d'indiquer ceux qui fonctionnent. Les élèves dessinent sur leur cahier d'expériences le schéma des montages qui ont permis aux deux lampes de s'allumer.

Étape 3

Bilan des montages corrects

Matériel

Le même qu'en étape 2.

Organisation de la classe

Collectif.

L'enseignant envoie deux élèves au tableau dessiner leurs montages ; il choisit un élève ayant un montage

en parallèle et un élève ayant un montage en série. Si un groupe d'élèves pense avoir trouver un troisième montage, il ne faut pas hésiter à envoyer ce dernier le dessiner au tableau.
Puis la discussion est orientée sur les aspects des montages.

- Comment sont câblés les montages ?

L'enseignant donne le vocabulaire « série » et « dérivation » lors de cette mise en commun.

Remarque : si aucun groupe ne trouve le montage en parallèle, la correction n'a lieu au tableau que pour le montage en série.

À l'issue de cette correction, l'enseignant fait remarquer :

- Et si une lampe grille, ou si on l'enlève, que se passe-t-il ?

Les élèves constatent que l'autre lampe s'éteint.

- Est-ce le cas pour les lampes de la maison ?

Le maître demande alors aux élèves de rechercher un montage où les deux lampes brillent et il ajoute la contrainte suivante :

- Sur le nouveau montage, si on enlève une des deux lampes, l'autre doit continuer à briller.

Les élèves recommencent leur travail de recherche en groupe.

Étape 4

Caractérisation des montages

Matériel
Le même que précédemment.

Organisation de la classe
Par groupes.

Montages en série et en dérivation sont schématisés au tableau.
Les questions que pose l'enseignant sont maintenant les suivantes :

- Ces deux montages ont-ils le même fonctionnement ?
- Que se passe-t-il si on retire une lampe ou si une lampe grille ?
- À la maison, quel est le montage utilisé pour brancher les appareils à la prise ?

Chaque groupe d'élèves réalise les deux montages. Les élèves constatent que les lampes branchées en série brillent moins fort que les lampes branchées en parallèle. De plus, pour le montage en série, si on retire une lampe, l'autre s'éteint.

Suite à la remarque de l'étape précédente : évidemment, si c'est la situation évoquée dans la remarque de l'étape précédente qui a lieu, il convient également d'adapter cette étape.

Étape 5

Application des connaissances à l'étude de dispositifs techniques existants

Matériel
- La fiche activité 1 :
  « Des dispositifs électriques » (à photocopier).
- Une guirlande électrique.

Organisation de la classe
Travail individuel puis collectif.

L'enseignant distribue la première fiche d'activité et chacun y répond individuellement.

Une correction collective est réalisée. L'enseignant peut illustrer la correction par des manipulations sur des dispositifs réels (guirlande, lampes).
Lors de ces manipulations, il veille à souligner leur caractère dangereux. Il insiste sur le fait que seul un adulte peut le faire. Il met en valeur le fait qu'il retire une lampe de la guirlande électrique seulement quand celle-ci est débranchée. Il ne manipule aucun dispositif branché au secteur devant les élèves, et explicite bien la dangerosité de tels actes.
Remarque : la fiche sécurité de la séquence 9 (Conducteurs et isolants) peut également être traitée dans cette étape.

Correction

1. a) **Guirlande** :
Nombre de lampes : 12.
Nombre de source d'énergie : 1 (prise électrique).
Si une lampe grille ou si on la débranche : toutes les lampes s'éteignent.
Type de montage : en série.
b) Phares :
Nombre de lampes : 2.
Nombre de source d'énergie : 1 (batterie de la voiture).
Si une lampe grille ou si on la débranche : l'autre reste allumée.
Type de montage : en dérivation.
c) Plafonnier :
Nombre de lampes : 4.
Nombre de source d'énergie : 1 (prise électrique).
Si une lampe grille ou si on la débranche : les autres restent allumées.
Type de montage : en dérivation.

2. Si on enlève une lampe dans un circuit en série, le circuit est alors ouvert. Donc le courant ne peut plus circuler, la seconde lampe s'éteint. Ça n'est pas le cas dans un circuit en dérivation.

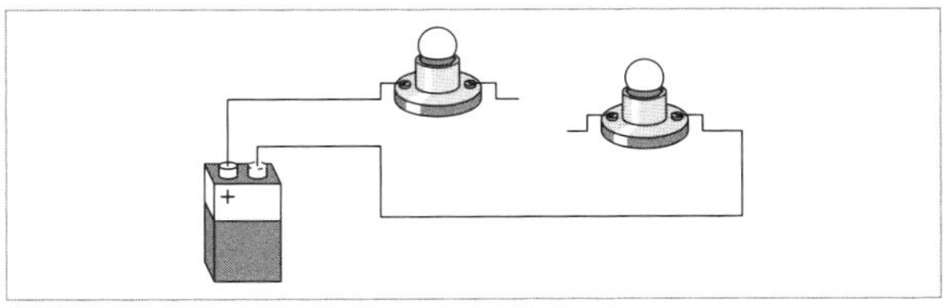

Série.

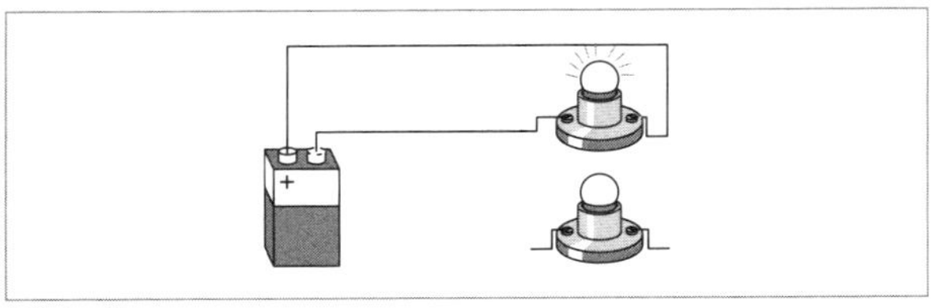

Dérivation.

Remarque : le choix d'utiliser soit des schémas avec symboles soit des dessins est laissé à l'enseignant. Rappelons que l'usage des symboles n'est pas obligatoire en cycle 3. Utiliser les symboles paraît important dans la séquence précédente (conducteurs et isolants) pour mettre en évidence la notion de circuit fermé, mais il l'est moins ici. L'avantage du dessin par rapport aux schémas est de montrer les lampes allumées et les lampes éteintes.

Évaluation

Compétences évaluées

- Savoir représenter un montage en dérivation et un montage en série.
- Connaître les dangers de l'électricité.

Les élèves remplissent individuellement la fiche évaluation.
Une correction est ensuite faite selon le déroulement paraissant le plus approprié à l'enseignant (collective, auto-correction, ou correction par l'expérience).

Corrigé

1. En série :

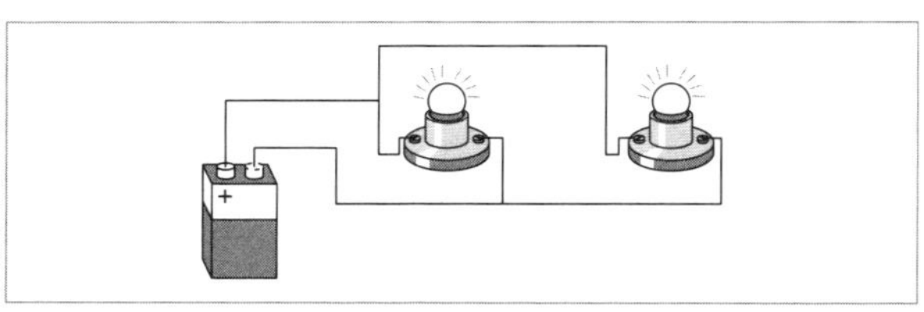

2. En dérivation :

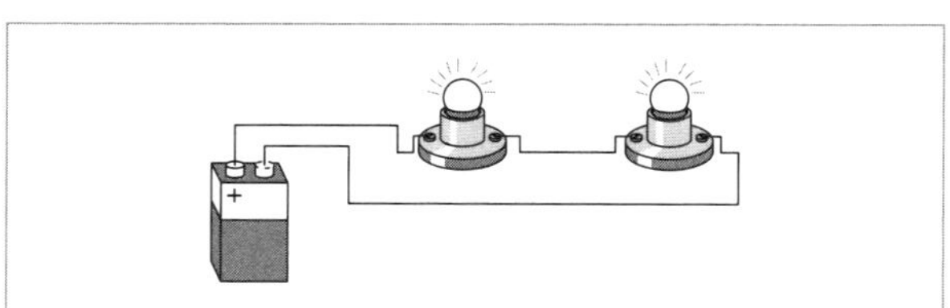

3. **a)** Les autres continuent de briller.
b) Il s'agit donc d'un montage en dérivation.
c) Si on branche trop d'appareils sur une multiprise, cela peut être dangereux car les fils vont chauffer ; ils peuvent alors fondre ou provoquer un incendie.

Prolongement

Une réalisation technique : la maison électrique

Matériel

- Des piles plates de 4,5 V.
- Des lampes.
- Des fils.
- Des pinces « crocodiles ».
- Une guirlande électrique.
- Un ou deux rouleaux d'aluminium.
- Des boîtes en carton (type boîte à chaussures).
- De la bande adhésive et de la colle.
- La fiche activité 2 :
  « Construction d'une maison électrique ».
- Des supports à lampes, sans être nécessaires, peuvent s'avérer très pratiques car ils permettront de fixer les lampes plus facilement sur le carton.

Organisation de la classe

Travail par groupes (ou individuel si les conditions matérielles le permettent !).

L'enseignant distribue la fiche aux élèves. Il présente le matériel, notamment l'aluminium qui va jouer le rôle de fil conducteur.
Son rôle lors de cette étape est de relancer les élèves bloqués.

Schémas attendus

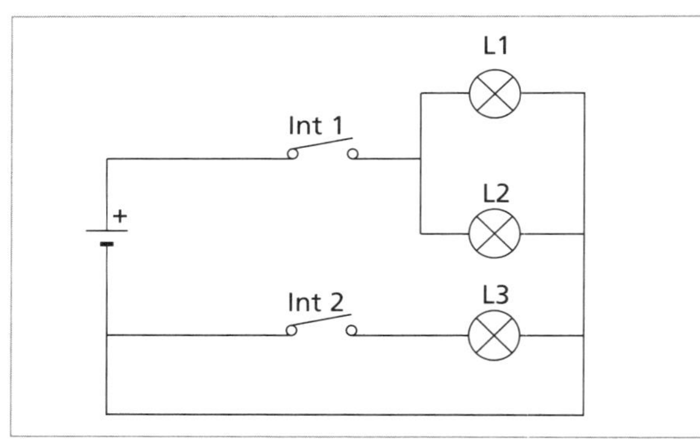

Int 1 : interrupteur réalisé par les volets.
Int 2 : interrupteur réalisé par la porte.
L1 et L2 : lampes à l'intérieur de la maison.
L3 : lampe à l'extérieur de la maison.

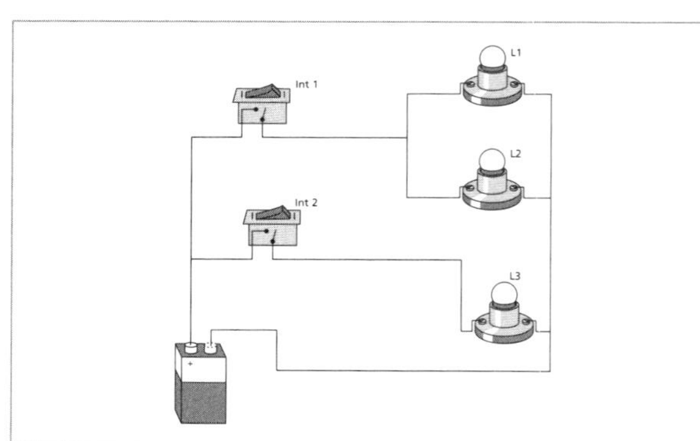

Int 1 : interrupteur réalisé par les volets.
Int 2 : interrupteur réalisé par la porte.
L1 et L2 : lampes à l'intérieur de la maison.
L3 : lampe à l'extérieur de la maison.

Circuits électriques

Des dispositifs électriques

1. Observe chacune de ces photographies et demande-toi :

- combien il y a de lampes ;
- combien il y a de générateurs électriques et quel est-il (ou quels sont-ils) ;
- que se passe-t-il si on débrancheune lampe ;
- quel est le type de montage utilisé ?

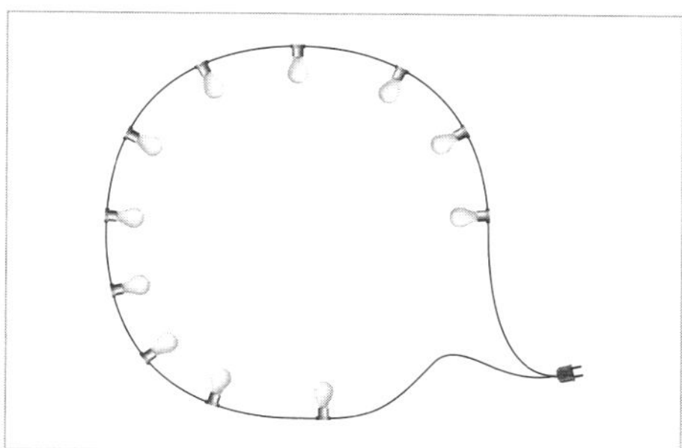

a) Guirlande électrique

Nombre de lampes : ....

Nombre de sources d'énergie : ....

Si une lampe grille ou si on la débranche,
que se passe-t-il ? ....

....

Type de montage : ....

Ph. © Corbis / B. Benedict / Transtock

b) Phares de voiture

Nombre de lampes : ....

Nombre de sources d'énergie : ....

Si une lampe grille ou si on la débranche,
que se passe-t-il ? ....

....

Type de montage : ....

Ph. © Jupiter images / Ablestock

c) Plafonnier

Nombre de lampes : ....

Nombre de sources d'énergie : ....

Si une lampe grille ou si on la débranche,
que se passe-t-il ? ....

....

Type de montage : ....

2. Explique pourquoi, lorsqu'on enlève une lampe dans le circuit en série, l'autre lampe s'éteint. (Tu peux faire un schéma au dos de la feuille.)

....

....

10
Fiche évaluation

Circuits électriques
Série et dérivation

1. Alimente les deux lampes avec la pile en les branchant en série.

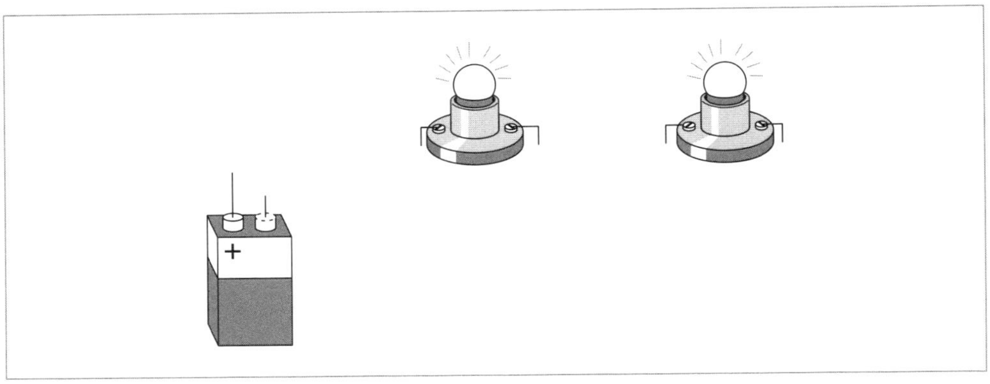

2. Alimente les deux lampes avec la pile en les branchant en dérivation.

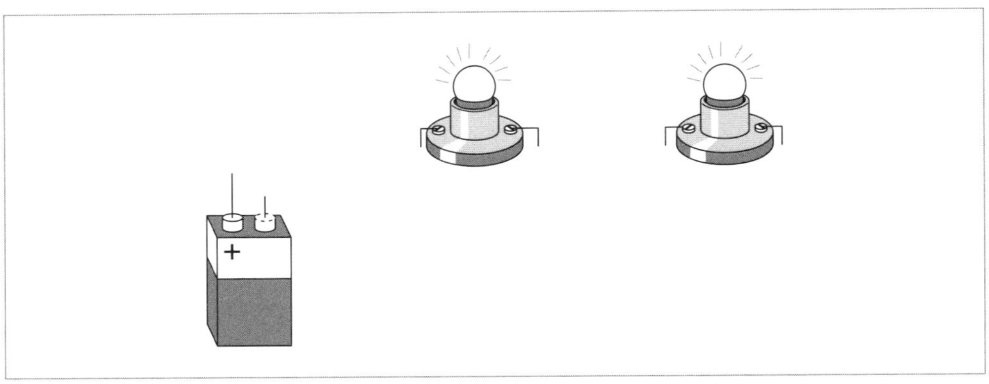

3. Ces lampes sont branchées à la prise électrique par une multiprise.

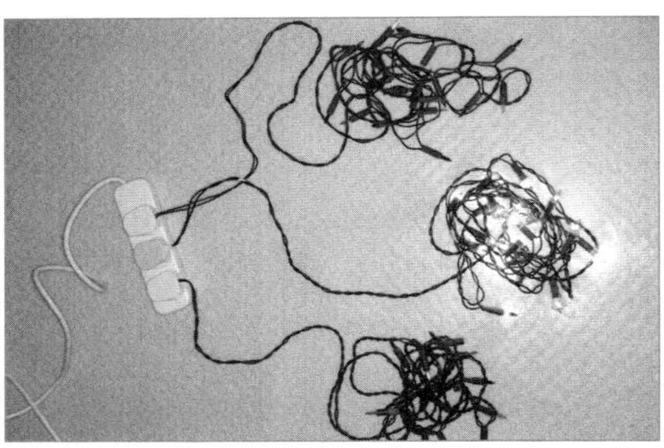

Ph. © Corbis / Moodboard

a) Que se passe-t-il si une seule d'entre elles grille :
les autres lampes continuent-elles à éclairer ? ....

b) Ces lampes sont-elles branchées en parallèles ou en série ? ....

c) Est-ce correct de brancher trop d'appareils sur une multiprise ? Explique pourquoi.
(Tu peux répondre au dos de la feuille.)

....

....

....

....

Circuits électriques

Construction d'une maison électrique

Votre mission :

À l'aide du matériel à disposition, vous devez réaliser une maison équipée de :

- une lampe extérieure qui s'allume lorsqu'on ferme la porte,
- deux autres lampes qui s'allument en même temps lorsqu'on ferme les volets.

Si une lampe grille, ou si on l'enlève, les autres lampes doivent continuer à briller correctement.

Pour fabriquer votre maison, vous disposez de :

- une seule pile,
- trois lampes,
- une boîte en carton,
- de l'aluminium qui va jouer le rôle de fil,
- de la bande adhésive et/ou de la colle.

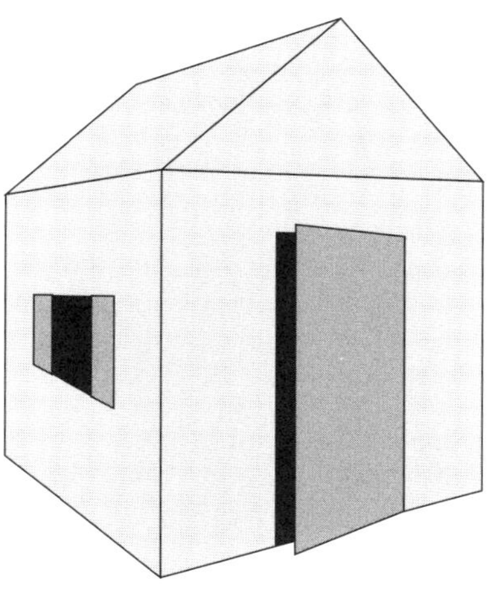

Dessinez le schéma électrique à réaliser.

Les leviers

Informations pour l'enseignant

« Donnez-moi un point d'appui et je soulèverai le monde » disait Archimède (Grec, - 287 à - 212 av. J.-C.). Cette remarque très pédagogique a le mérite de pointer l'intérêt d'un levier.

Un levier est constitué d'un axe rigide avec un point d'appui appelé pivot.

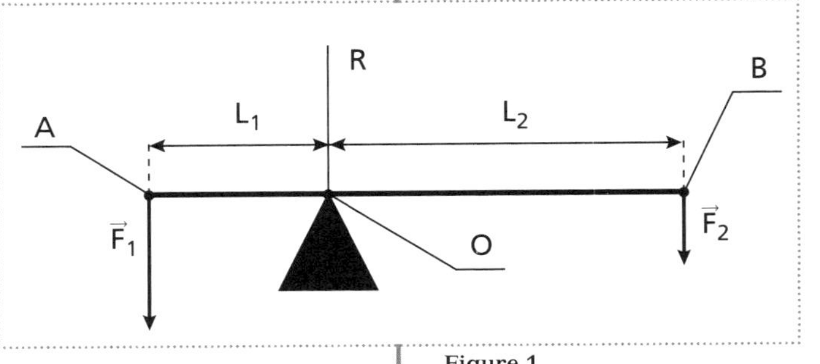

Figure 1.
Point O : pivot.
AB : axe du levier.
L1 : distance entre le pivot et le point d'application de la force F1.
L2 : distance entre le pivot et le point d'application de la force F2.

Au point A, on dispose une charge lourde qui exerce son poids sur l'axe (représenté par la force F1 ou $\vec{F}_r$), au point B on exerce une force, que l'on appellera motrice (notée F ou $\vec{F}_m$) afin de soulever la charge.
Selon la position du pivot, l'effort (ou force) à fournir pour soulever la charge sera plus ou moins important. Si la distance L2 est très supérieure à la distance L1 (pivot très près de la charge), alors un effort (ou force) faible suffira à soulever une charge très lourde. Ceci justifie la citation d'Archimède et l'objectif principal fixé par les programmes (documents d'accompagnement).
Les leviers trouvent de très nombreuses applications dans la vie quotidienne, comme en témoignent les documents ci-dessous.
Il existe trois catégories de levier appelées catégories 1, 2 et 3.
On note $\vec{F}_m$ la force motrice, c'est-à-dire celle qu'exerce l'utilisateur du levier, et $\vec{F}_r$ la force résistante, c'est-à-dire celle qu'exerce l'objet à déplacer.

Levier de catégorie 1 : le pivot se trouve entre la charge et le point où est appliquée la force motrice.

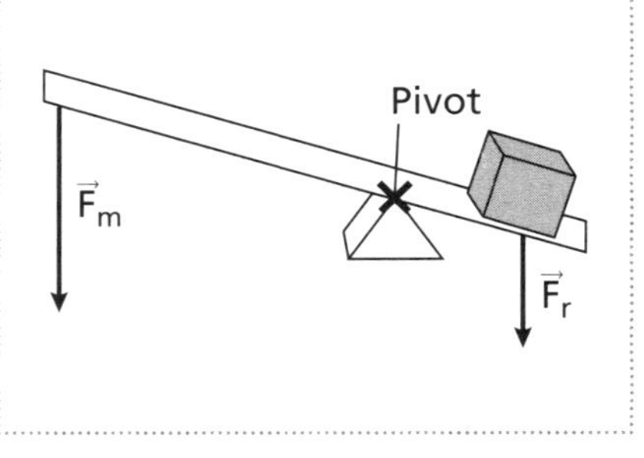

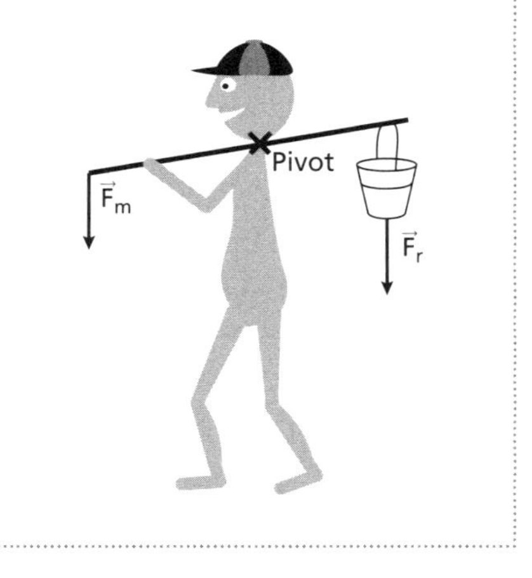

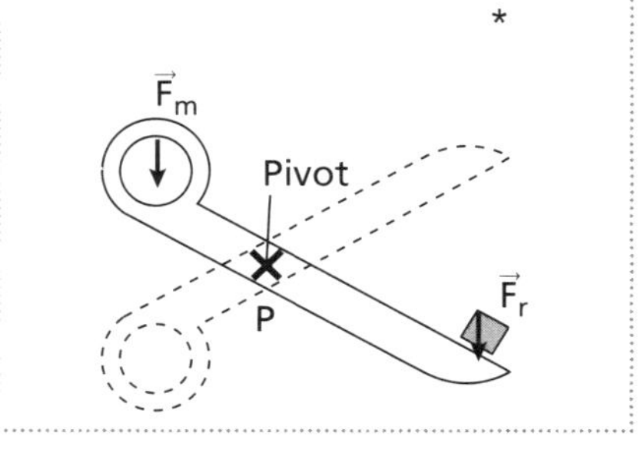

Levier de catégorie 2 : la charge se trouve entre le pivot et le point où est appliquée la force motrice.

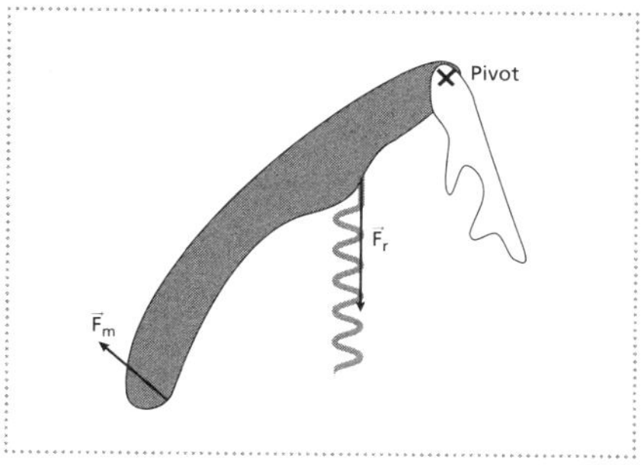

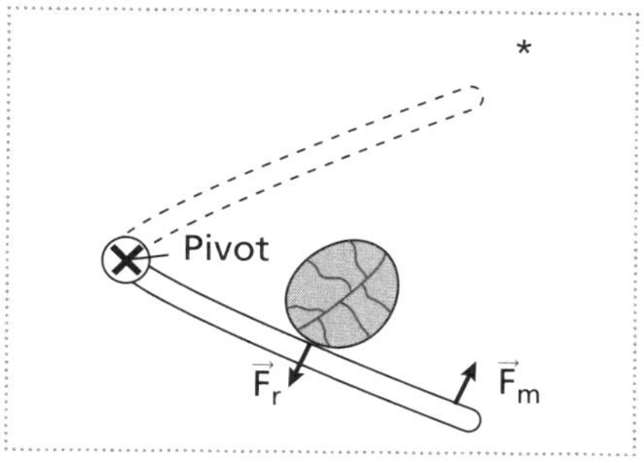

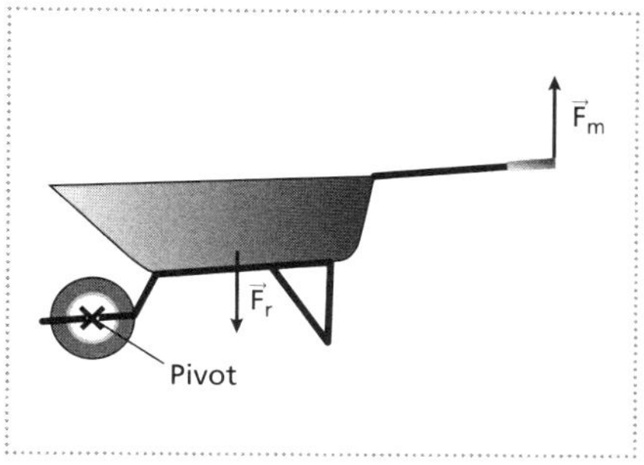

Levier de catégorie 3 : la force motrice est appliquée entre la charge et le pivot.

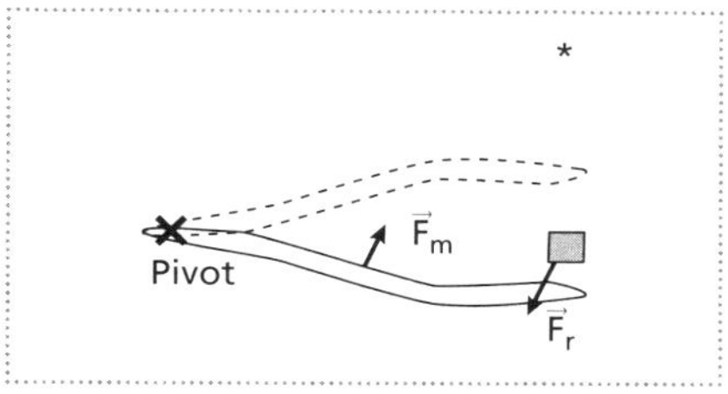

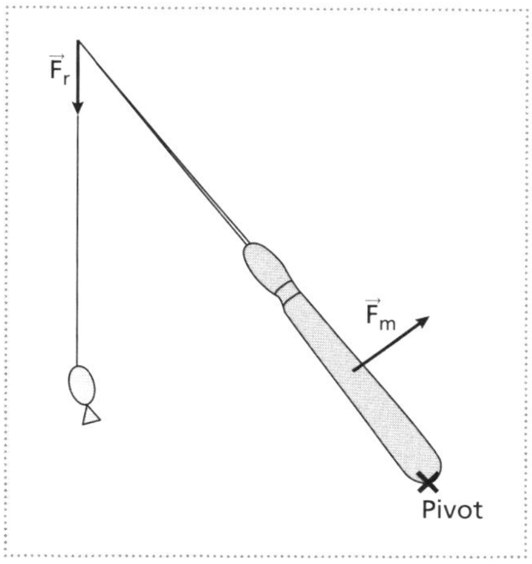

Ce levier est particulier, son but étant d'appliquer une force importante afin de donner de la vitesse à un objet. Ici, on ne cherche pas à diminuer l'effort.

Remarque : les leviers notés d'un astérisque sont des leviers « doubles », c'est-à-dire qu'il y a deux endroits où on appuie, deux endroits où il y a une force résistante.

Pour approfondir

Pour pouvoir étudier le système levier, c'est-à-dire l'ensemble constitué par l'axe, le pivot et les deux forces appliquées, il faut définir plusieurs notions :
Une force : c'est une action qui permet le changement de vitesse d'un corps, plus simplement, sa mise en mouvement, s'il est à l'arrêt. Une force est caractérisée par une grandeur appelée intensité, elle s'exprime en Newton (symbole N), mais aussi par son sens, sa direction et son point d'application.
Un couple de force : il existe un couple de force appliqué à un objet, lorsque ladite force permet de le faire tourner. Un couple est caractérisé par une grandeur appelée moment (on notera C1 le moment engendré par la force F1 et C2 le moment engendré par la force F2). Il s'exprime en Newton.mètre (symbole : N.m).
Sur la figure 1, la direction des forces F1 et F2 étant perpendiculaire à l'axe du levier, on peut calculer les moments de chacune des forces :
$C1 = L1 \times F1$ et $C2 = L2 \times F2$
(Attention, les couples sont de sens inverse, c'est-à-dire que la force F1 a tendance à faire tourner l'axe dans un sens et la force F2 dans l'autre sens.)

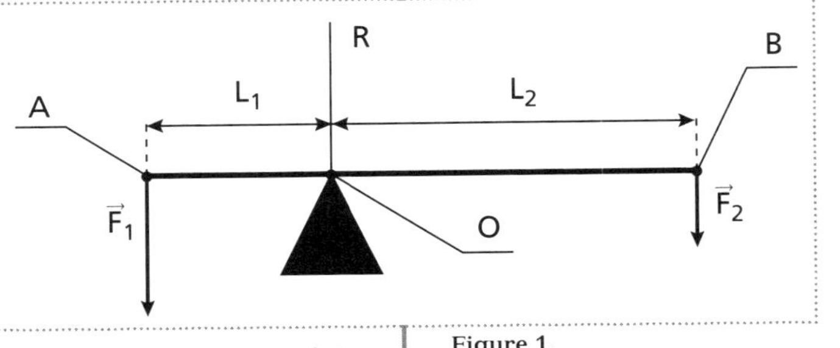

Figure 1.

En vertu de la théorie des systèmes en rotation, un système est à l'équilibre (vitesse de rotation constante ou nulle) lorsque la somme des moments des couples qui lui sont appliqués est nulle, autrement dit lorsque les différents couples de force se compensent.
C'est le cas sur la figure 1 lorsque $C1 = C2$.
On a alors : $L1 \times F1 = L2 \times F2$
donc $F2 = F1 \times (L1/L2)$
Cette dernière relation indique que si la longueur L1 est très inférieure à la longueur L2, alors on pourra atteindre l'équilibre en appliquant une force F2 très inférieure à F1.

En termes non mathématiques, cela revient à dire que **plus on appuie loin du pivot, moins on aura à appuyer fort**. Et, au contraire, plus on appuie près du pivot, plus on aura à appuyer fort.
Pour s'en convaincre, il suffit d'essayer de claquer une porte en appuyant successivement à différentes distances des charnières. On comprend alors vite que les poignées de porte ne sont pas si mal placées que ça !

Comment soulever quelque chose de très lourd en faisant un effort peu important ?

Compétences disciplinaires

- Connaître les principes élémentaires de fonctionnement de leviers, de balances : quelques utilisations techniques.
- Un objet qui peut tourner autour d'un axe fixe peut rester en équilibre s'il est soumis à des forces dont les effets se compensent.

Compétences méthodologiques

- Imaginer et réaliser un dispositif expérimental susceptible de répondre aux questions que l'on se pose, en s'appuyant sur des observations, des mesures appropriées ou un schéma.
- Utiliser des instruments d'observation et de mesure : double-décimètre.
- Rédiger un compte rendu intégrant schéma d'expérience ou dessin d'observation.

Lexique

Levier, effort, pivot.

Durée de la séance : 2 h

Matériel

- Des règles rigides (en bois ou en métal).
- Une masselote.
- Un objet d'une masse significative (environ 1 kg).
- Un objet cylindrique pouvant jouer le rôle de pivot (par exemple, selon les dimensions, un rondin de bois ou un bâton de colle).
- Une balance Roberval (*facultatif, mais très souhaitable*).
- Une balance romaine (*facultatif*).
- Les cahiers d'expériences des élèves.
- La fiche activité « Les leviers ».
- Deux photographies : « Les balances ».

Étape 1

Naissance du questionnement
Appropriation du sujet

Matériel

Les cahiers d'expériences.

Organisation de la classe

Discussion collective.

Situation d'entrée possible : à l'issue de la visite d'un bâtiment ancien (ou de l'étude d'un document), on amène les élèves à s'étonner du fait que les ouvriers de l'époque arrivaient à déplacer ou à soulever des charges très lourdes sans mécanismes motorisés.

De retour en classe, l'enseignant interroge :

► Comment soulever le bureau de la maîtresse (ou du maître) sans faire un effort très important et en n'utilisant que des objets présents dans la classe?

Conseils : dans cette première étape, l'enseignant amène les élèves à reformuler le problème afin de se l'approprier. Ainsi une discussion sur la notion d'effort peut être menée (si un objet est lourd, il faut fournir un effort important pour réussir à le soulever).
Il n'est pas utile (et peut-être même contre-productif) d'introduire la notion de force. Le choix du bureau (généralement très lourd pour un élève) est suffisamment explicite.

L'enseignant note les propositions des élèves au tableau.
La discussion doit amener les élèves à proposer l'utilisation d'un rondin de bois (ou tout autre objet susceptible de servir de pivot) et d'un manche solide. Il ne faut pas hésiter, cependant, à explorer les mauvaises pistes des élèves !
Pour s'approprier le travail réalisé, les élèves représentent sur leur cahier d'expériences le dispositif obtenu à la fin de la discussion.
L'enseignant introduit le mot « pivot ».
Sur le schéma sont représentés l'axe du levier, le pivot, la charge à soulever, l'endroit où on applique l'effort.

Schémas attendus

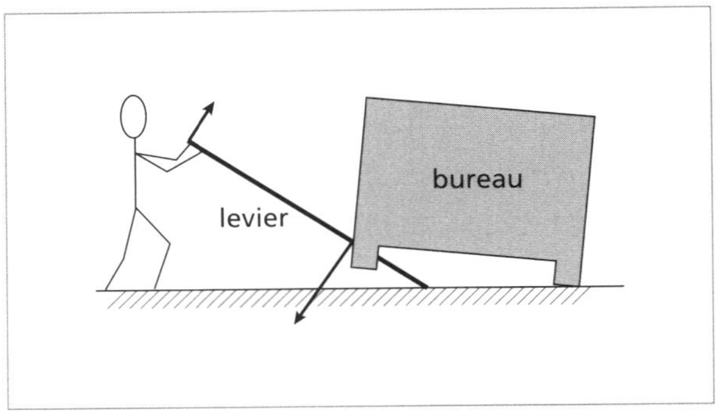

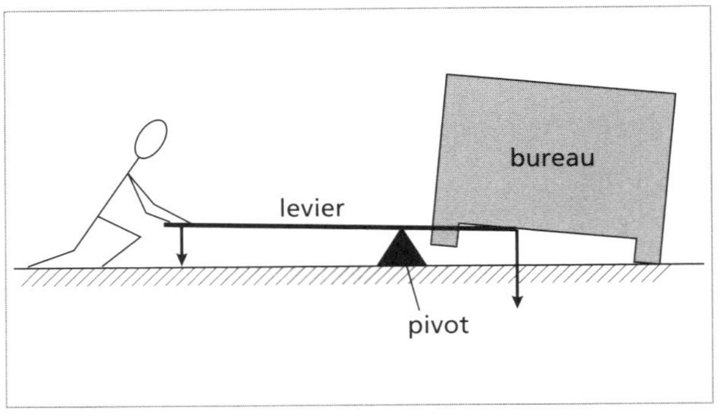

L'étape se termine sur une interrogation :

- ► Comment faire pour que ce levier soit le plus efficace possible ?

Étape 2

Amélioration du dispositif imaginé

Matériel

- Des règles rigides (en bois ou en métal).
- Des masses ou objet d'une masse significative (1 kg environ).
- Un objet cylindrique pouvant jouer le rôle de pivot.

Organisation de la classe

Travail en petits groupes (en binômes, si possible).

L'enseignant rappelle la question concluant l'étape précédente. Puis, il demande à chaque groupe d'élèves de noter leurs hypothèses dans leur cahier d'expériences et de réfléchir à une expérience permettant de les vérifier. Ils dressent une liste de matériel nécessaire à l'expérience en s'appuyant sur le schéma tracé dans le cahier.

En passant dans chacun des groupes, l'enseignant discute de la faisabilité des expériences et propose le matériel donné ci-dessus. L'important est que les élèves pensent à proposer un bâton pour l'axe, un objet pour jouer le rôle de pivot et un objet pesant pour modéliser la charge.

Le travail expérimental doit déboucher sur la constatation que l'effort à fournir pour soulever un objet est moins important lorsque le pivot est plus près de la charge que de l'endroit où on applique l'effort.

Étape 3

Modélisation et trace sur le cahier d'expériences

Organisation de la classe

Travail individuel puis mise en commun collective.

L'enseignant demande aux élèves de représenter l'expérience réalisée à l'étape 2 et d'écrire la conclusion sur le cahier d'expériences.

Puis a lieu la mise en commun avec l'enseignant. Les points abordés sont les termes définissant les éléments constituant un levier, ainsi que l'explicitation de l'effet levier : « Pour diminuer l'effort nécessaire pour soulever un objet, il faut appuyer le plus loin possible du pivot. »

On attend des élèves qu'ils connaissent le vocabulaire associé au levier (axe, pivot), ainsi que son rôle, pour pouvoir en faire l'analyse.

Schéma attendu

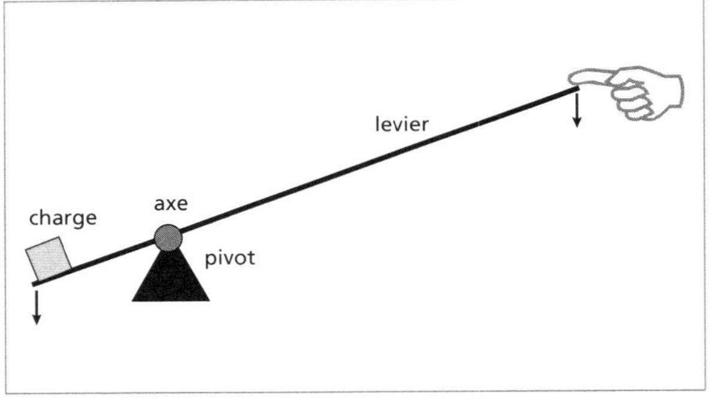

Définitions attendues

Levier : barre rigide pouvant effectuer un mouvement de balancier autour d'un axe appelé pivot ou point d'appui. Selon l'emplacement du pivot, un levier permet d'exercer un effort (ou force) important(e) en fournissant un effort (ou force) faible.

Pivot : point d'appui du levier. Axe autour duquel un levier effectue un mouvement de balancier.

Étape 4

Application du modèle à la vie quotidienne

Matériel

La fiche activité « Les leviers » (à photocopier).

Organisation de la classe

Travail individuel.

Cette partie de la séance peut servir d'évaluation ou d'application des connaissances acquises. Elle a pour but le réinvestissement du modèle construit par les élèves.

Sur la fiche, les élèves doivent identifier les leviers et indiquer où se trouve le pivot.

Si l'enseignant possède certains objets parmi ceux représentés, il est extrêmement profitable de les

mettre à disposition des élèves pour qu'ils les manipulent et s'approprient leur fonctionnement.
Le cas échéant, il est possible de réaliser ce type de document en photographiant à l'aide d'un appareil numérique les objets dont on dispose et qu'on manipule.
Lors de la correction, il sera important de noter que la position du pivot n'est pas forcément entre la charge et l'endroit où on applique l'effort (ex. : la brouette, le couteau de boulanger...).

Prolongement possible

Ce travail peut être l'occasion d'un approfondissement. En effet, il est possible d'aborder la notion de levier double (par exemple, le casse-noix).

Résultats attendus

Notons que le sens des flèches n'est pas une exigence absolue ! Ce qui est important c'est que les élèves identifient chaque élément constituant le levier. C'est-à-dire : l'axe, le pivot, l'endroit où on appuie, l'endroit où la « charge résiste ».
Remarque : ci-dessous, les flèches accompagnées d'un ® sont à tracer en rouge.

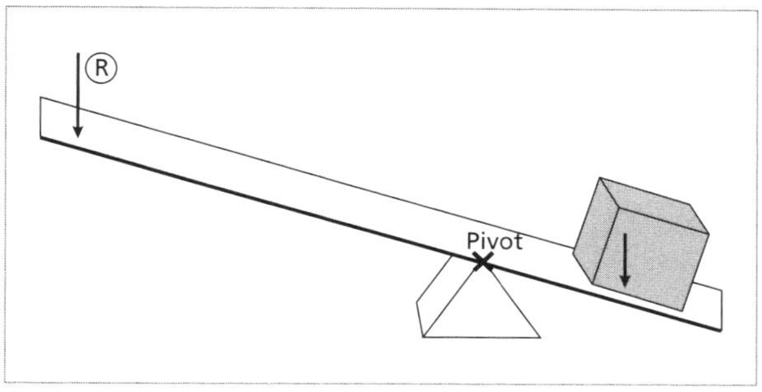

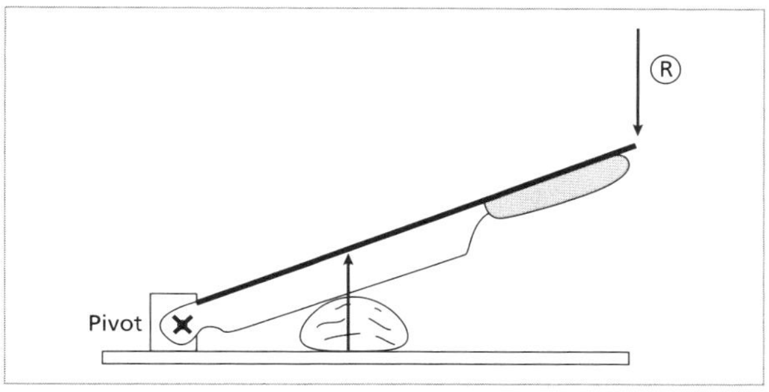

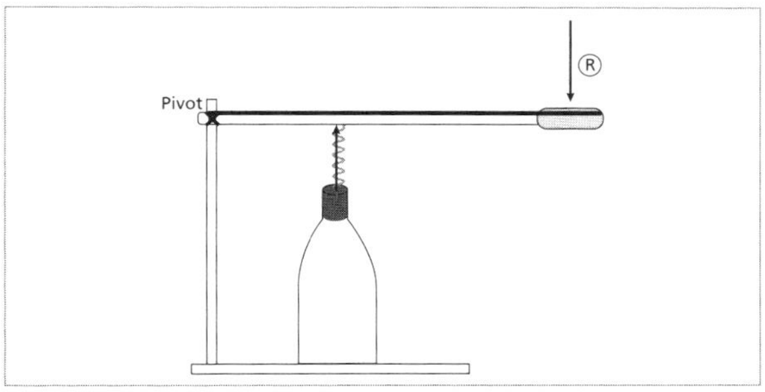

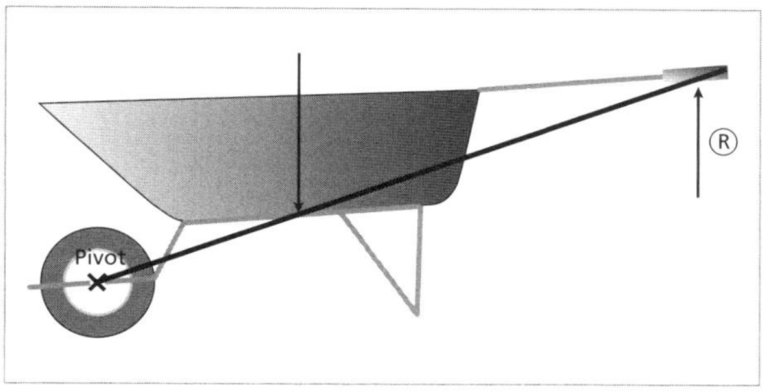

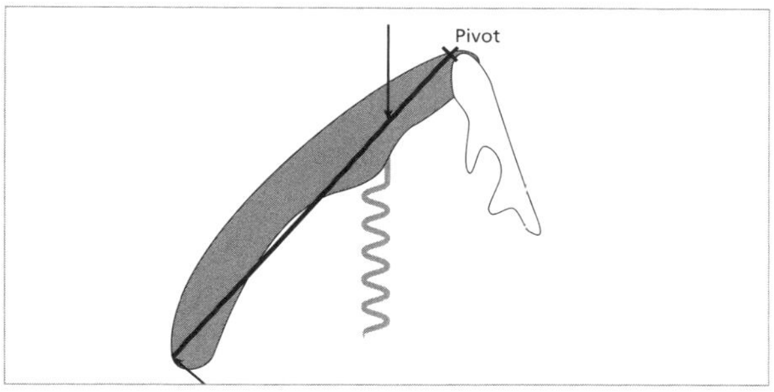

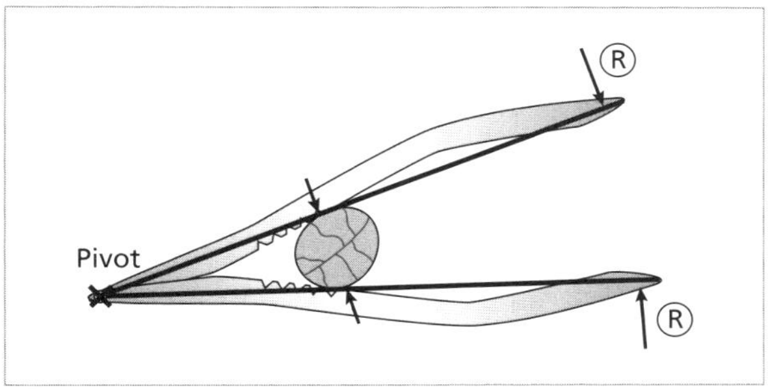

Étape 5

Application du modèle à un dispositif de balance Notion d'équilibre

Matériel

- Une balance Roberval.
- Un balance romaine.
- La fiche documents « Les balances » (livret couleur p. 23).

Organisation de la classe

Travail en groupes.

Remarque : il est nécessaire de disposer d'une balance Roberval pour cette étape, mais il n'est pas nécessaire de disposer d'une balance romaine (même si c'est préférable).

L'enseignant présente une balance Roberval et demande à chaque groupe d'en décrire le fonctionnement et d'en faire le schéma simplifié.

Résultat attendu

La balance Roberval est un levier. Le pivot se trouve exactement entre les deux plateaux. Si les deux plateaux sont chargés par des objets de masses identiques (on tolère le mot poids à la place du mot masse en cycle 3), la balance est à l'équilibre. Connaissant la masse du contenu d'une des coupelles, on peut en déduire la masse du contenu de l'autre coupelle.

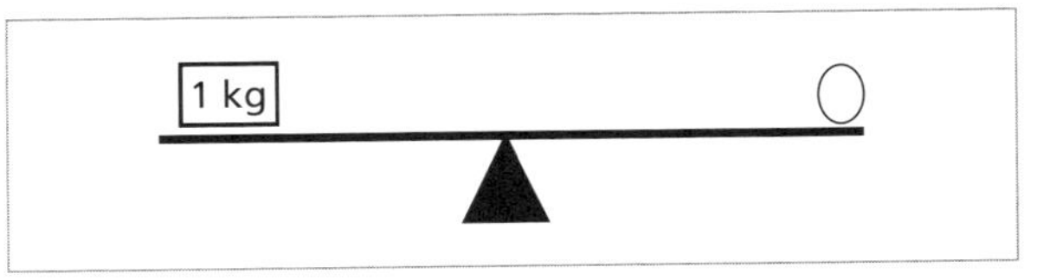

Étape 6

Réalisation d'un objet technique

Organisation de la classe
Travail en groupes.

Matériel
- Une balance Roberval (*facultatif, mais très souhaitable*).
- Une balance romaine (*facultatif*).
- Des règles rigides (en bois ou en métal).
- Une masselote.
- Un objet d'une masse significative (environ 1 kg, à tester en fonction de la masselote disponible).
- Un objet cylindrique pouvant jouer le rôle de pivot (par exemple, selon les dimensions, un rondin de bois ou un bâton de colle).
- Les deux photographies de balance (livret couleur p. 23).

L'enseignant distribue le matériel à chaque groupe (une barre rigide, un objet à peser et un objet susceptible de jouer le rôle de pivot). Il s'exclame alors :
► Zut ! Je n'ai pris qu'une seule masse par groupe !
La question est donc maintenant :
► Est-il toujours possible d'arriver à une situation d'équilibre ?

Les élèves notent dans le cahier d'expériences les hypothèses qu'ils émettent sur la possibilité de créer cet équilibre et schématisent la ou les expériences proposées.
Ils arrivent assez rapidement au constat que l'équilibre est possible en agissant sur la position du pivot (ou éventuellement de la masse).
► Est-il possible d'estimer la masse des objets ?
L'enseignant distribue alors plusieurs objets (3 idéalement) et demande aux élèves de comparer les positions d'équilibre.

Conclusion
Deux solutions sont possibles :
- plus l'objet à peser est lourd, plus le pivot est proche de l'objet à peser ;
- plus l'objet est lourd, plus la masselotte doit être loin du pivot.

Schéma attendu
Voir ci-dessous.

Exploitation documentaire
L'enseignant présente alors la balance romaine (ou la photographie sur le document 2). Il demande aux élèves d'en décrire le fonctionnement à partir des expériences réalisées précédemment, éventuellement en repérant les différents éléments du levier comme lors de l'activité de l'étape 4.

Approfondissement possible
Un enseignant bricoleur peut proposer aux élèves de fabriquer une balance romaine (à partir de fils de fer, d'une barre en bois percée par l'enseignant et graduée par les élèves lors d'essais).

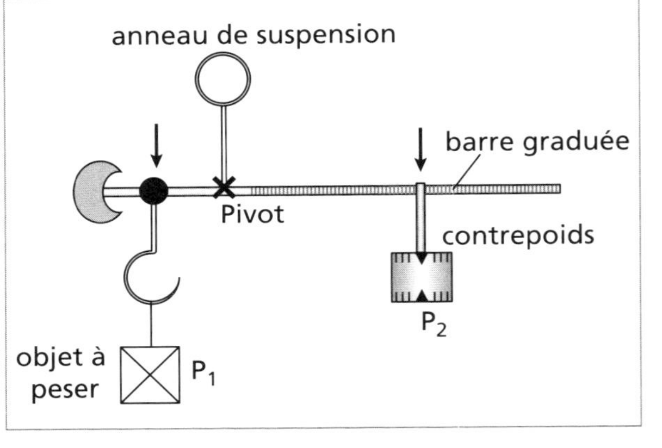

Les leviers

Tous ces objets sont des leviers. Pour chacun des leviers :

- **dessine avec un crayon bleu l'axe du levier,**
- **indique où se trouve le pivot avec un crayon vert (dessine une croix),**
- **indique où se trouve l'endroit où on applique l'effort avec un crayon rouge (dessine une flèche),**
- **indique l'endroit où le levier appuie (dessine une flèche marron).**

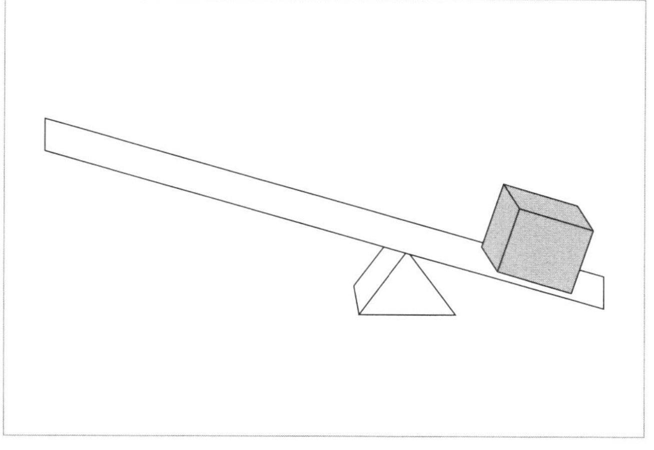

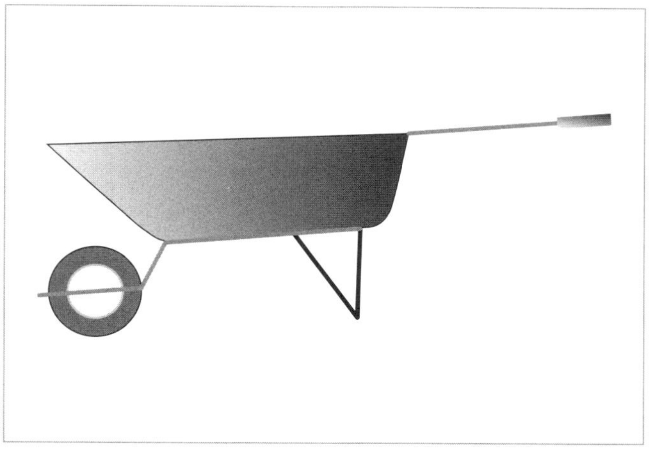

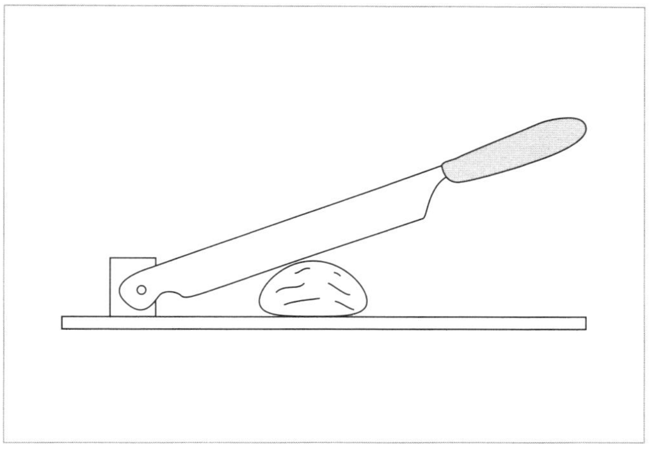

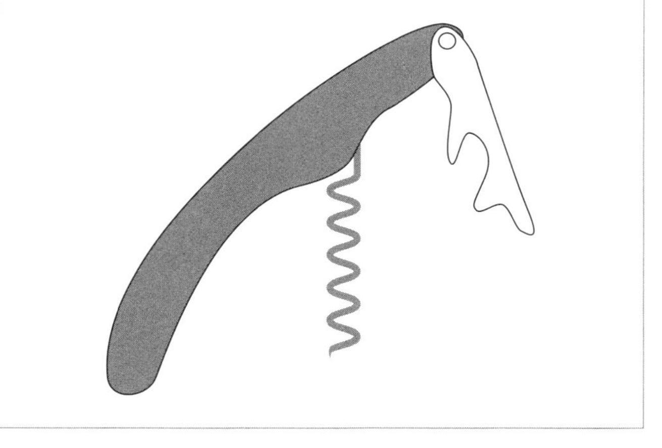

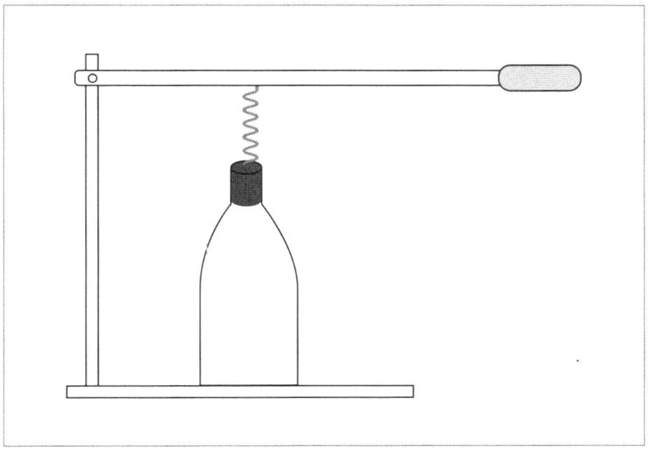

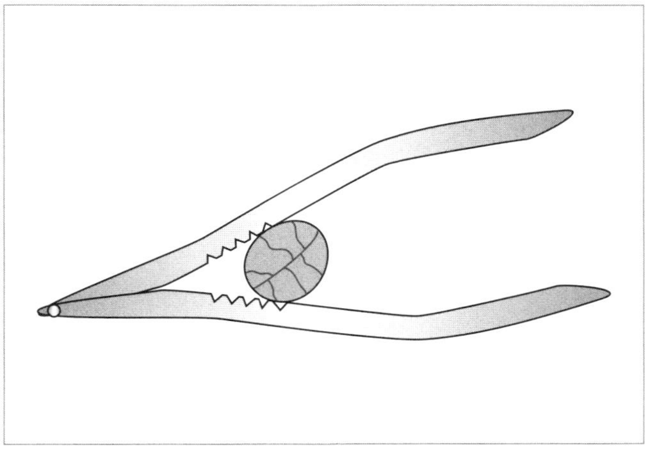

Ombre et lumière

Informations pour l'enseignant

Cette séance n'aboutit pas à des compétences exigibles spécifiques, mais elle est néanmoins une préparation nécessaire à l'étude de l'astronomie, généralement abordée en CM. Elle est par ailleurs une première approche de la schématisation et doit permettre aux élèves de commencer à construire des compétences relatives à la modélisation et à l'abstraction.

Ce qu'il faut savoir sur la lumière

Pour pouvoir étudier les règles de formation d'une ombre, quelques connaissances sur la lumière sont nécessaires. Ce paragraphe résume les connaissances indispensables. Quelques pistes d'approfondissement sont données au paragraphe suivant.

La lumière se propage de façon rectiligne dans un milieu homogène (c'est-à-dire qui a les mêmes propriétés en tout point). L'air à température constante est un milieu homogène. L'air au-dessus de la route n'est pas à température constante, il n'a donc pas la même densité en tout point (plus chaud juste au-dessus de la route que très au-dessus de la route). Les rayons ne se propageant pas de façon rectiligne, l'image vue est déformée (ici effet miroir), ce qui explique la formation des mirages. La lumière est également déviée lors d'un changement de milieu (passage interface air-verre pour les lunettes par exemple, ou encore passage interface air-eau à la piscine).

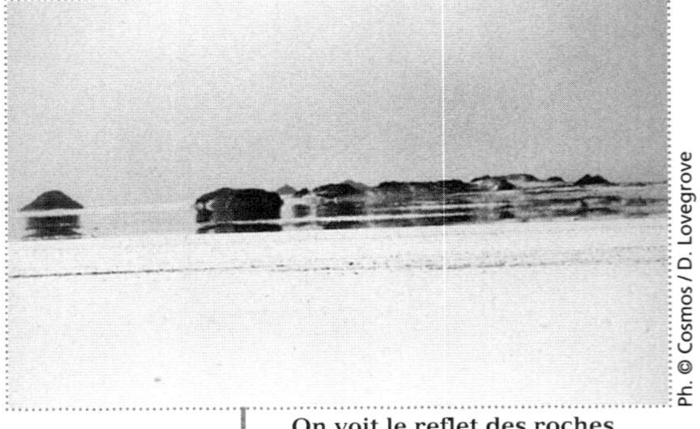

Ph. © Cosmos / D. Lovegrove

On voit le reflet des roches sur le sable. Ce phénomène a lieu lorsque l'air près de la route est plus chaud que l'air ambiant.

La propagation rectiligne n'est pas évidente à prouver car généralement les rayons lumineux ne sont pas visibles. Ils ne le sont que dans un milieu diffusant (exemple : brouillard). Il est possible de créer le milieu diffusant en dispersant de la poussière de craie. Une autre expérience prouve le caractère rectiligne de la propagation de la lumière : il suffit de percer des cartons, de les disposer sur des supports (fabriqués en polystyrène par exemple). La lumière ne sera visible à l'autre bout du dispositif que si les trous des cartons sont alignés.

Ph. © Rea / P. Gleiges

La lumière issue des phares se propage en ligne droite. La diffusion de la lumière due au brouillard permet de s'en rendre compte.

Pour fabriquer de la lumière, on utilise des sources de lumière. Ces sources peuvent être ponctuelles ou étendues.
Dans le premier cas (figure 1), la lumière est émise par un point dans toutes les directions possibles même si seuls les rayons utiles au schéma sont représentés.
Dans le second cas (figure 2), qui représente l'ensemble des sources lumineuses réelles, la source est considérée comme une somme de sources ponctuelles ; chaque point de la source étendue émet donc dans toutes les directions. Mais dans ce cas, tout comme dans le cas précédent, ne sont représentés sur le schéma que les rayons utiles à la compréhension du phénomène. Les rayons utiles pour que le schéma puisse expliciter le phénomène sont ceux issus des extrémités de la source, passant par les extrémités des obstacles.
Lorsque la source est ponctuelle, deux rayons suffisent ; lorsque la source est étendue, quatre rayons sont nécessaires.

Lexique

Lumière : la lumière suit un trajet rectiligne dans un milieu homogène. Pour qu'un objet soit vu, il est nécessaire que la lumière issue de cet objet entre dans l'œil.
Ombre : une ombre nécessite une source de lumière. Sa forme dépend de la forme de l'objet, de sa position et de son orientation par rapport à la source.
Pénombre : zone sombre légèrement éclairée.

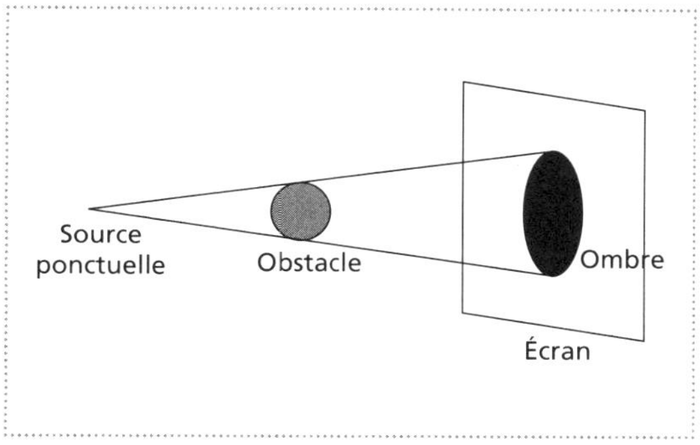

Figure 1.
Une source lumineuse ponctuelle et un objet opaque déterminent deux régions de l'espace : une région éclairée d'où l'observateur voit la source et une région à l'ombre d'où l'observateur ne voit pas la source.

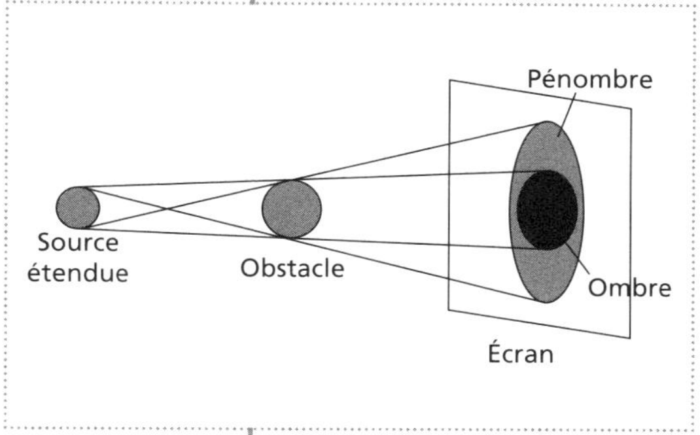

Figure 2.
Lorsque la source lumineuse est étendue, il y a en plus une zone intermédiaire d'où l'observateur ne voit qu'une partie de la source.

Faire un schéma

Les caractéristiques d'un bon schéma sont les suivantes :
- il contient toutes les informations nécessaires à l'interprétation de l'expérience et à sa reproduction ;
- il ne contient aucune information superflue, aucun détail inutile ;
- seuls sont présents les rayons nécessaires à la compréhension du phénomène.

Si la source de lumière est ponctuelle, il faut dessiner deux rayons ; si elle est étendue, il faut dessiner quatre rayons. En effet les rayons utiles sont ceux issus des extrémités de la source, passant par les extrémités des obstacles. ■

Comment se forme une ombre ?

Compétences disciplinaires

- Savoir qu'une ombre correspond à une absence de lumière.
- Comprendre comment se forme une ombre.

Compétences méthodologiques

- Savoir réaliser un schéma d'expérience.
- Pratiquer une démarche d'investigation : savoir observer, questionner, formuler une explication possible (hypothèse), en utilisant éventuellement un modèle simple, et chercher à la valider.

Lexique

Lumière, ombre, opaque, translucide.

Durée de la séance : 1 h 30 à 2 h.

Matériel

- Des lampes de poche.
- Une lampe de bureau.
- Des plaques en carton.
- Des morceaux de polystyrène.
- La fiche documents « Formation d'une ombre ».

Étape 1

Naissance du questionnement
Appropriation du sujet

Organisation de la classe
Collectif.

Situation d'entrée (exemple)
À l'issue d'un spectacle d'ombres chinoises, l'enseignant propose d'essayer de reproduire certaines parties du spectacle.

► Comment faire, comment étaient fabriqués les personnages ? *À partir d'ombres.*

La discussion se poursuit jusqu'à ce que les élèves donnent la définition d'une ombre.
Ombre : zone sombre et sans couleur.

► Comment peut-on former une ombre et imiter des personnages réels dans un théâtre d'ombres chinoises ?

Étape 2

Établir la liste du matériel

Matériel
La fiche documents « Formation d'une ombre » (fiche doc. à photocopier).

Organisation de la classe
Collectif.

L'enseignant lance une discussion à l'issue de laquelle doit avoir émergé une partie du vocabulaire :
Source de lumière : objet « émettant » de la lumière.
Obstacle : objet arrêtant les rayons de lumière ; on dit qu'il est opaque.
Écran : objet sur lequel on observe les effets de la lumière et où l'ombre se forme. Sans écran, on ne peut rien visualiser.

L'enseignant demande alors aux élèves de dresser la liste du matériel nécessaire pour fabriquer une ombre. Le lien entre objet et fonction est établi :
Une source de lumière → une lampe de poche.
Un obstacle → un objet quelconque ou carton (préférer les formes simples).
Un écran → un carton le plus clair possible.

Étape 3

Première modélisation du phénomène

Marériel
La fiche documents « Formation d'une ombre ».

Organisation de la classe
Travail individuel.

Chaque élève réalise un schéma du phénomène d'ombre. L'enseignant peut pour cela utiliser une vidéo de théâtre d'ombres chinoises ou la fiche documents.
La consigne est la suivante :

► Dessiner un schéma qui représente ce que vous ferez pour former une ombre et qui permet de comprendre comment se forme une ombre. Sur le schéma ne doit figurer que le minimum d'informations nécessaire.

Remarque : les schémas ne sont pas corrigés, ils serviront à débattre plus tard dans la séance.

Schéma idéal attendu

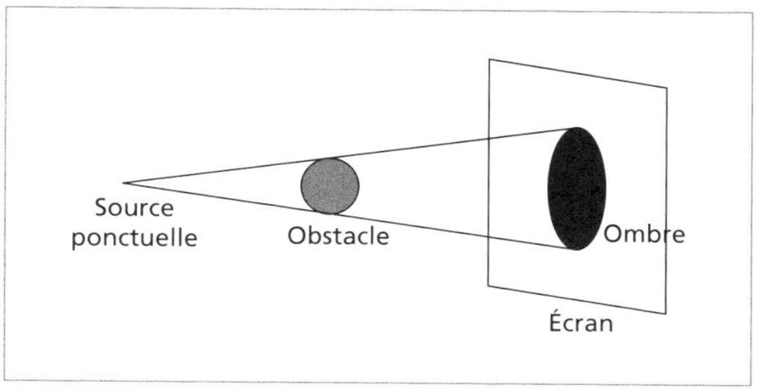

Étape 4

Appropriation du modèle

Matériel
- Une lampe de bureau assez puissante.
- Des morceaux de carton troués.
- Des morceaux de polystyrène servant de support aux cartons.

Organisation de la classe
Collectif.

L'enseignant relève les schémas des élèves. Il isole ceux où les rayons sont représentés. Une discussion s'engage :
- ► Qu'ont dessiné les enfants sur ces schémas ? Que représentent ces traits ?

L'enseignant peut introduire les termes de « faisceau », de « pinceau » et de « rayon » lumineux.

La notion de rayon lumineux est discutée :
- ► Est-ce que l'on voit ces rayons ?
- ► Pourquoi sont-ils représentés par des traits ?

L'enseignant propose alors l'expérience évoquée dans l'introduction. Les élèves en font le schéma.

Schéma attendu

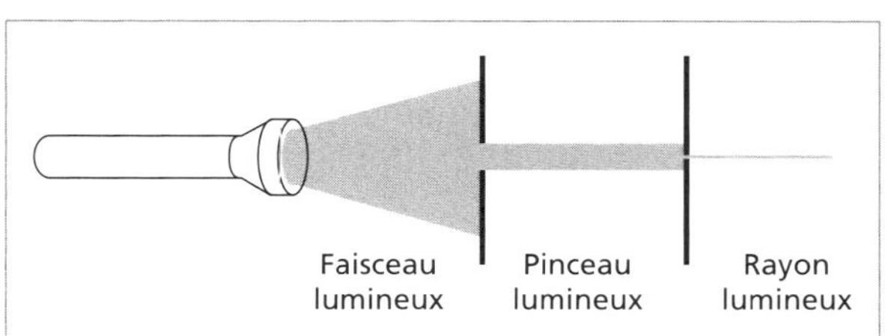

Une discussion est menée :
- ► Que faire pour pouvoir apercevoir la lumière de la lampe de l'autre côté des cartons ? *Les trous des cartons doivent être alignés.*
- ► Que prouve cette expérience ? *Que la lumière se déplace (ou se propage) en ligne droite.*

Conclusion
La lumière se propage de façon rectiligne. Si on interpose un objet opaque sur son passage, elle n'arrive pas à l'écran. Ceci forme une ombre.

Étape 5

Modélisation du phénomène

Matériel
- Des lampes de poche.
- Des objets quelconques.

Organisation de la classe
Par petits groupes.

L'enseignant propose aux élèves de former une ombre avec le matériel distribué. Ils schématisent l'expérience, notent leurs observations dans le cahier d'expériences.
Conclusion : en plus de l'ombre, on constate la présence d'une autre zone, moins sombre que l'ombre.

Étape 6

Bilan de l'expérience

Organisation de la classe
Collectif.

L'enseignant organise une discussion autour de ce qui a été observé. De cette discussion doit ressortir qu'en plus de l'ombre, il a été parfois observé une zone moins sombre entourant l'ombre.
À l'issue de la discussion et en s'appuyant sur certains schémas réalisés par les élèves, l'enseignant définit le terme « pénombre ».
Pénombre : zone sombre faiblement éclairée.

Schéma attendu

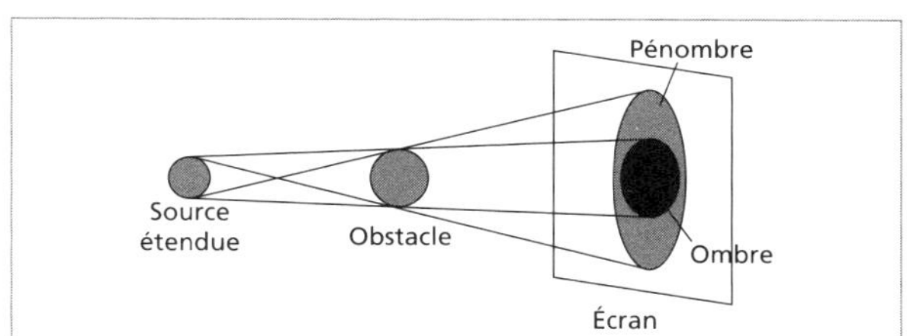

Étape 7

Essais complémentaires pour déterminer des paramètres faisant varier une ombre

Organisation de la classe
Par petits groupes.

L'enseignant lance plusieurs défis aux élèves afin de réinvestir les connaissances relatives à la schématisation.
Dans chaque groupe, à tour de rôle :
- un élève tient un crayon (ou une gomme) verticalement ;
- un autre dispose la lampe de façon à répondre au défi.

Remarque : on considère la lampe comme une source de lumière ponctuelle (ce qui est pratiquement le cas si on considère la taille de l'ampoule par rapport aux distances mises en jeu). Pour cela il est idéal « d'ouvrir » le boîtier des lampes et de préférer l'éclairage direct des ampoules.

Après chaque manipulation, les élèves réalisent un schéma de l'expérience.

1) Placer la lampe pour que l'ombre d'un crayon (ou d'une gomme) soit la plus courte possible.

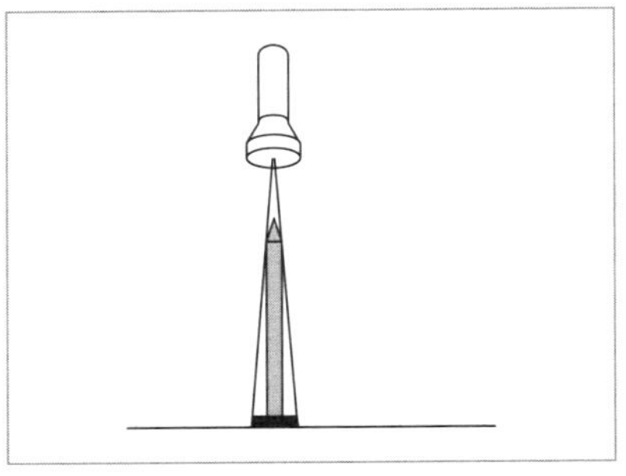

2) Placer la lampe pour que l'ombre de l'objet soit la plus longue possible.

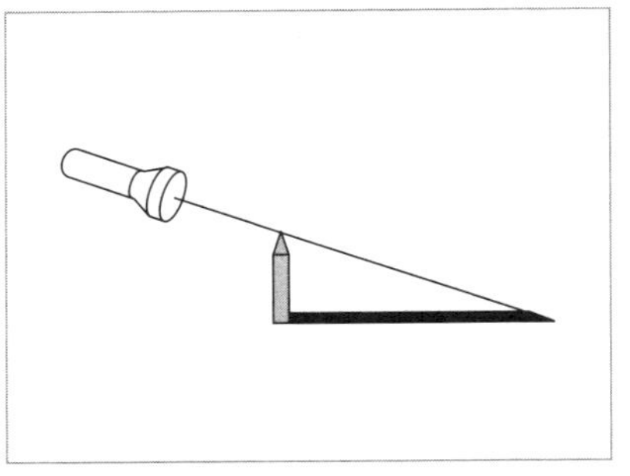

3) Placer la lampe pour que l'objet et son ombre aient exactement la même taille.

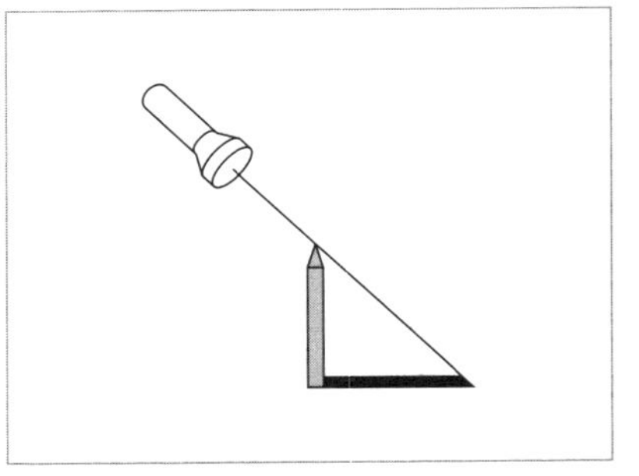

Évaluation

Compétences évaluées

- Comprendre comment se forme une ombre.
- Savoir utiliser, compléter un schéma d'expérience.

Les élèves remplissent individuellement la fiche évaluation.
Une correction est ensuite faite selon le déroulement paraissant le plus approprié à l'enseignant (collective, auto-correction, ou correction par l'expérience).

Corrigé

1.

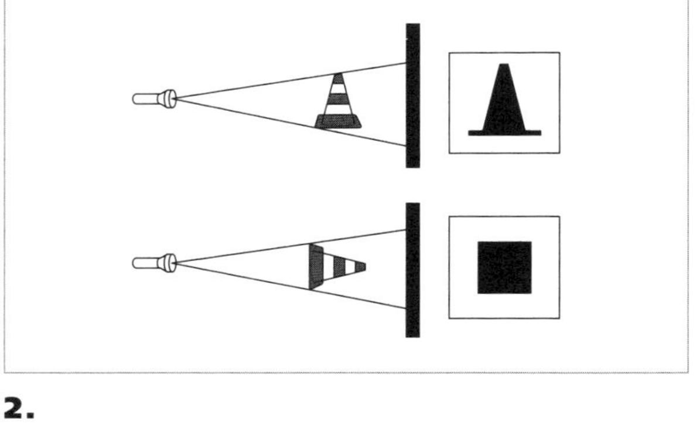

2.

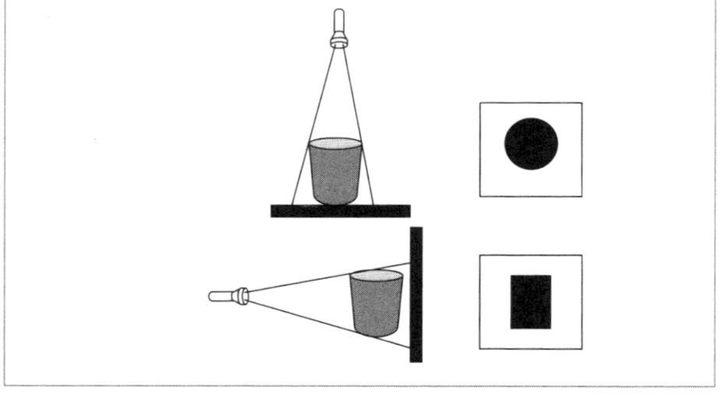

Autre évaluation possible : défis sur des figures géométriques
La correction de l'évaluation se fait donc par l'expérience.
1) Comme dans le document proposé en évaluation, l'enseignant diffuse les ombres des différentes faces d'un solide. Les élèves doivent trouver duquel (ou desquels) il s'agit, parmi une collection de plusieurs solides présents devant eux.
2) Source fixe, écran fixe : comment positionner le solide pour que son ombre soit la plus grande possible ? La plus petite possible ?

Élargissement interdisciplinaire

À l'issue de cette séance, il est possible de faire le lien avec les arts visuels et de travailler sur le théâtre d'ombres chinoises.

Ombre et lumière

Formation d'une ombre

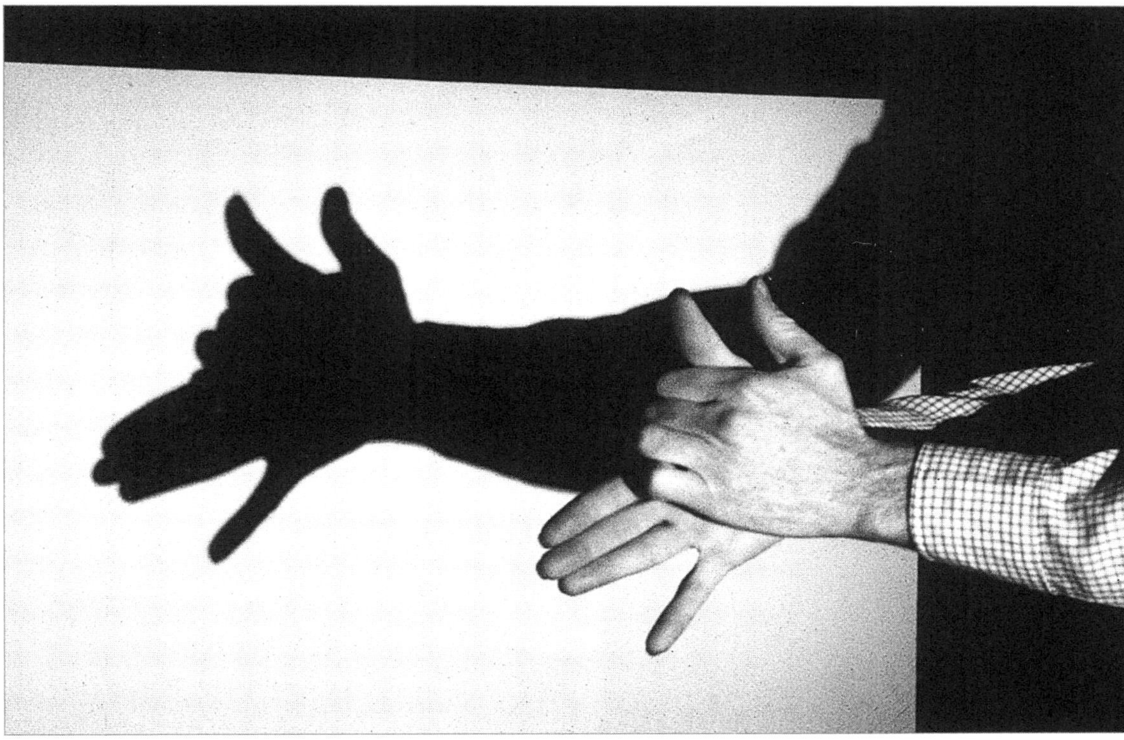

BIS / Ph. Jeanbor © Archives Larbor

1. **Qu'est-ce qui est nécessaire pour former une ombre ? Indique le rôle de chaque objet.**

2. **Dessine un schéma qui représente ce que tu feras pour former une ombre et qui permet de comprendre comment se forme une ombre.
Sur le schéma ne doit figurer que le minimum d'informations nécessaire.**

Ombre et lumière

1. **En fonction de la position de la lampe et de l'écran, après avoir représenté les rayons utiles, dessine l'ombre de l'objet sur l'écran vu de face.**

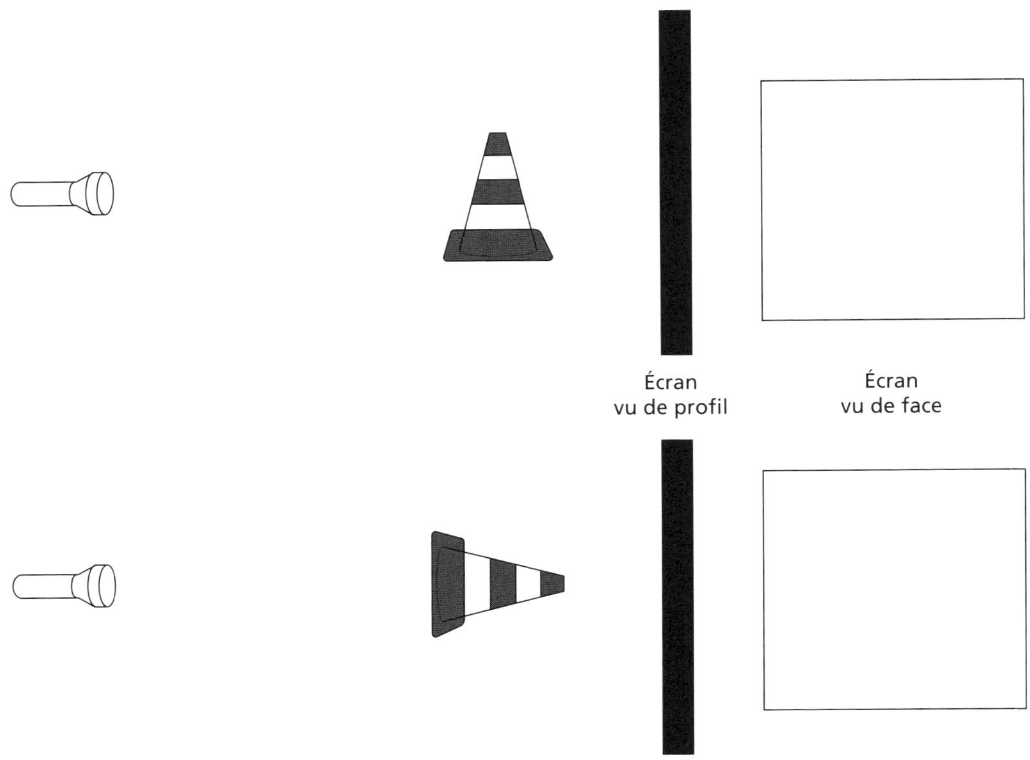

2. **En fonction de l'ombre représentée, dessine la lampe et l'écran.**

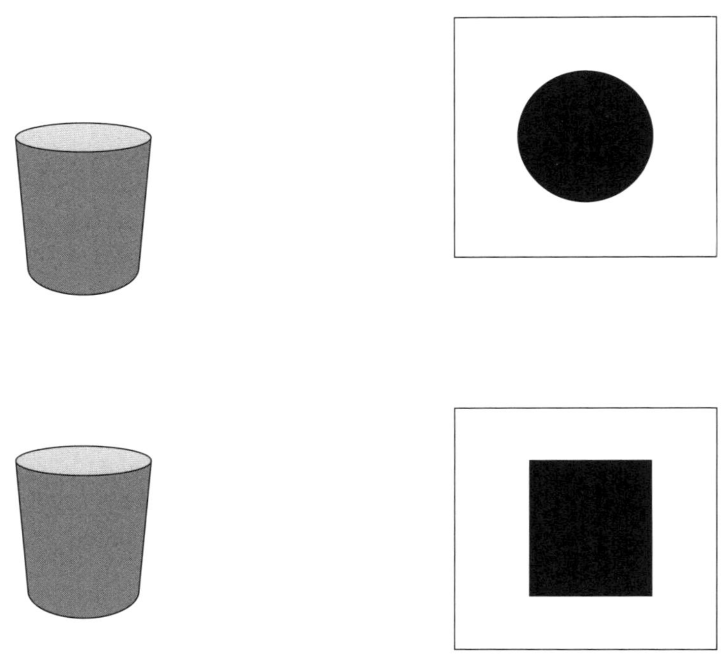

L'air, de la matière ?

Informations pour l'enseignant

Pression, température et densité

L'air étant un gaz, il paraît pertinent de faire un petit rappel sur les caractéristiques physiques d'un gaz : température, pression, densité. Ces trois grandeurs sont liées, si on modifie l'une d'entre elles (la température, par exemple, en chauffant un ballon rempli de gaz), les deux autres sont susceptibles d'être modifiées.
Un gaz est un fluide qui remplit tout le volume qui le contient. En effet, dans un gaz, les molécules ne sont pas liées les unes aux autres et donc se « promènent » en toute liberté dans le volume.
Les molécules provoquent des chocs contre les parois du récipient en les heurtant ; ces chocs entraînent l'application d'une force* sur ces parois. La **pression** correspond à l'intensité de ces forces par unité de surface.
L'unité de pression en physique est le pascal (symbole Pa), mais cette unité est peu commode car elle donne des chiffres importants pour les pressions courantes. On préfère donc parfois utiliser l'hectopascal (1 hPa = 100 Pa), en météorologie notamment, ou le bar (1 bar = 100 000 Pa). La pression atmosphérique au niveau de la mer est en moyenne de 1 013 hPa.

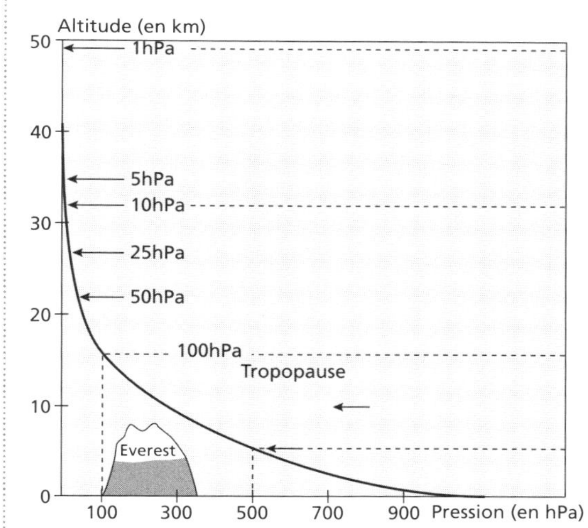

La pression atmosphérique dépend de l'altitude.

La **température** est, quant à elle, liée à la vitesse des particules. Plus elles se déplacent rapidement, plus la température est élevée.
L'unité de température en physique est le Kelvin (symbole K). Cette unité n'est pas employée dans la vie quotidienne où on utilise le degré Celsius (°C). Pour passer d'une température donnée en Kelvin en degré Celsius il faut soustraire 273,15. Les Anglo-Saxons utilisent le degré Fahrenheit (°F).
La plus basse température possible, correspondant à l'immobilité des molécules, est appelée « zéro absolu ». Il s'agit d'une température de 0 K, soit - 273,15 °C.

La notion de **densité** est importante car elle permet de trancher sur le caractère lourd ou léger d'un matériau. En effet, dire, par exemple, que l'air est léger n'a pas de sens *a priori* (vous avez plusieurs tonnes d'air au-dessus de votre tête !). En revanche, dire qu'un litre d'air (à pression atmosphérique) est léger par rapport à un litre d'eau (liquide) est correct. La grandeur importante est donc la masse volumique, c'est-à-dire la masse par unité de volume. Cette grandeur a généralement pour unité le gramme par litre (ou le kg/m^3 plus pertinent pour les gaz).
Pour éviter d'employer cette grandeur au nom un peu compliqué et aux résultats parfois peu parlants, on préfère parler de densité. La densité d'un corps est le rapport de sa masse volumique sur celle de l'eau (à pression atmosphérique et à 4 °C, soit 1 kg/L). Si la densité d'un solide est inférieure à 1, il flotte. La densité est une grandeur sans unité.

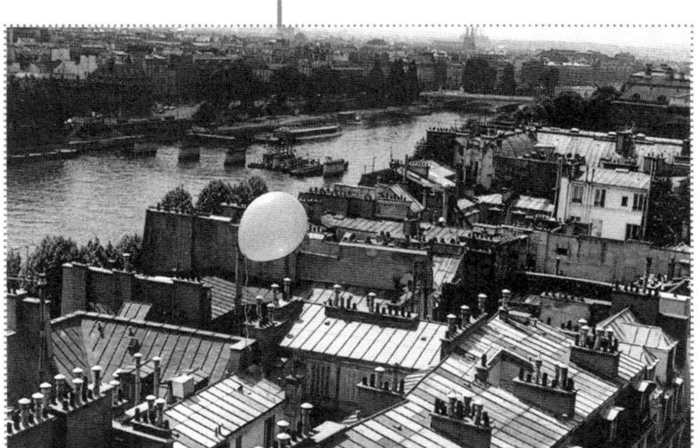

Ce ballon gonflé à l'hélium s'élève dans l'air car l'hélium est un gaz dont la densité est inférieure à celle de l'air.

* Voir séquence 11 sur les leviers.

Si on chauffe un gaz, les particules accélèrent, il y a plus de chocs contre les parois, donc la pression augmente. Si le récipient est déformable, son volume augmente. Or, si son volume augmente – autrement dit, si le même nombre de particules occupe un volume plus grand – sa densité diminue. Il devient plus léger.
Si on applique ce raisonnement à l'air, on comprend pourquoi les couches d'air chaud ont tendance à s'élever dans l'atmosphère. C'est également sur ce principe que fonctionne la montgolfière.

Compléments d'information sur l'air

L'air est un mélange de gaz qui entoure la Terre en une couche de plusieurs centaines de kilomètres appelée atmosphère.
Il est entre autres constitué de :
- diazote (environ 78 %) ;
- dioxygène (environ 21 %) ;
- dioxyde de carbone (0,035 %) ;
- gaz rares, également appelés gaz inertes en raison de leurs propriétés chimiques (hélium, argon, krypton, radon, xénon, etc.) ;
- vapeur d'eau (dont la quantité présente dans l'air est caractérisée par le taux d'humidité) ;
- etc.

L'air étant un mélange de gaz, son changement d'état dépend de ses constituants. Dans le langage commun, lorsque l'on parle d'« air liquide », il s'agit en réalité de diazote liquide (c'est-à-dire maintenu à une température inférieure à 191 °C à pression atmosphérique).
À pression atmosphérique moyenne (1013 hPa) et à température de 20 °C, la masse d'un litre d'air est de 1,204 g (ou 1,204 kg par m^3).
L'air est invisible, incolore et inodore. C'est un gaz, donc il n'a pas de forme propre : il prend celle du récipient qui le contient et occupe tout l'espace qui lui est offert.
Comme c'est un gaz, c'est un fluide, donc il peut être transvasé.
Il se comprime (son volume diminue) ou se détend (son volume augmente) selon les conditions de pression et de température. En effet, l'air chaud est moins dense que l'air froid, ce qui explique les phénomènes météorologiques, notamment le vent. De plus, il est élastique : il reprend son volume initial quand on cesse d'agir sur lui.
Par ailleurs, comme tout gaz, ou plus largement comme toute matière, l'air peut provoquer des frottements (l'aérodynamisme des voitures a vocation à minimiser ces frottements). Ces frottements sont utilisés pour créer du mouvement (bateau), pour limiter un mouvement (parachute), pour soulever des objets (avions), etc.

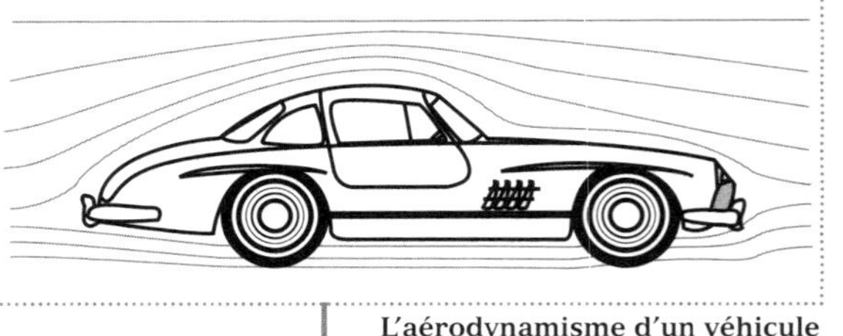

L'aérodynamisme d'un véhicule est important car il permet d'économiser l'énergie utilisée à lutter contre les frottements avec l'air.

On peut par ailleurs noter que l'air est un isolant thermique (la laine de verre ne sert qu'à piéger de l'air) et électrique (sauf lorsqu'il y a des étincelles, ou quand le champ électrique devient trop fort, comme lors d'orages). De plus, il est soluble dans l'eau (ce qui permet aux poissons de respirer !).

En résumé, ce qu'il faut savoir

Prouver que l'air est de la matière revient à vérifier les différentes propriétés énoncées ci-dessus. Voici quelques pistes.

- On peut montrer le caractère gazeux de l'air :
- en le transvasant ;
- en essayant de comprimer une bouteille en plastique vidée de son liquide et fermée avec le bouchon (on constate alors qu'elle n'est pas vide mais pleine d'air, ce qui empêche de la comprimer complètement) ;
- en le comprimant ou en le détendant et en constatant son caractère élastique (avec une seringue bouchée à son extrémité).

Les pages pédagogiques du site de Météo France constitueront un approfondissement intéressant : http://www.meteofrance.com/FR/pedagogie/index.jsp

• L'air peut exercer une force, résister, soutenir. Pour le prouver, il suffit d'utiliser l'air pour créer ou soutenir un mouvement (voile, hélice, avion en papier, etc.).

• L'air est pesant. Pour le démontrer, on peut comparer la masse d'un ballon dégonflé à celle du même ballon gonflé « à bloc ». Attention, pour réussir, cette expérience doit être faite avec les deux ballons au même volume ! En effet, si ce n'est pas le cas, la poussée d'Archimède, plus grande lorsque le ballon a un gros volume, compensera en partie la différence de masse (voir encadré ci-dessous).

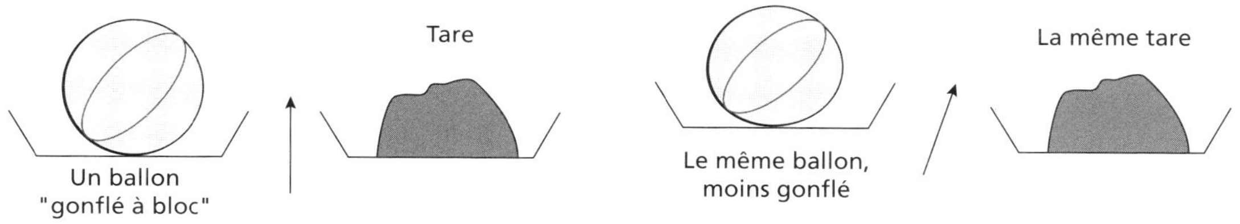

De plus, il faut que la masse du ballon ne soit pas trop importante par rapport à la masse de l'air qu'il contient, sinon l'écart de masse entre les deux mesures n'est pas observable en classe. La solution idéale consiste à utiliser un ballon de volley-ball. Pour les raisons citées plus haut, le résultat de l'expérience n'est pas significatif si on utilise un simple ballon de baudruche.

• Il est également possible de prouver que l'air est de la matière en montrant que, quand on le chauffe, il se dilate, au point de pouvoir gonfler un ballon.

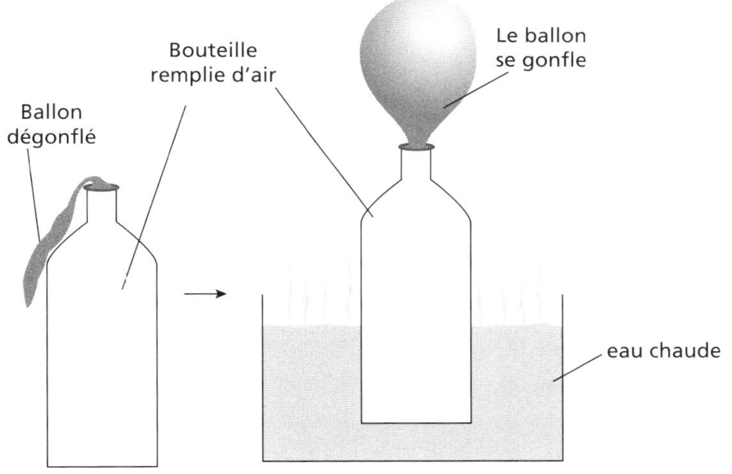

Remarque : prouver que l'air est un bon isolant thermique présente assez peu d'intérêt dans cette séance. Travailler sur cette propriété de l'air est plus pertinent lors de séquences sur l'énergie (plutôt réservées à des élèves en fin de cycle 3).

Des expériences sont proposées sur la fiche d'évaluation. Elles sont simples et assez facilement réalisables en classe (la seule difficulté étant de se procurer un ballon de volley-ball).

La poussée d'Archimède

La légende raconte que c'est en découvrant cette poussée dans son bain qu'Archimède (287/212 av. J.-C., physicien grec) aurait poussé sa célèbre exclamation « eurêka ! ».

La poussée d'Archimède est une force de même direction que le poids (donc verticale), mais de sens opposé (donc vers le haut). Elle s'applique à tout objet baignant (en entier ou en partie) dans un fluide (que ce soit l'eau, l'air ou tout autre fluide). Son intensité est égale au poids du fluide déplacé par l'objet.

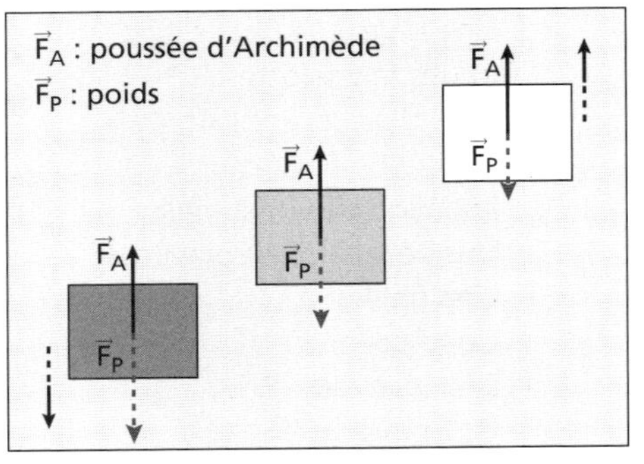

Objet 1 : le poids de l'objet l'emporte sur la poussée d'Archimède ; l'objet tend à « tomber » ou à être attiré par le sol.

Objet 2 : le poids de l'objet est égal à la poussée d'Archimède ; les deux forces se compensent, la trajectoire de l'objet n'est pas affectée par ces deux forces.

Objet 3 : la poussée d'Archimède l'emporte sur le poids, l'objet monte verticalement. C'est le cas des ballons gonflés à l'hélium dans l'air, ou des objets en bois dans l'eau par exemple.

Pour l'expérience de pesée de l'air, nous sommes dans le premier cas. Si on prend un ballon de baudruche (ou tout ballon dont le volume changerait lorsqu'on le gonfle), l'augmentation du poids du ballon est compensée par l'augmentation de la poussée d'Archimède, donc l'effet du poids de l'air est amoindri et peu ou pas visible. Avec un ballon de volley-ball (ou tout ballon gardant le même volume lorsqu'on le gonfle), comme le volume reste le même, la poussée d'Archimède reste la même dans les deux cas ; donc, seul le poids de l'air ajouté va influer sur le résultat de l'expérience. ■

L'air est-il vraiment de la matière ?

Compétences disciplinaires

- Avoir compris et retenu que la matérialité de l'air se manifeste par des propriétés comme : le transvasement (comme les liquides), la transmission de mouvement (comme les solides), la résistance à un liquide, à un solide ou au mouvement (comme le parachute)...
- Savoir que l'air est pesant (autre propriété de la matière).

Compétences méthodologiques

- Participer à la conception d'un protocole expérimental et le mettre en œuvre en utilisant les outils appropriés.
- Exprimer et exploiter les résultats d'une mesure ou d'une recherche : utiliser le langage scientifique à l'écrit et à l'oral.

Lexique

Air, densité, matière.

Durée de la séance : 1 h 30 à 2 h.

Matériel

- Des ballons de baudruche.
- Une balance Roberval et des masselottes.
- Un ballon de volley-ball.
- Une pompe permettant de gonfler le ballon de volley-ball.
- Des bouteilles en plastique.
- Une paille.
- Une ficelle.
- Du ruban adhésif.
- Une paire de ciseaux.
- 6 photographies : « L'air et les mouvements ».

Étape 1

Naissance du questionnement
Appropriation du sujet

Organisation de la classe

Travail individuel puis collectif.

Lors du visionnage d'une vidéo, ou lors d'une étude historique, l'enseignant constate que certains bateaux avancent à l'aide d'une voile.

► Comment cela se fait-il ?

Remarque : la situation d'entrée est adaptable à souhait : on peut choisir parmi les nombreux exemples simples mettant en évidence la matérialité de l'air (le parachute, l'avion qui s'appuie sur l'air pour voler, l'hélicoptère qui utilise également la matérialité de l'air pour voler...).

L'enseignant demande aux élèves de rechercher au brouillon une explication à ce mouvement. Il en profite pour survoler les contenus des cahiers et se faire une idée des connaissances des élèves.
Puis il lance la discussion dans la classe. On attend des élèves qu'ils expliquent que c'est le vent qui pousse le voilier ; le vent étant de l'air en mouvement, c'est donc l'air qui pousse le bateau.

Conseils : la durée de cette étape peut s'avérer assez variable. En effet, tout dépend de ce que les élèves ont vu en cycle 2. Dans tous les cas, cette étape est l'occasion de constater les connaissances des élèves sur ce thème.

Étape 2

Construction de la problématique

Matériel

Les photographies « L'air et les mouvements » (livret couleur p. 24).

Organisation de la classe

Travail individuel puis collectif.
Remarque : il est également possible de faire travailler les élèves en groupes, mais cela risque de rallonger l'étape et éventuellement de rogner le temps d'expérience.

L'enseignant demande à chaque élève de rechercher le rôle ou l'influence de l'air sur chacune des images du document. Ce questionnement étant assez ouvert, il est possible « d'aiguiller » les élèves, de leur donner des indices. Par exemple :

- ► *Voilier* : Quel rôle joue l'air dans le mouvement du voilier ?
- ► *Voiture* : Pourquoi cette voiture de sport a-t-elle cette forme ?
- ► *Astronaute* : Pourquoi l'astronaute doit-il être muni de cet équipement (scaphandre + bombonnes) ?
- ► *Sous-marin* : Pourquoi l'air peut-il aider un sous-marin à remonter à la surface ?
- ► *Avion* : Comment l'avion peut-il flotter dans l'air ?
- ► *Montgolfière* : Pourquoi la montgolfière peut-elle s'élever dans l'air grâce à de l'air chauffé ?

Une correction commune est faite, des discussions s'engageant entre les élèves lorsqu'il y a désaccord.

Réponses attendues

Le vent appuie sur les voiles du bateau, ce qui le fait avancer.

La voiture doit avoir un profil *aérodynamique*, sinon les frottements avec l'air ont tendance à la freiner.

Sur la Lune, il n'y a pas d'air. Pour pouvoir respirer, un astronaute doit donc en emporter avec lui. L'air nous permet de vivre grâce à l'oxygène qu'il contient.

L'air est moins *dense* que l'eau ; on le constate lorsqu'on voit des bulles d'air remonter à la surface. Ainsi, lorsqu'ils souhaitent remonter un sous-marin à la surface, les marins gonflent des poches d'air.

L'air chaud est moins dense que l'air froid. C'est pourquoi, en remplissant un ballon avec de l'air chaud, on provoque son élévation.

L'étape se termine sur une interrogation :

► Que prouvent toutes ces images ?

Étape 3

Formalisation du problème

Organisation de la classe

Discussion en classe entière puis travail en groupes.

En poursuivant la discussion de l'étape précédente, l'enseignant dirige les élèves vers le concept de matière. Il s'agit de faire émerger le fait que, comme le font bien des objets de la vie courante, *l'air pèse*, *l'air pousse*, *l'air frotte*, *l'air maintient en hauteur l'avion*, etc. On notera ces « actions » de l'air (hypothèses) au tableau.

L'enseignant répartit le travail : chaque groupe d'élèves doit trouver une expérience permettant de vérifier si l'une des caractéristiques qui viennent d'être listées peut être attribuée ou non à l'air.

On attend des élèves la rédaction d'un protocole, le dessin d'un schéma, ainsi que l'établissement d'une liste de matériel.

À la fin de cette étape, un bilan est fait. Lors du passage dans les rangs, le professeur repère quelques expériences marquantes (par leur pertinence ou au contraire par leur incohérence). Il demande à un rapporteur dans chaque groupe de présenter l'expérience qu'il a choisie.

C'est l'occasion de travailler la démarche expérimentale : l'enseignant pointe le lien entre hypothèse et expérience.

Résultats attendus

On attend des élèves qu'ils pensent que :

- la matière est pesante, il faut donc trouver un moyen de peser l'air ;
- la matière frotte ou pousse, il faut donc prouver que l'air entraîne un mouvement ;
- l'air peut être transporté, il faut donc montrer que l'on peut mettre de l'air dans différents contenants.

Bien entendu, il est difficile pour les élèves d'établir une telle liste. Le rôle d'animateur de l'enseignant est donc primordial.

Une autre stratégie, plus simple, consiste à donner cette liste aux élèves et à en discuter avec eux aux regards des documents étudiés lors de l'étape précédente.

Remarques : cette étape fait de cette séance un excellent préalable aux changements d'états (séquence 14), elle permet aux élèves de travailler le concept de matière et de faire le point sur leurs connaissances.

Étape 4

Expérimentation

Matériel pour réaliser les expériences illustrées sur la fiche évaluation

- Des ballons de baudruche.
- Une balance Roberval et des masselottes.
- Un ballon de volley-ball.
- Une pompe permettant de gonfler le ballon de volley-ball.
- Des bouteilles en plastique.
- Une paille.
- Une ficelle.
- Du ruban adhésif.
- Une paire de ciseaux.
- Le matériel nécessaire à la réalisation des expériences conçues par les élèves.

Organisation de la classe

Par petits groupes.

Les élèves réalisent les expériences qu'ils ont proposées et qui ont été retenues. L'enseignant retient les expériences importantes évoquées dans la fiche évaluation, mais laisse également les élèves en réaliser d'autres qui ne sont pas concluantes. Les groupes plus rapides peuvent faire une deuxième expérience.

Les élèves sont avertis qu'ils devront présenter leur travail à toute la classe : ils ne doivent donc pas ranger le matériel aussitôt l'expérience réalisée.

Méthodologie à suivre

Pour chaque manipulation, les élèves indiquent dans le cahier d'expériences :

- l'hypothèse à vérifier ;
- un schéma de ce qu'ils ont fait ;
- l'observation du résultat de l'expérience ;
- la conclusion de l'expérience.

Remarques : une nouvelle fois, il n'est pas évident que toutes les expériences illustrées dans la fiche évaluation viennent à l'esprit des élèves. L'enseignant peut donc distribuer, à titre d'indice pour les élèves en situation de blocage, une photocopie d'une des expériences présentées.
Une autre stratégie est possible : le protocole de certaines expériences est directement donné (notamment les deux dernières avec le ballon de baudruche). Les élèves réalisent l'expérience et concluent quant à sa pertinence par rapport au sujet du jour.

Étape 5

Mise en commun et structuration

Organisation de la classe
Collectif.

Matériel
Le même que dans l'étape précédente.

Chaque groupe d'élèves présente son expérience en expliquant sa démarche (hypothèse, expérience, observation, conclusion).
Le professeur, positif dans tous les cas (une expérience ratée ou sans observation exploitable est également un pas en avant scientifique), note au tableau les propriétés de l'air constatées.

Trace écrite
Les élèves notent dans leur cahier de sciences les différentes propriétés de l'air.
Ils en illustrent une avec le schéma d'une expérience menée.
La conclusion retenue est que l'air est de la matière car il a les mêmes propriétés que des objets « solides ». L'enseignant insiste sur le caractère pesant de l'air.

Évaluation

Compétences évaluées

- Interpréter le résultat d'une expérience.
- Connaître certaines propriétés de l'air, notamment son caractère pesant, savoir en déduire que l'air est de la matière.

Les élèves travaillent individuellement sur la fiche évaluation. Ils indiquent, pour chaque expérience l'hypothèse, le résultat attendu.
Remarque : certains dispositifs peuvent être mis en œuvre par l'enseignant (notamment celui du ballon de baudruche accroché à un fil).
Une correction est ensuite faite selon le déroulement paraissant le plus approprié à l'enseignant (collective, auto-correction, ou correction par l'expérience). Il est tout à fait possible de réaliser quelques-unes des expériences à titre de correction (l'expérience avec le ballon de baudruche qui se met en mouvement sur un câble plaît beaucoup aux élèves).

Correction

Expérience de transvasement de l'air
L'air est de la matière (ou un gaz) qui occupe tout l'espace dont il dispose. On peut donc le transvaser de verre en verre. Le premier verre se vide de son air et se remplit d'eau tandis que le second se vide de son eau et se remplit d'air.

Expérience avec la bouteille pleine d'air
Si on appuie dessus, et que le bouchon est mis on n'arrive pas à la comprimer (ou à l'écraser) donc elle est pleine de matière. Donc l'air est de la matière.

Expérience avec la balance
La balance avec le ballon gonflé à bloc voit le plateau pencher. Cette expérience permet de vérifier que l'air a une masse.

Expérience avec le ballon qui se dégonfle
Un ballon de baudruche est accroché à une paille dans laquelle passe une ficelle. On gonfle le ballon puis on le lâche. En se dégonflant, il avance très vite en suivant la ficelle. L'air peut créer un mouvement.

Expérience avec le ballon de baudruche que l'on chauffe
On chauffe l'air qu'il y a dans le ballon. Donc l'air occupe plus de place, le ballon se gonfle. L'air peut se « dilater ».

Toutes ces expériences prouvent que l'air est de la matière.

13 Fiche évaluation

L'air est-il vraiment de la matière ? Cinq expériences sur l'air

Pour chacune des expériences, indique ce qu'il va se passer et ce que l'on peut en conclure.

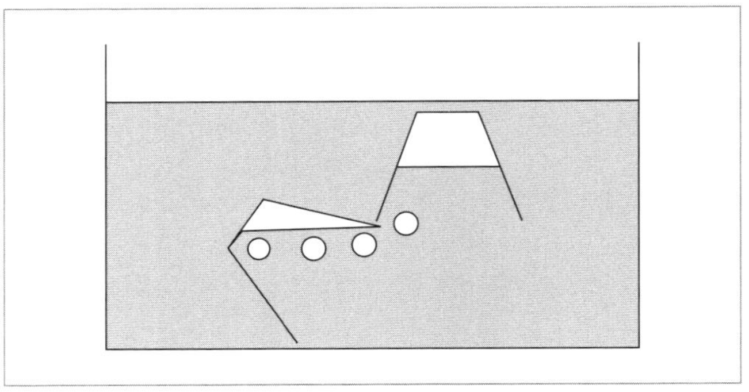

1 Transvaser de l'air.

2 Compresser de l'air.

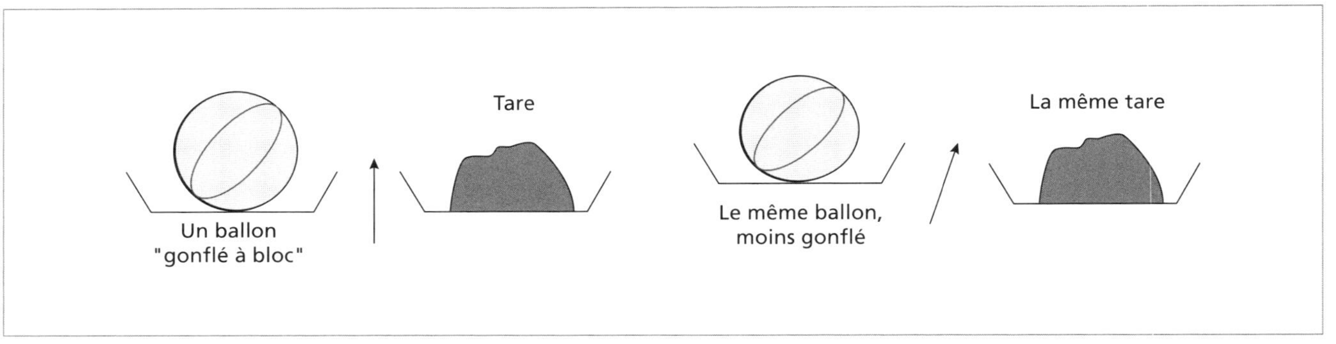

3 Peser de l'air.

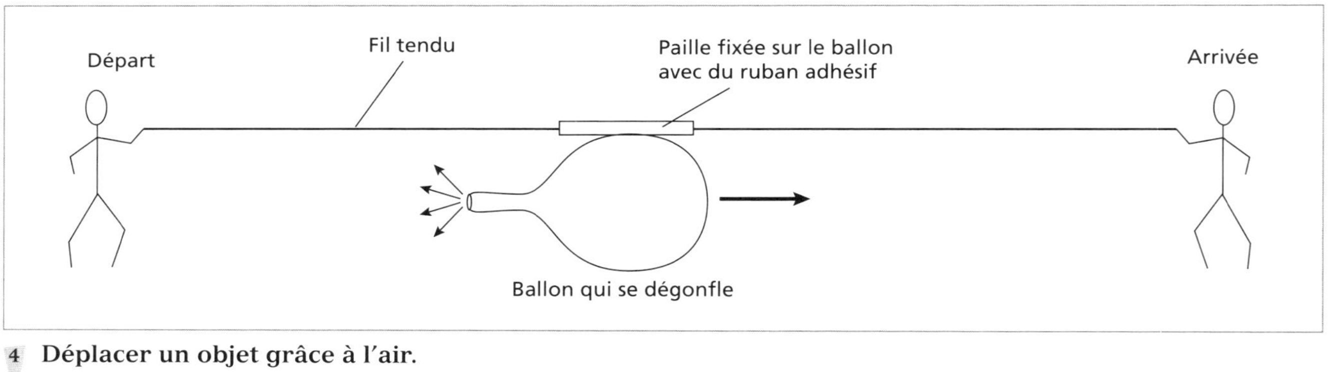

4 Déplacer un objet grâce à l'air.

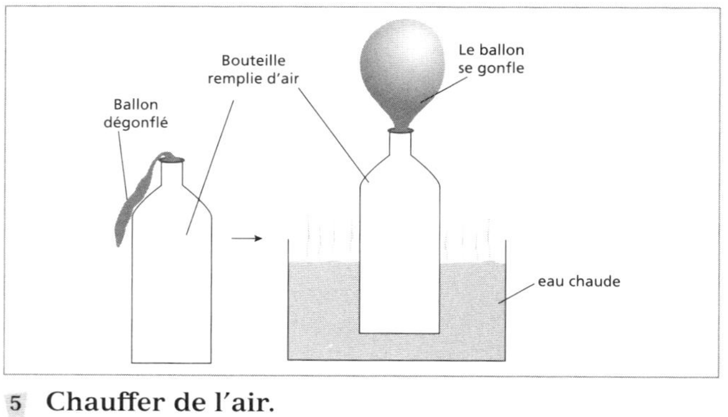

5 Chauffer de l'air.

Les changements d'état de l'eau

Informations pour l'enseignant

Quelques considérations sur la matière

Ce qui est évoqué dans ce paragraphe n'est évidemment pas au programme de cycle 3, mais peut servir à l'enseignant pour prendre un peu de recul sur les notions abordées dans cette séquence.
La matière est constituée d'atomes. L'atome (terme issu du grec *insecable* signifiant insécable) est considéré comme étant l'élément de base de la matière. Il est lui-même constitué d'un noyau, globalement chargé électriquement positivement, et d'électrons, chargés électriquement négativement, qui gravitent autour du noyau. Celui-ci est constitué de neutrons (particules neutres) et de protons (chargés positivement).
Les protons ont la même valeur de charge électrique que les électrons, mais de signe opposé. Il y a autant de protons que d'électrons dans un atome, il est donc électriquement neutre.
C'est le nombre de protons qui différencie les éléments (exemple : 1 proton pour l'hydrogène, 26 pour le fer). C'est le nombre d'électrons qui détermine les propriétés chimiques d'un atome.
Souvent, les atomes s'associent entre eux pour former des molécules.
C'est la disposition des atomes ou des molécules et leur « liberté » de mouvement qui déterminent l'état de la matière.

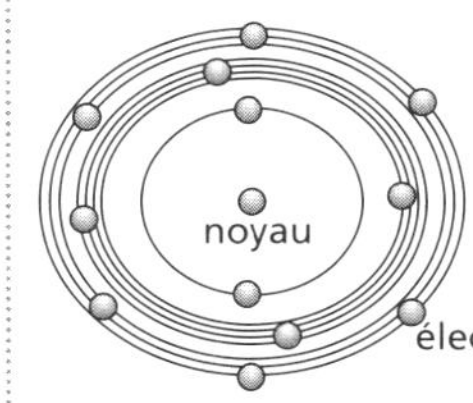

Modèle planétaire d'un atome.

Les états de la matière

Les trois états de la matière étudiés au cycle 3 sont les gaz, les liquides et les solides.

La matière se trouve à l'état **solide** lorsque les molécules qui la constituent ne se déplacent pas les unes par rapport aux autres. Un solide a une forme propre et, à moins de lui appliquer une certaine force, il n'en change pas.

Dans un **liquide**, les molécules sont liées, mais peuvent se déplacer les unes par rapport aux autres. Un liquide va donc prendre la forme du récipient qui le contient et le remplir partiellement (selon la gravité). Hors agitations extérieures, un liquide présente une surface horizontale.
Dans le cadre du **gaz**, les molécules sont indépendantes les unes des autres. Elles se déplacent les unes par rapport aux autres au hasard des chocs, dans un mouvement aléatoire, dépendant de la température. Ce mouvement s'appelle le mouvement brownien. Un gaz occupe tout l'espace disponible dans le récipient qui le contient.
Les gaz et les liquides sont des fluides.

Le **cristal** est un cas particulier de solide. Dans le cas du cristal, les molécules sont « rangées de façon organisée », ce qui explique la jolie résonance parfois entendue lorsqu'on les fait vibrer.

Sur le schéma ci-contre sont indiqués les changements d'état. Les conditions de ces changements d'état dépendent de la pression du milieu, de sa température mais aussi, bien entendu, du matériau en question.
À ce titre, l'eau s'avère particulièrement intéressante pour une étude en classe puisque, à pression atmosphérique, elle se solidifie à 0 °C (« elle gèle » dans le langage courant), et se vaporise à 100 °C (« elle bout » dans le langage courant).

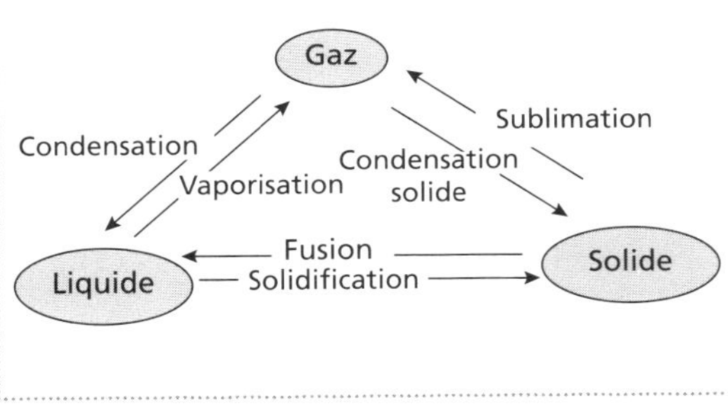

Cependant, le phénomène de **vaporisation** est complexe. Il peut avoir lieu soit par ébullition, soit par évaporation. Pour vaporiser de l'eau par ébullition, à pression atmosphérique moyenne, on porte l'eau liquide à 100 °C. Elle passe alors à l'état gazeux. Le phénomène se caractérise par la formation de bulles de vapeur dans l'ensemble du volume d'eau à 100 °C. Si on augmente la pression, la température d'ébullition de l'eau augmente ; si on diminue la pression, cette température diminue. C'est le principe de l'autocuiseur (inventé par Denis Papin en 1679). La pression plus importante à l'intérieur de l'autocuiseur permet d'obtenir de l'eau liquide plus chaude que dans une casserole. Les aliments trempant dans une eau liquide plus chaude vont cuire plus rapidement. Par opposition, en altitude, la pression atmosphérique est plus faible. La température d'ébullition de l'eau est donc plus faible… et il est bien plus difficile de faire cuire des pâtes !

L'**évaporation** peut, elle, avoir lieu à toute température (les produits séchant dans le réfrigérateur l'atteste), même si le phénomène est plus rapide lorsque la température est plus élevée. Elle a lieu uniquement à la surface d'un liquide et dépend de la quantité d'eau déjà présente dans l'air, c'est-à-dire du taux d'humidité (voir séquence 13, sur l'air). Pour accélérer le phénomène, il faut un apport d'énergie (sous forme de chaleur) et, si possible, diminuer le taux d'humidité de l'air (en ventilant par exemple).

Notons qu'il existe d'autres états de la matière qui ne sont pas au programme de cycle 3, et qui sont très difficilement observables sur Terre (conditions de laboratoire délicates). L'un d'entre eux mérite d'être cité ici (pas aux élèves cependant !) car il représente l'état le plus présent dans l'univers (80 à 90 %), c'est notamment l'état dans lequel se trouve le Soleil : il s'agit du plasma. Ce terme commence à intégrer notre langage courant car il est présent dans certains postes de télévision.
Le plasma correspond à un état que l'on peut qualifier comme au-delà du gaz : les noyaux et les électrons se désolidarisent (il n'y a donc plus ni molécules, ni atomes dans cet état), pour se déplacer complètement indépendamment. Il faut évidemment des conditions très particulières pour l'obtenir. ■

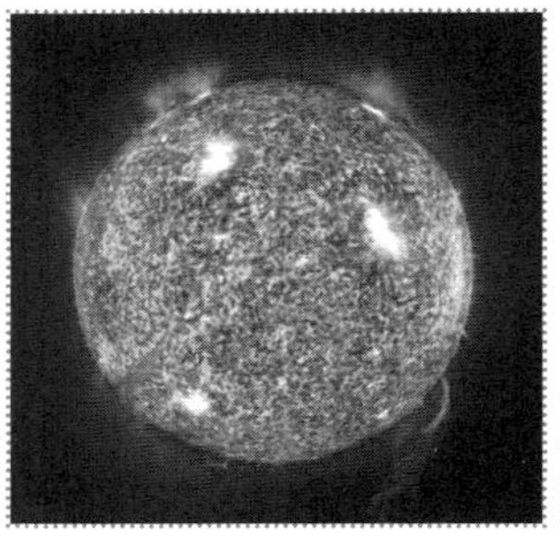

Le Soleil n'est ni à l'état solide, ni à l'état liquide, ni à l'état gazeux, mais, comme toutes les étoiles, il est à l'état de plasma.

Les échelles de température

Voir aussi le paragraphe sur le même thème abordé dans la séquence 13, sur l'air.
À pression atmosphérique moyenne (P = 1 013 hPa), la température de solidification de l'eau est de 0 °C, et sa température d'ébullition est de 100 °C. L'astronome et physicien suédois Anders Celsius a en effet utilisé ces deux points de température pour réaliser son échelle centigrades des températures (1742).
Dans l'échelle du physicien allemand Daniel Fahrenheit (1724), ces deux points correspondent à des valeurs plus surprenantes (32 °F pour la solidification de l'eau, 212 °F pour l'ébullition de l'eau) car ce ne sont pas ces deux points qu'il a utilisés pour former son échelle de température. Celle-ci a été bâtie en prenant le point le plus froid mesurable à l'époque (- 17,8 °C) et la température du corps, autre point facilement mesurable (37 °C = 100 °F).
Depuis, en sciences comme dans la vie quotidienne, c'est l'échelle de Celsius qui a été adoptée. Seuls les pays anglo-saxons ont conservé l'échelle Fahrenheit.

Les progrès de la science, l'explication rationnelle de la température et de ses liens avec les autres paramètres thermodynamiques (*cf.* séquence 13, sur l'air) ont amené les scientifiques à adopter l'échelle absolue de Kelvin, où le 0 K correspond au zéro absolu (température la plus basse possible correspondant à l'immobilité totale des molécules constituant la matière). Le passage de l'un à l'autre est simple, puisqu'il suffit d'ajouter 273,15 à la température en degré Celsius pour obtenir celle en Kelvin. ■

Changement d'état d'un corps pur et d'un corps composé

Pour élever la température d'un corps, il faut lui apporter de l'énergie. De même, le changement d'état est un phénomène qui va absorber de l'énergie ou en rendre.

En conséquence, que se passe-t-il lorsqu'on chauffe de l'eau (liquide) ? L'énergie apportée par le chauffage conduit à la montée en température. Une fois la température d'ébullition atteinte, l'énergie reçue par la source de chauffage est utilisée pour « modifier » la structure de la matière : c'est le changement d'état liquide → gaz, la vaporisation.

La température reste donc constante : on observe un palier de température. Dans les conditions normales de pression atmosphérique, il est impossible d'observer de l'eau liquide à plus de 100 °C. Ce palier de température existe pour tous les changements d'états de corps pur.

Pour un mélange (ou de l'eau « non pure », salée par exemple), ce palier ne sera pas observé car les différents constituants du mélange ont une température d'ébullition différente.

Quelques conseils matériels

Utiliser un thermomètre

Cela peut paraître évident, mais cette remarque doit être prise en compte lors des manipulations pour effectuer des mesures de températures correctes : le thermomètre indique la température du fluide avec lequel il est en contact.

Le mélange réfrigérant

Le mélange réfrigérant (constitué de glace pilée et de gros sel) permet aux élèves de geler une petite quantité d'eau sans utiliser de congélateur. Grâce à ce procédé, il est possible d'observer la solidification de l'eau et de mesurer la température de gel de l'eau. Ce mélange permet en effet de provoquer le gel d'une petite quantité d'eau mise dans un petit pot aux parois fines (ou dans un sachet plastique).

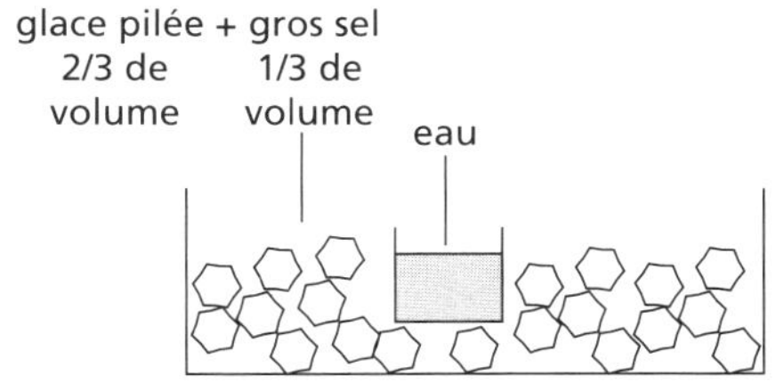

En effet, la glace issue du compartiment congélateur d'un réfrigérateur se trouve normalement à une température autour de - 5 °C. Or, le mélange eau-sel ne peut pas être à l'état solide à cette température, car sa température de gel est inférieure.

Au contact du sel, la glace va donc fondre rapidement.

Remarque : c'est pour provoquer la fusion du verglas sur la route, par la même méthode, que l'on sale les routes en hiver.

Or, pour fondre, elle a besoin d'un apport d'énergie, énergie qui va être puisée dans le milieu ambiant, mais aussi dans le petit sachet d'eau liquide que l'on veut geler et qui se trouve à l'intérieur du pot, c'est-à-dire dans l'air extérieur. On voit donc apparaître de la buée sur les parois du pot, puis du givre. L'eau à l'intérieur du sachet gèle rapidement.

En glissant un thermomètre dans le petit sachet, on peut ainsi mesurer la température de solidification de l'eau.

Pour réussir le mélange réfrigérant, il faut :
– s'approcher le plus possible des proportions indiquées sur le schéma (deux tiers de volume de glace pilée, pour un tiers de volume de gros sel) ;
– utiliser des morceaux de glace pilée les plus petits possible, afin d'optimiser la surface de contact entre le sel et la glace, tout en sachant que si les morceaux sont petits, il faudra se dépêcher pour faire l'expérience car ils fondent rapidement ;
– bien remuer l'ensemble afin d'avoir un mélange le plus homogène possible.
Remarque : cette expérience réussit facilement ; même si ces consignes ne sont pas respectées au pied de la lettre, le résultat est généralement concluant malgré tout !

Pour fabriquer de la glace pilée, il suffit de geler un gros volume d'eau (contenu dans une bouteille en plastique par exemple), puis de le casser au marteau.
L'intérêt de la glace pilée est d'augmenter la surface de contact entre la glace et le sel, et donc d'accélérer la réaction.

Séance 1 – La fusion et la solidification de l'eau Comment caractériser le changement d'état liquide-solide de l'eau ?

Compétences disciplinaires

- Avoir compris et retenu la conservation de la matière dans les changements d'état de l'eau.
- Utiliser correctement un thermomètre.
- Connaître les états solide et liquide de l'eau et les températures de changement d'état.

Compétences méthodologiques

- Pratiquer une démarche d'investigation : savoir observer, questionner, formuler une explication possible (hypothèse), en utilisant éventuellement un modèle simple, et chercher à la valider.
- Manipuler et expérimenter : participer à la conception d'un protocole expérimental et le mettre en œuvre en utilisant les outils appropriés.
- Exprimer et exploiter les résultats d'une mesure ou d'une recherche :
  - utiliser les langages scientifiques à l'écrit et à l'oral,
  - maîtriser les principales unités de mesure des grandeurs inscrites au programme.

Lexique

Solidification, fusion, liquide, solide.

Durée de la séance : 1 h 30

Matériel

- Des petits pots en verre.
- Un paquet de gros sel.
- Des sachets en plastique.
- Des thermomètres.
- Une bouteille d'eau liquide.
- Une bouteille d'eau glacée.
- Un congélateur (ou, le cas échéant, de la glace dans une bonbonne isotherme).
- Une balance.
- Les cahiers d'expériences des élèves.

Étape 1

Naissance du questionnement Appropriation du sujet

Organisation de la classe

Travail individuel, puis collectif.

Exemple de situation de départ : suite à une période de gel, l'enseignant fait constater aux élèves que la glace, initialement présente dans la cour, a « disparu ». On trouve à la place, une flaque d'eau. Dans un premier temps, il demande aux élèves de citer les deux états de l'eau (solide, liquide).
Puis, il leur demande de décrire individuellement sur une feuille ce qui, selon eux, s'est passé.

Remarque : les élèves sont normalement habitués à ces changements d'état. Cette étape a donc également vocation à dresser un état des lieux des connaissances. Une vigilance particulière devra être portée aux termes « transformer » et « disparaître ». Le vocabulaire à mettre en place étant « changement d'état ».

La question de la séance :

▸ Comment la glace devient-elle de l'eau ? Et vice et versa ?

Étape 2

Constatation d'un changement d'état

Matériel

- Un petit pot contenant un glaçon par groupe d'élèves.
- Les cahiers d'expériences.

Organisation de la classe

Par groupes.

L'enseignant propose un défi aux élèves :

▸ Vous avez un pot contenant un glaçon. Transformez-le au plus vite en eau liquide sans le sortir du pot.

Les élèves cherchent dans la classe un moyen de chauffer le glaçon (radiateur, soleil) et notent la conclusion dans leur cahier d'expériences.
L'enseignant effectue une mise en commun rapide de laquelle il ressort que, pour fondre, un glaçon doit être chauffé.

L'enseignant demande alors :

► L'eau peut-elle redevenir de la glace ? À quelle condition ?

La discussion doit mener au fait qu'il faut refroidir l'eau à une température inférieure à 0 °C (en mettant de l'eau liquide au congélateur, ou dehors quand il gèle).

L'enseignant en profite pour introduire (ou rappeler) le vocabulaire suivant :

Fusion : passage de l'état solide (glace) à l'état liquide (de l'eau).

Solidification : passage de l'état liquide (de l'eau) à l'état solide (glace).

Étape 3

Estimation de la température de gel de l'eau

Matériel

- De l'eau solide (des glaçons).
- De l'eau liquide.
- Des petits pots en verre (ou tout autre récipient).
- Des thermomètres.

Organisation de la classe

Par groupes.

Remarque : il est souhaitable, avant l'expérimentation, de prendre un temps avec les élèves pour expliquer l'utilisation du thermomètre, la lecture de la température. Cette manipulation est l'occasion pour les élèves d'apprendre à utiliser un thermomètre. Il doit baigner dans le milieu dont on souhaite mesurer la température pour que la mesure soit correcte.

Cette étape a pour but de continuer à construire la notion de changement d'état, en insistant sur l'importance du paramètre « température ».

L'enseignant propose un nouveau défi aux élèves :

► Essayez de fabriquer de l'eau liquide la plus froide possible.

Il peut demander aux élèves le résultat qu'ils s'attendent à trouver.

Les élèves notent le protocole retenu dans leur cahier d'expériences.

Pour réussir, ils doivent mélanger l'eau et les glaçons, les glaçons permettant de refroidir l'eau liquide.

Résultat attendu

Le mélange eau + glace ne peut descendre en dessous de 0 °C.

Normalement, ce résultat est facilement et rapidement trouvé par tous les groupes. Il est noté dans le cahier d'expériences.

Il peut également être constaté que les glaçons, petit à petit, changent d'état et deviennent liquides.

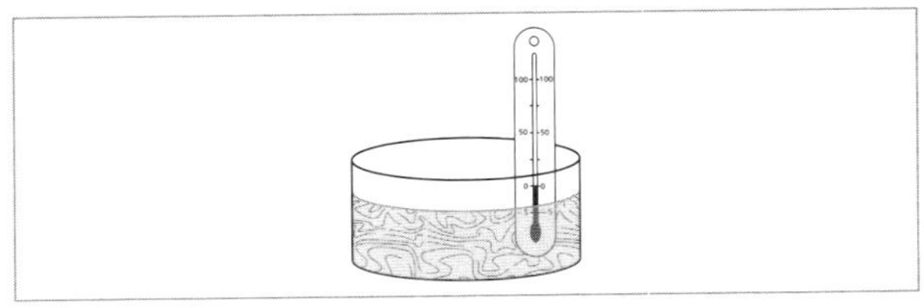

L'enseignant interroge alors :

► Pourquoi l'eau liquide ne peut-elle pas être plus froide ? Que se passe-t-il si la température continue de baisser ?

Étape 4

Mesure de la température de gel
Réversibilité d'un changement d'état

Matériel

- Du gros sel.
- De la glace pilée.
- Des sachets en plastique (un par groupe).

Organisation de la classe

Par groupes.

L'objet de cette étape est la mesure de la température de gel de l'eau.

L'enseignant donne le protocole expérimental menant à la fabrication du mélange réfrigérant glace pilée + sel.

Il dessine au tableau le schéma de l'expérience (ou distribue une photocopie du schéma représenté dans la partie « Informations pour l'enseignant »).

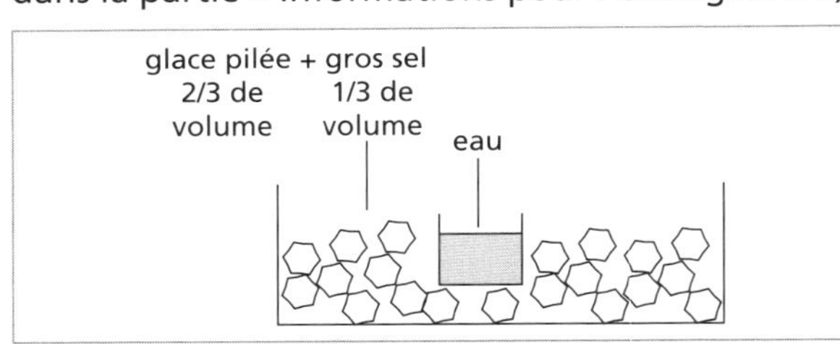

Puis un élève par groupe vient chercher du mélange réfrigérant préalablement préparé par l'enseignant devant les élèves (cette préparation est rapide, spectaculaire et les élèves s'amusent généralement de voir l'enseignant piler la glace devant eux). Cette méthode est la plus rapide. De plus, elle permet de faire en sorte que tous les groupes soient synchrones.

Les élèves notent la température et l'aspect de l'eau contenue dans le sachet à chaque top du professeur. La fréquence des tops dépend de la qualité des mélanges réfrigérants (taille des morceaux de glace pilée et quantité de sel, le mélange le plus efficace étant celui contenant les plus petits morceaux de glace pilée, un tiers de volume de sel pour deux tiers de volume de glace, le tout mélangé de façon la plus homogène possible). Généralement, l'eau gèle assez rapidement : un top toutes les 30 secondes sera la solution moyenne la plus convenable.

Résultat attendu

En dessous de 0 °C, l'eau gèle, c'est-à-dire qu'elle devient solide.

L'enseignant en profite pour demander aux élèves de décrire les états solide et liquide de l'eau dans leur cahier d'expériences.
On notera que l'eau solide (la glace) a une forme propre, contrairement à l'eau liquide qui prend la forme du récipient qui la contient.

Étape 5

Caractérisation d'un changement d'état

Matériel

- Une bouteille d'eau liquide.
- Une bouteille d'eau glacée.
- Des glaçons.
- Des récipients selon les demandes des élèves.
- Un congélateur (éventuellement).
- Une balance.

Organisation de la classe

Travail en classe entière, puis par groupes.

L'enseignant présente aux élèves une bouteille contenant de l'eau liquide, et une bouteille contenant de la glace à peu près au même niveau.
Il interroge :

► Quelle est la bouteille la plus lourde ?

Une discussion s'établit entre les élèves, l'enseignant les amenant à argumenter sur chaque possibilité.

La mesure de la masse de chaque bouteille est alors faite par l'enseignant : il s'avère que la bouteille contenant de la glace est plus légère que celle contenant de l'eau.

Les élèves se répartissent en groupes.
L'enseignant leur demande de proposer une hypothèse sur l'observation faite précédemment :

► Lorsque l'eau gèle, sa masse augmente-t-elle ou diminue-t-elle ?

► Si la masse reste la même, est-ce le volume qui change, c'est-à-dire la place occupée par l'eau dans le récipient ?

Il demande également à chaque groupe de proposer une expérience permettant de vérifier leur hypothèse.
Les élèves écrivent dans leur cahier d'expériences le protocole de l'expérience. Ils dressent par ailleurs une liste du matériel nécessaire.
L'enseignant valide les choix et donne le matériel.

Remarque : les deux expériences peuvent être menées au cours de cette étape.

Expérience 1

On met de l'eau dans une bouteille. (Attention, il ne faut pas la remplir !).
On marque la bouteille d'un trait afin de repérer le volume.
On la pèse.
On la met au congélateur jusqu'à congélation...
On pèse la bouteille d'eau congelée.
Résultat : la masse n'a pas changé. Le volume a augmenté.

Expérience 2

On met des glaçons dans un récipient.
On les pèse.
On attend que les glaçons deviennent liquides...
On pèse à nouveau le récipient.
Résultat : la masse n'a pas changé. Lorsque les glaçons ont été mis dans l'eau, ils dépassaient de l'eau, ils émergeaient. Depuis qu'ils ont fondu, plus rien n'émerge, et le niveau de l'eau est le même : le volume de l'ensemble a diminué.

Difficultés matérielles

Une des raisons possibles d'un échec de l'expérience 2 est l'apparition de buée ou même de gouttelettes d'eau sur les parois extérieures du pot contenant l'eau et les glaçons. Il faut expliquer aux élèves que cette eau est présente dans l'air et que sa masse peut fausser l'expérience. Il convient d'essuyer le pot avant la mesure. Il est préférable de ne pas accélérer la fonte des glaçons en chauffant le récipient car, si de l'eau s'évapore, l'expérience est également faussée !
Pour réaliser l'expérience 1, il faut un congélateur. S'il n'y en a pas à l'école, il faut demander aux élèves qui proposent cette manipulation d'en rechercher une autre (l'expérience 2 par exemple).

Résultats attendus et exploitation des observations

Les observations attendues sont les suivantes : lors du changement d'état, la masse est conservée, pas le volume.
Remarque : cette conclusion est plus difficile à établir par interprétation de l'expérience 2. L'enseignant devra dans ce cas mener un débat collectif pour guider les élèves et les amener à cette réflexion.

Une réflexion (écrite ou orale) peut alors conduire les élèves à une première approche de la notion de densité. La glace flotte dans l'eau liquide car, à volume égal, elle pèse moins lourd que l'eau. Un litre de glace contient « moins de matière » qu'un litre d'eau liquide.

Séance 2 – La vapeur d'eau
Lors de l'ébullition, l'eau disparaît-elle ?

Compétences disciplinaires
- Avoir compris et retenu la conservation de la matière dans les changements d'état de l'eau.
- Connaître les trois états physiques de l'eau et les températures de changement d'état.
- Savoir que la vapeur d'eau est invisible.

Compétences méthodologiques
- Pratiquer une démarche d'investigation : savoir observer, questionner, formuler une explication possible (hypothèse), en utilisant éventuellement un modèle simple, et chercher à la valider.
- Manipuler et expérimenter : participer à la conception d'un protocole expérimental et le mettre en œuvre en utilisant les outils appropriés.
- Exprimer et exploiter les résultats d'une mesure ou d'une recherche :
  – utiliser le langage scientifique à l'écrit et à l'oral,
  – maîtriser les principales unités de mesure des grandeurs inscrites au programme.

Lexique
Vapeur, gaz.

Durée de la séance : 1 h 30

Matériel
- Une plaque chauffante.
- Un thermomètre.
- Une casserole ou un plat transparent (en pyrex).
- De l'eau.
- Une plaque (de cuisine par exemple, en métal ou en plastique) froide.
- Des ballons de baudruche.
- Les cahiers d'expériences des élèves.
- Fiche activité 1 : « Relevés de température ».
- Fiche activité 2 : « Les changements d'état de l'eau ».

Étape 1

Naissance du questionnement
Appropriation du sujet

Matériel
- Une plaque chauffante.
- Un thermomètre.
- Une casserole ou un plat transparent (en pyrex).
- De l'eau.
- La fiche activité de relevés de température (fiche activité 1 à photocopier).

Organisation de la classe
Travail collectif, et individuel pour le remplissage du tableau.

Suite à la séance précédente, l'enseignant propose, cette fois-ci d'élever la température de l'eau. Il explique qu'il va faire bouillir de l'eau dans une casserole, ou mieux, dans un plat en pyrex qui présente l'avantage d'être transparent et de résister aux températures de cuisson.
► Que va-t-il se passer ?
Les élèves consignent leurs hypothèses dans leur cahier d'expériences.

Cette question est importante car, pour nombre d'élèves, « évaporation de l'eau » correspond à « disparition de l'eau ». L'objet de cette séance est avant tout de faire prendre conscience aux élèves qu'il s'agit bien d'un changement d'état. L'obstacle à cette compréhension vient évidemment du fait que l'eau à l'état gazeux (vapeur d'eau) est incolore et inodore, donc invisible.

Une discussion avec les élèves permet de dégager les paramètres importants de l'observation qui va être faite : aspect de l'eau, température en fonction du temps. À l'issue de la discussion, l'enseignant distribue la fiche activité à chacun.
Les élèves y consigneront le moment du relevé, la température de l'eau et son aspect.

Remarques : le choix des intervalles de temps (un relevé toutes les minutes ou toutes les deux minutes est généralement pertinent) dépend de la source de chaleur dont on dispose. Pour le choisir de façon pertinente, il est préférable pour l'enseignant de mener une première fois cette expérience avant la séance.
En termes d'organisation, il serait évidemment dangereux de confier à un groupe d'élèves une plaque chauffante ! Le plus simple est de disposer le matériel sur une table dégagée et de demander aux élèves de venir lire à tour de rôle à voix haute la température sur le thermomètre.

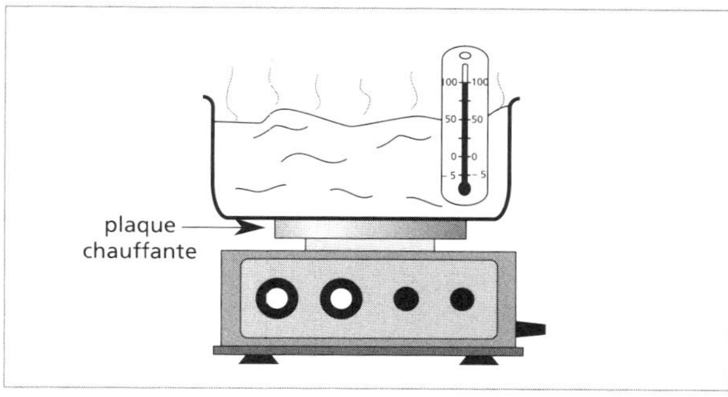

Conclusion attendue
La température de l'eau augmente dans le temps lorsque l'on chauffe l'eau. Elle augmente jusqu'à 100 °C, température qu'elle ne dépasse pas.

L'eau bout, jusqu'à ce qu'il n'y ait plus du tout d'eau liquide dans la casserole.
Au-dessus de la casserole s'élève une fumée qui s'évanouit à mesure qu'elle s'élève.

Remarques sur l'expérience
Lorsque la température de l'eau atteint 40 °C, on voit apparaître de petites bulles. Il ne s'agit pas du début de l'ébullition mais de petites bulles d'air. En effet à cette température, l'air dissous dans l'eau commence à être expulsé.
La température d'ébullition est rarement exactement à 100 °C. En fait, la température d'ébullition de l'eau dépend de la pression atmosphérique, de la pureté de l'eau. Sans oublier les problèmes de précision liés au thermomètre utilisé.

Remarque : ce travail est l'occasion d'avoir une première approche du tracé d'un graphique. En effet, si les intervalles de temps choisis sont réguliers, la représentation de la hauteur d'alcool dans le thermomètre évoluant en fonction du temps s'apparente bien à un graphique avec une échelle de temps linéaire.

L'enseignant interroge alors :
▶ L'eau liquide a-t-elle disparu ?

Étape 2

Transformer de la vapeur d'eau en eau liquide Description de la vapeur d'eau

Matériel
- De l'eau chaude (à la limite de l'ébullition).
- Une plaque de cuisine froide (ou à température ambiante).

Organisation de la classe
Collectif.

L'enseignant présente maintenant la plaque de cuisine froide et indique qu'il va la mettre au-dessus de la casserole où l'eau bout.
▶ Que va-t-il se passer ?
▶ Quelle hypothèse vérifie cette expérience ?
Dans un premier temps, les élèves répondent individuellement sur leur cahier d'expériences.
Puis l'enseignant met la plaque au-dessus de la casserole d'eau chaude.
Les élèves notent leur observation : de l'eau à l'état liquide est visible sur la plaque.
L'enseignant lance alors une discussion entre élèves sur l'origine probable de cette eau.

Conclusion attendue
Cette eau vient de la casserole.
L'eau se transforme en vapeur (invisible) puis s'élève dans l'air.
Si on refroidit l'air contenant de la vapeur (par exemple au contact d'un objet froid), l'eau redevient liquide.
La fumée correspond également à des petites gouttelettes d'eau en suspension. Cette fumée se forme quand l'air chaud chargé en vapeur atteint les couches d'air plus froides au-dessus de la casserole.

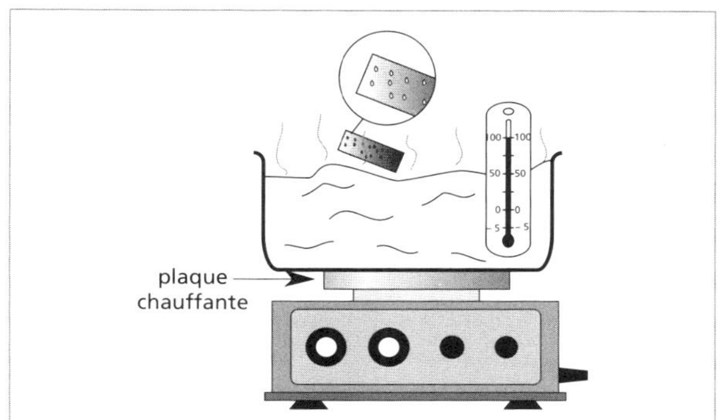

Étape 3

Structuration et vocabulaire

Matériel
La fiche activité 2.

Organisation de la classe
Collectif.

Cette étape est l'occasion d'un premier bilan des connaissances sur les changements d'état de l'eau. La fiche activité 2 peut profitablement servir de support à cette structuration. Il est possible de la compléter au fur et à mesure ou de demander aux élèves de la remplir, puis de corriger collectivement. Les élèves complètent le schéma proposé. L'enseignant introduit le vocabulaire en veillant à distinguer les notions d'ébullition et d'évaporation.
Il demande aux élèves de décrire l'état gazeux de l'eau.

Définitions attendues
Fusion : passage de l'état solide à l'état liquide.
Solidification : passage de l'état liquide à l'état solide.
Condensation : passage de l'état gazeux (vapeur d'eau) à l'état liquide.

Vaporisation : passage de l'état liquide à l'état gazeux (vapeur d'eau).
Ébullition : action de bouillir. L'eau doit atteindre 100 °C pour être en ébullition. À cette température, de grosses bulles de vapeur d'eau se forment : on les voit monter à la surface.
Vapeur d'eau : eau à l'état gazeux. La vapeur d'eau est incolore et inodore donc invisible. Lors de l'évaporation, elle se mélange à l'air.

Remarque : la définition du mot « évaporation » sera donnée dans la partie suivante.

Étape 3

Découverte et appropriation du phénomène d'évaporation

Matériel
- De l'eau à l'état liquide.
- Différents récipients dont des coupelles de diamètres et de profondeurs différents.
- Un ventilateur (éventuellement).
- Des morceaux de tissu.

Organisation de la classe
Par groupes.

L'enseignant lance une discussion avec une question :
► Faut-il nécessairement faire bouillir de l'eau pour qu'elle s'évapore ?
Des exemples tels que les flaques d'eau qui sèchent peuvent être évoqués profitablement.
Il est tout à fait souhaitable que la conversation s'oriente vers des exemples de la vie courante : le gazon plein de rosée, le sol de la maison qui sèche sans qu'on l'essuie, le linge mis à sécher au vent, etc.

À l'issue de la discussion, les élèves se répartissent en groupes, puis l'enseignant distribue à chaque groupe une même quantité d'eau (quelques centilitres) dans un verre.
Il demande alors aux élèves de chercher le moyen d'évaporer cette eau le plus vite possible, le but du jeu étant de trouver la méthode la plus rapide. Le groupe gagnant sera celui qui a évaporé l'eau le plus vite.
Chaque groupe d'élèves indique le protocole et le matériel nécessaire. Pour guider les élèves, le matériel peut être disposé de façon visible sur une table. L'enseignant distribue le matériel. Puis, il donne le coup d'envoi.

Résultats attendus
À l'issue de la réalisation des expériences, une mise en commun est faite. La conclusion attendue est que l'évaporation est plus rapide si on ventile l'eau (on souffle de dessus), si la surface de l'eau est grande ou si on chauffe l'eau (rayon du soleil ou radiateur), c'est-à-dire s'il y a un apport de chaleur.
Si certaines hypothèses ne sont pas trouvées par les élèves (comme le fait d'utiliser une coupelle de grand diamètre afin d'avoir une surface la plus étendue possible), l'enseignant peut effectuer des manipulations complémentaires.
Évaporation : passage de l'état liquide à l'état gazeux. La chaleur accélère l'évaporation de l'eau. L'évaporation est également plus rapide si on ventile l'eau et si la surface du liquide est grande.

Évaluation

Compétences évaluées
- Connaissance des définitions relatives aux changements d'état de l'eau ainsi que les températures caractéristiques lorsqu'il y en a.
- Savoir que la masse de l'eau ne change pas lors d'un changement d'état.

Les élèves complètent individuellement la fiche évaluation.
L'enseignant peut demander les définitions des changements d'état sur une seconde page en reprenant une partie de la fiche d'activité 2.
Une correction est ensuite faite selon le déroulement paraissant le plus approprié à l'enseignant (collective, auto-correction, ou correction par l'expérience).

Corrigé

1. *Remarque* : toute flèche allant vers l'air est correcte car l'air contient de la vapeur d'eau.

Ph. © Corbis / D. Lomax / Robert Harding World Imagery

2. Lorsque l'eau gèle, elle occupe plus de place, c'est donc la première bouteille d'eau liquide (a) qui doit être celle correspondant à la bouteille contenant de la glace.
3. Comme une certaine quantité d'eau gelée occupe plus de place que la même quantité d'eau à l'état liquide, et étant donné que la masse se conserve lors d'un changement d'état, c'est la bouteille remplie avec de l'eau à l'état liquide qui est la plus lourde. (Si on laisse fondre la glace de la 1re bouteille, on obtiendra moins d'eau que dans la 2e.)

Les changements d'état de l'eau

Relevés de température

Mesure n°							
Temps :							
Aspect :							
Température :							
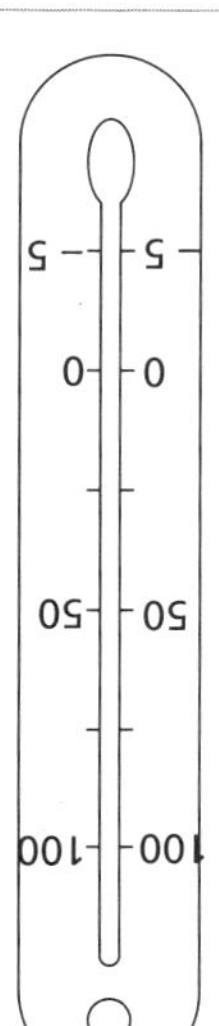	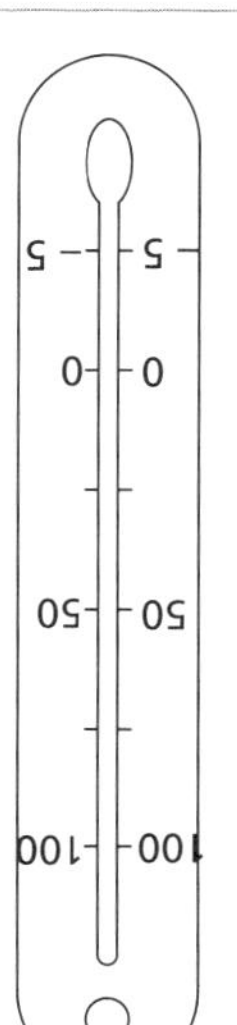	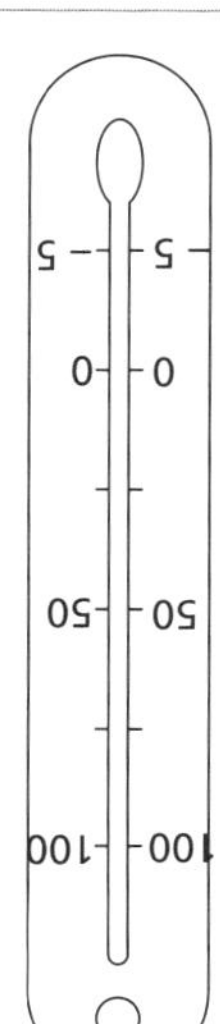	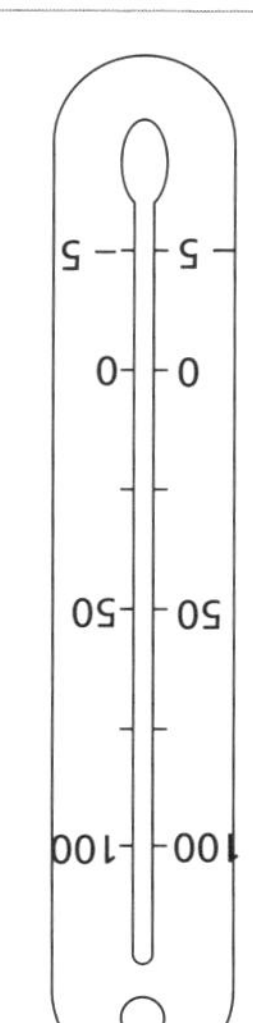	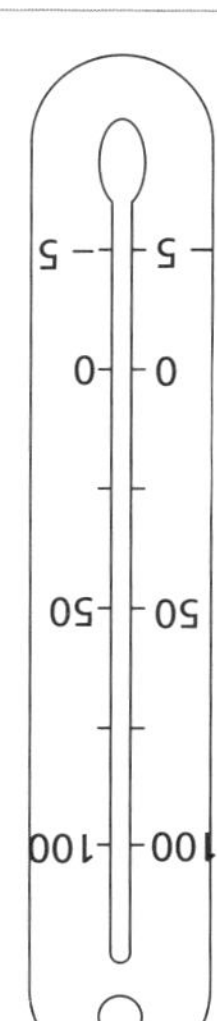	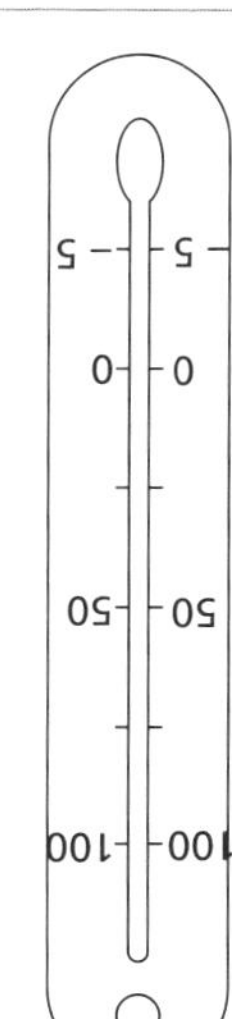	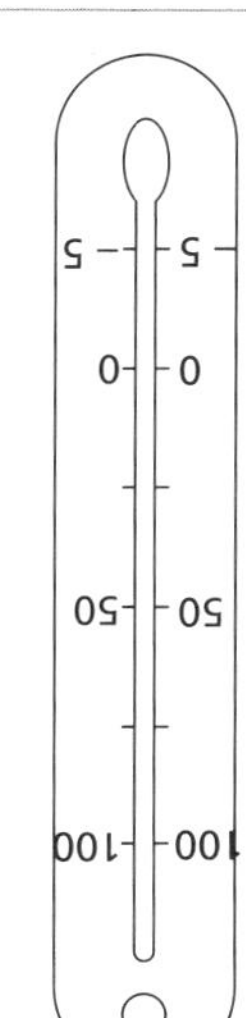	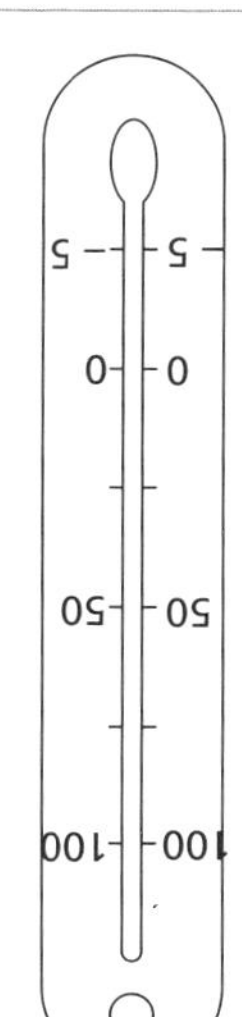

14

Fiche activité 2

Les changements d'état de l'eau

1. Écris les définitions et indique lorsque cela est possible la température à laquelle doit être l'eau pour que se passe le phénomène.

Fusion : ....

....

....

Température : ....°C ....

Solidification : ....

....

....

Température : ....°C ....

Condensation : ....

....

....

Température : ....°C ....

Vaporisation : ....

....

....

Température : ....°C ....

Ébullition : ....

....

....

Température : ....°C ....

Évaporation : ....

....

....

Température : ....°C ....

Vapeur d'eau : ....

....

....

Température : ....°C ....

2. Complète le schéma.

Les changements d'état de l'eau

1. **Écris l'état dans lequel se trouve l'eau sur cette photo.**
Indique à l'aide d'une flèche un endroit où il y a de la vapeur d'eau.

Ph. © Corbis / D. Lomax / Robert Harding World Imagery

....
....

....
....

2. **On met une bouteille d'eau au congélateur, puis on la sort. Parmi les deux bouteilles d'eau liquide, laquelle correspond à celle qui est à gauche ? Explique pourquoi.**

a b

....
....
....
....

3. **La première bouteille d'eau est remplie de glace, la seconde d'eau à l'état liquide. Laquelle est la plus lourde ? Justifie ta réponse.**

....
....
....
....

15

Le cycle de l'eau

Informations pour l'enseignant

Une application de la séquence sur les changements d'état de l'eau (séquence 13)

Travailler sur le cycle de l'eau est le meilleur moyen de réinvestir les connaissances construites lors de la séquence précédente, notamment en ce qui concerne la notion d'évaporation, ou tout simplement l'eau à l'état de vapeur. Il est en effet impossible d'expliquer la formation des nuages sans évoquer l'évaporation de l'eau.

L'eau dans l'air

Ce paragraphe est un outil pour comprendre les phénomènes météorologiques mis en jeu dans le cycle de l'eau : formation de nuages, pluie, rosée, givre, etc. L'air contient une certaine quantité de vapeur d'eau. De cette quantité de vapeur dépend le taux d'humidité de l'air.
L'air ne peut contenir plus d'une certaine quantité d'eau. Lorsque cette quantité d'eau est atteinte, on dit que l'air est saturé en eau. Le taux d'humidité est alors de 100 %. En effet, lorsqu'il n'y a pas de perturbation et qu'il y a de l'eau disponible dans le milieu environnant, l'eau s'évapore naturellement jusqu'à saturer l'air en eau.
La quantité d'eau que peut contenir l'air dépend de plusieurs paramètres, principalement de la pression atmosphérique et de la température. De façon absolue, on « comptabilise » la quantité d'eau dans l'air en chiffrant la pression partielle de l'eau dans l'air. L'air est saturé en eau, lorsque cette pression atteint sa valeur maximale, appelée pression de vapeur saturante. Cette valeur dépend notamment de la température. Plus il fait chaud, plus elle est importante, donc plus l'air peut contenir d'eau.
Le taux d'humidité est le rapport entre la pression partielle de vapeur dans l'air et la pression de vapeur saturante ; il s'exprime en %.

Les grandes étapes du cycle de l'eau

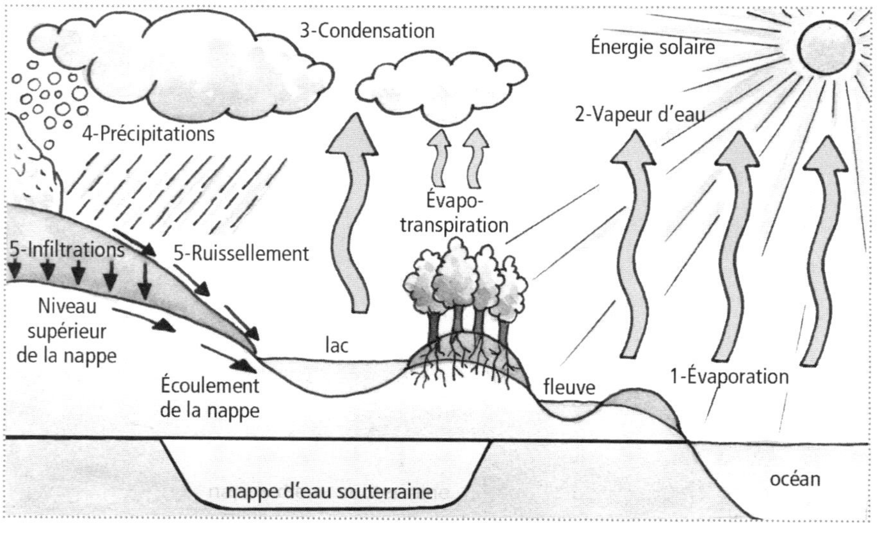

1) Évaporation de l'eau : cette évaporation peut avoir lieu à différents endroits tels qu'au-dessus de la mer (90 %), des étendues d'eau douce et des végétaux (on parle alors d'évapo-transpiration). Cette évaporation est facilitée par le rayonnement solaire, mais également par la surface des étendues d'eau (ce qui explique que les océans soient la source principale), par le taux d'humidité de l'air ambiant (plus il est bas, plus l'évaporation est importante). Notons que le taux d'humidité est généralement assez bas lorsque le vent est important car le vent remplace de l'air humide par de l'air plus sec.
2) Puis la vapeur d'eau s'élève dans le ciel jusqu'à atteindre des couches plus froides de l'atmosphère.
3) Cette vapeur se condense alors en gouttelettes d'eau, formant des nuages. L'altitude à laquelle a lieu cette condensation dépend des conditions météorologiques, particulièrement en pression et en température.
Les nuages se déplacent en raison du vent. De plus, selon la pression et la température à laquelle se trouve le nuage, des gouttelettes d'eau peuvent se solidifier (en flocons de neige, ou en grêlons). Remarquons que si, habituellement (quand il ne pleut pas), les nuages ne « tombent » pas, c'est tout simplement dû au fait que les gouttelettes sont si petites qu'elles sont « transportées » par le vent.
4) Les petites gouttelettes d'eau forment des gouttelettes d'eau de taille plus importante, souvent par des collisions ayant lieu entre elles. Enfin, si les nuages rencontrent des zones dépressionnaires (basses pressions), la condensation va être telle que les gouttelettes d'eau, trop lourdes, vont tomber. Il y aura alors des précipitations et l'eau liquide retombera sur le sol.
5) Cette eau va alors soit s'écouler par ruissellement vers les cours d'eau, s'infiltrer dans le sol et créer des nappes d'eau souterraines et des rivières souterraines, voire revenir à la surface pour créer des sources. La mer recouvrant la majorité de la surface, la majeure partie de l'eau issue des précipitations retombe directement dans la mer !

Le site Internet de Météo France

Le site de Météo France propose de nombreuses pages pédagogiques de tous niveaux. Pour y accéder, il suffit de se rendre sur la page d'index de ce site (http://www.meteofrance.com) et de cliquer sur les onglets : « Comprendre la météo » puis « Éducation ».
Vous trouverez une animation documentaire portant sur le cycle de l'eau.

A LA DECOUVERTE DU CYCLE DE L'EAU

Destiné à tous les enfants visitant le site de Météo-France, la rubrique Jeunesse et jeux vous propose de découvrir le tout premier module destiné aux enfants d'école primaire de 7 à 77 ans, à la fois pédagogique et ludique :

Objectif : comprendre en s'amusant l'importance du cycle de l'eau dans les phénomènes météo. Et au final, pour les plus forts d'entre vous, un rébus qui vous permettra de télécharger un jeu... Pour cela, il faudra gagner les mini-jeux de chacune des 5 rubriques... Bonne chance !

Configuration requise : Macromedia Flash version 6, carte son recommandée

Météo France / DR

Cette animation est divisée en cinq domaines : précipitations, nuage, évaporation, vent, infiltration et ruissellement. Chacun est constitué d'une petite leçon sur le thème et d'un jeu. La réussite aux cinq jeux permet d'accéder à une récompense.
Remarquons un petit travers dans l'une des animations : la vapeur est matérialisée lors de l'évaporation d'eau. Ceci est susceptible d'induire en erreur les élèves, il ne faut donc pas hésiter à leur faire remarquer qu'en réalité, on ne voit pas l'eau s'évaporer. Le reste de l'animation est bien fait et adapté au niveau d'élèves de cycle 3.
Par ailleurs, ce site propose de nombreux documents (notamment un glossaire très complet et précis des termes liés à la météo), permettant, au besoin, de mettre à jour ou de compléter ses connaissances sur la météo.

Météo France / DR

Animation pédagogique expliquant les différentes étapes du thème retenu (ici, « Infiltration et ruissellement »).

Possibilité d'accéder à un quizz sur le thème choisi. Pendant le quizz, une correction argumentée est apportée aux différentes questions.

Ces 5 onglets permettent de choisir parmi les thèmes proposés.

Pourquoi pleut-il ? Où va l'eau de pluie ?

Compétences disciplinaires
- Comprendre les différents changements d'état intervenant au niveau du cycle de l'eau dans la nature.
- Comprendre le caractère cyclique du trajet de l'eau dans la nature.

Compétences méthodologiques
- Rédiger un compte rendu intégrant schéma d'expérience ou dessin d'observation.
- Mettre en relation des données, en faire une représentation schématique et l'interpréter, mettre en relation des observations réalisées en classe et des savoirs que l'on trouve dans une documentation.

Lexique
Infiltration, le vocabulaire des changements d'état de l'eau (solidification, fusion, liquide, solide, vapeur, gaz…) et, plus particulièrement, les termes évaporation et condensation.

Durée de la séance : 2 h.

Matériel
- Des saladiers.
- De l'eau chaude.
- Du film plastique alimentaire ou des plaques de verre.
- Des glaçons.
- Des postes informatiques équipés de connexion Internet.
- Une fiche activité : « Le voyage de l'eau ».
- Deux fiches activité : « Que devient l'eau qui tombe ? ».

Étape 1

Naissance du questionnement
Appropriation du sujet

Organisation de la classe
Collectif.

Exemple de situation d'entrée : un jour de pluie, l'enseignant fait constater aux élèves que de l'eau tombe du ciel. Il interroge :
▸ D'où vient cette eau ?
Les élèves répondront très certainement que l'eau vient des nuages.

L'enseignant demande alors :
▸ Quels sont les états de l'eau que nous avons vus ?
Il effectue un rappel oral des connaissances apprises lors de la séquence précédente en posant des questions sur les différents états de l'eau, les changements d'état qui y sont liés, ainsi que les conditions permettant les changements d'état.

Puis il pose plusieurs questions sur le cycle de l'eau, en écoutant les réponses des élèves, mais sans intervenir :
▸ Dans les nuages, l'eau est à quel état ?
▸ Quand il pleut, à quel état est-elle ? Quand il grêle ? Quand il neige ?
▸ L'eau de pluie, où va-t-elle ?

Étape 2

Représentations des élèves

Matériel
La fiche activité 1 : « Le voyage de l'eau » (à photocopier).

Organisation de la classe
Travail individuel.

L'enseignant distribue la première page de la fiche activité en expliquant qu'il va s'agir de représenter le trajet de l'eau. Il demande aux élèves de compléter le schéma en expliquant les différentes phases. Il ne doit pas hésiter à s'appuyer sur les connaissances acquises lors de la séquence précédente sur les changements d'état.

Cette étape est l'occasion de réinvestir le vocabulaire de la séquence sur les changements d'état de l'eau que l'enseignant ne manque pas d'exiger au moment où il donne les consignes et lors de son passage dans les rangs.

Si certains élèves bloquent, l'enseignant peut distribuer les « jokers » fournis en deuxième page de la fiche. L'idéal étant de découper ces jokers et de les distribuer uniquement au besoin.

Étape 3

Modélisation du phénomène de pluie

Matériel
La fiche activité « Le voyage de l'eau ».

Organisation de la classe
Travail en groupes.

Sur la base du travail de l'étape précédente, les élèves discutent sur les différentes étapes du cycle de l'eau et réalisent une fiche commune.
Aux groupes ayant réussi la bonne synthèse, l'enseignant met en valeur le caractère cyclique des événements. Il introduit le terme de « cycle de l'eau ».

La mise en commun collective permet à chacun de compléter sa fiche.

Réponse attendue

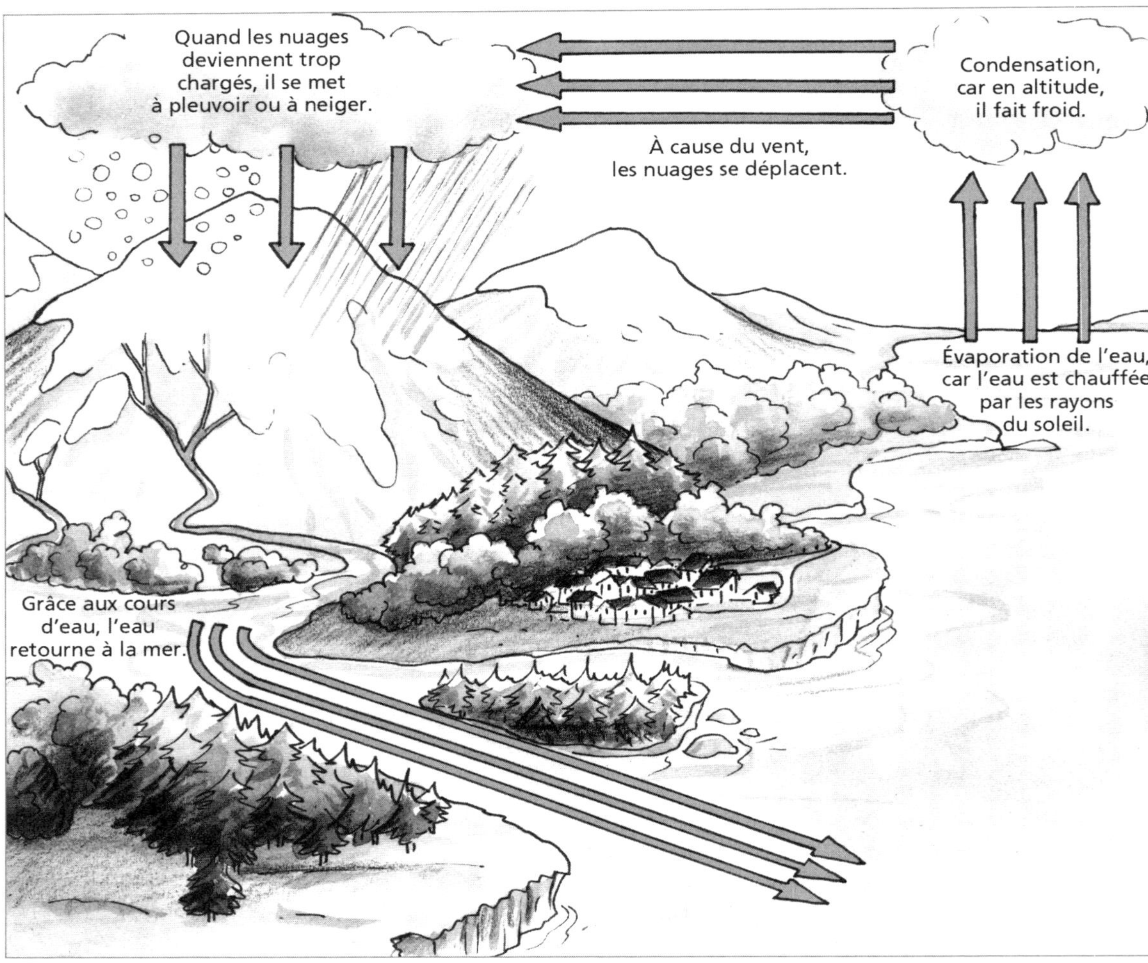

Étape 4

Expérimentation : fabriquer de la pluie

Matériel
- Des saladiers.
- De l'eau chaude.
- Du film plastique alimentaire ou des plaques de verre.
- Des glaçons.

Organisation de la classe
Travail en groupes.

L'enseignant explique le travail demandé dans cette étape : il va falloir simuler le cycle de l'eau afin de vérifier les hypothèses énoncées plus haut. Il présente le matériel à disposition : un saladier, du film plastique (ou une plaque de verre), de l'eau à toutes températures et dans différents états (des glaçons sont disponibles pour les élèves qui pensent en avoir besoin).
Défi proposé : fabriquer de la pluie !

Remarque : le travail expérimental est présenté ici sous une forme plutôt guidée, mais s'il dispose de suffisamment de temps, l'enseignant peut laisser chercher les manipulations, sans présenter le matériel.

L'enseignant demande aux élèves d'avoir une réflexion sur les conditions permettant la formation d'un nuage, puis sa précipitation.
▸ Quelles étapes doivent être reproduites ?
Les élèves doivent s'appuyer sur le travail réalisé au préalable.

Pour guider l'avancement des élèves, l'enseignant pose des questions :

- Comment, avec de l'eau liquide dans un pot, reconstituer les conditions favorables à la formation de nuages ? À la précipitation de ces nuages ?
- Dans vos cahiers d'expériences, présentez une expérience qui permette de fabriquer de la pluie.

Schéma de l'expérience

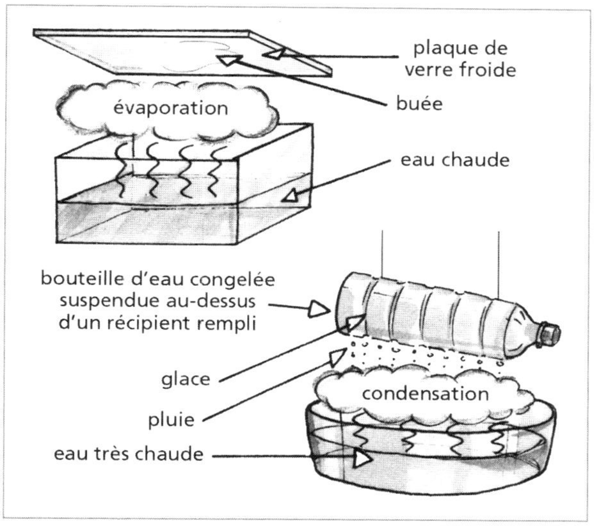

Remarque : pour réussir l'expérience – c'est-à-dire pour que l'eau présente dans le saladier s'évapore, puis qu'elle se condense sur la plaque de verre jusqu'à se mettre à goutter (donc à pleuvoir) –, il faut que l'eau soit la plus chaude possible (eau très chaude du robinet par exemple), et que la plaque de verre soit la plus froide possible (l'idéal est de la mettre dans un congélateur ou un freezer de réfrigérateur, ou, si on utilise du film plastique, poser un ou deux glaçons dessus).

Étape 5

Travail informatique sur le thème de l'infiltration et du ruissellement

Matériel

- La fiche activité 2 : « Que devient l'eau qui tombe ? » (à photocopier).
- Des postes informatiques équipés d'une connexion Internet.

Remarque : bien qu'étant un plus important, le volet informatique de cette étape n'est pas indispensable. Il peut être éludé si les conditions matérielles ou temporelles ne sont pas remplies.

Organisation de la classe

Travail en groupes, puis collectif.

Selon le matériel, les compétences des élèves et la disponibilité de l'enseignant, les ordinateurs sont allumés par les élèves et ils se connectent sur le site. L'idéal est de placer deux élèves par ordinateur, afin d'être sûr que chacun travaille, et de s'assurer qu'une discussion sur les questions délicates a lieu. Le professeur n'intervient pas du tout pendant le remplissage de la fiche (si ce n'est pour s'assurer que les élèves sont bien connectés sur le bon site), il laisse les élèves en autonomie.

La correction, quant à elle, se déroule de façon collective, des discussions entre élèves pouvant avoir lieu pour les questions suscitant des interrogations ou des remarques.

Corrigé

1. Météo France est une entreprise française qui travaille sur les prévisions météorologiques. Leurs clients sont les médias (journaux télévisés, par exemple), mais aussi les gens ayant un métier où la météo est importante (agriculteurs, marins, alpinistes, etc.).

2. Une infiltration est le passage lent de l'eau de pluie ou de la fonte des neiges au travers du sol. Cette eau d'infiltration alimente les nappes d'eau souterraines.

3. Il pleut directement au-dessus de la mer.
Sur le sol, l'eau s'écoule et forme une rivière ; puis, à partir de plusieurs rivières, se forme un fleuve qui s'écoule jusque la mer.
L'eau s'infiltre dans le sol, forme des nappes et des rivières souterraines, avant de réapparaître à l'extérieur sous forme de source. Celle-ci forme alors également une rivière puis un fleuve et s'écoule jusqu'à la mer.

Étape 6

Infiltration et ruissellement : mise en commun collective

Matériel

La fiche activité 3 : « Que devient l'eau qui tombe ? » (à photocopier).

Organisation de la classe

Collectif.

Les informations relevées en étape 5 sont formalisées ici, avec le support de la fiche 3.

Réponses attendues

1. Une infiltration est le passage lent de l'eau de pluie ou de la fonte des neiges au travers du sol. Cette eau d'infiltration alimente les nappes d'eau souterraines.

2. Il pleut directement au-dessus de la mer.
Sur le sol, l'eau s'écoule et forme une rivière ; puis, à partir de plusieurs rivières, se forme un fleuve qui s'écoule jusqu'à la mer.
L'eau s'infiltre dans le sol, forme des nappes et des rivières souterraines, avant de réapparaître à l'extérieur sous forme de source. Celle-ci forme alors également une rivière puis un fleuve et s'écoule jusqu'à la mer.

3. ☒ L'eau dissout les roches calcaires et crée des galeries.
4. ☒ Dans les nappes phréatiques.
5. ☒ À cause de l'eau des fleuves qui ont usé les roches.
6. ☒ Jusqu'à ce qu'elle rencontre des roches imperméables.

Puis l'enseignant demande :
► À votre avis, quelles sont les autres conséquences de la pluie ou de l'absence de pluie ?
Une discussion s'engage alors sur le caractère vital de la pluie (récolte, nappe phréatique alimentant les châteaux d'eau, etc.). Il est inutile de parler de l'eau du robinet et de son parcours, car ce point sera abordé plus tard (en cours moyen), lors de l'étude des mélanges.

L'enseignant interroge :
► Pourquoi peut-on parler de cycle de l'eau ?
Il attend des élèves qu'ils appréhendent le caractère cyclique du parcours de l'eau, en suivant le parcours sur le schéma avec le doigt, par exemple.

Évaluation

Compétences évaluées

- Connaître les différentes étapes du cycle de l'eau.
- Reconnaître un changement d'état.

Corrigé

2. Souligner en rouge (gazeux) : vapeur d'eau.
Souligner en vert (liquide) : lac, rivière, océan, nuages, pluie.
Souligner en bleu (solide) : nuages, glacier, neige.
Souligner en noir : coton.
4. Tous sauf infiltration.
1 et 3.

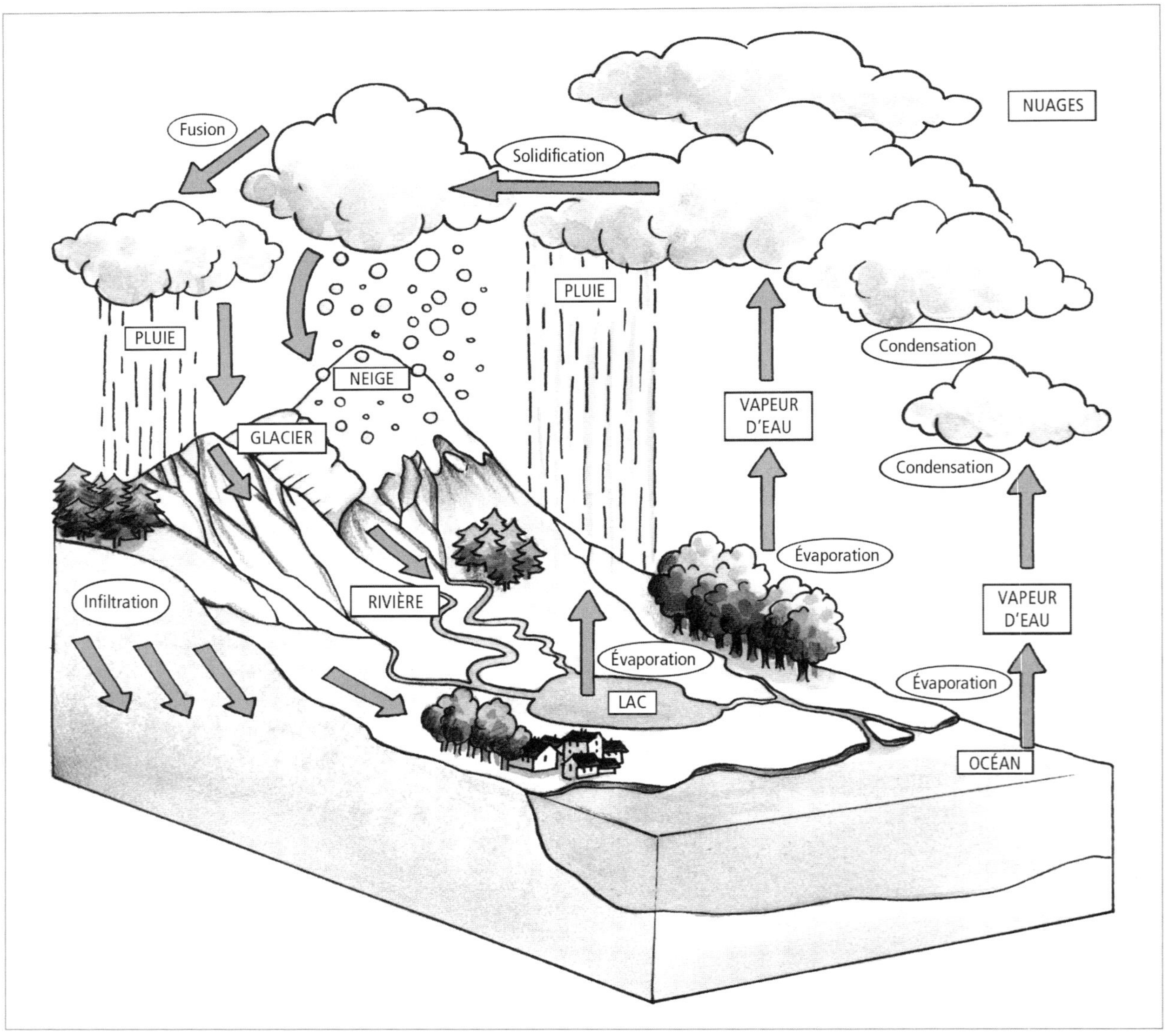

Le cycle de l'eau

Le voyage de l'eau

1. **Annote le dessin afin d'expliquer d'où vient l'eau de pluie et où elle va une fois tombée.**

2. **Écris les différentes étapes en expliquant ce qui se passe.**

....

....

....

....

....

....

....

....

....

....

Le cycle de l'eau

Le voyage de l'eau – Les « jokers »

Joker n° 1

Aide pour trouver quelle matière constitue les nuages

Lorsqu'il y a des nuages, quel temps fait-il en général ?

Que tombe-t-il lors de leur présence ?

Ph. © Jupiter images / Comstock images

Joker n° 2

Aide pour trouver l'état de l'eau dans les nuages

Les nuages sont visibles, quels sont les états possibles de l'eau qui les constitue ?

Ph. © Jupiter images / Thinstock images

Joker n° 3

Aide pour trouver d'où vient l'eau des nuages

Y a-t-il de l'eau dans l'espace autour de la Terre ?

Y en a-t-il sur Terre ?

BIS / Ph. © ESA

Joker n° 4

Aide pour trouver comment l'eau peut quitter le sol ou la mer

Que devient l'eau du linge que l'on a mis à sécher ?

Ph. © Jupiter images / Polka Dot

Joker n° 5

Aide pour trouver comment se forment les nuages

D'où vient l'eau de la rosée ? Comment se forme-t-elle ?

BIS / Ph. Sonneville © Archives Nathan

Joker n° 6

Aide pour expliquer la condensation de l'eau dans le ciel et la formation des nuages

Cette image est celle d'une fenêtre. Que nous permet-elle de déduire sur la température extérieure ?

Ph. © Getty images / B. Diodato

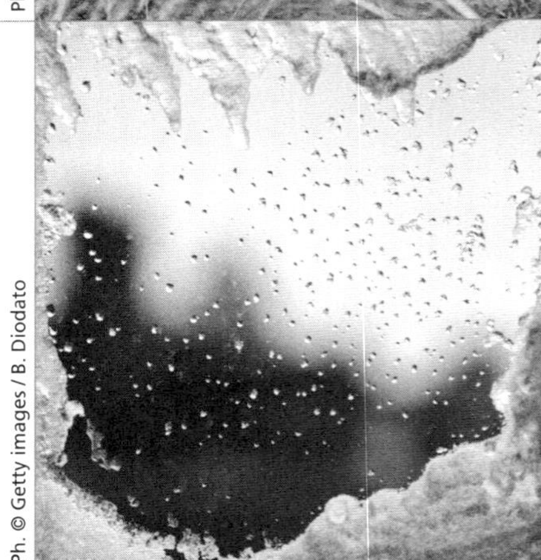

Joker n° 7

Aide pour trouver ce qu'est la neige

Que se passe-t-il quand on garde de la neige dans la main ?

BIS / Ph. Sonneville © Archives Nathan

Joker n° 8

Aide pour trouver comment se forme la neige

Que se passe-t-il si de l'eau liquide est portée à une température inférieure à 0 °C ?

Ph. © Corbis / R. Pickett

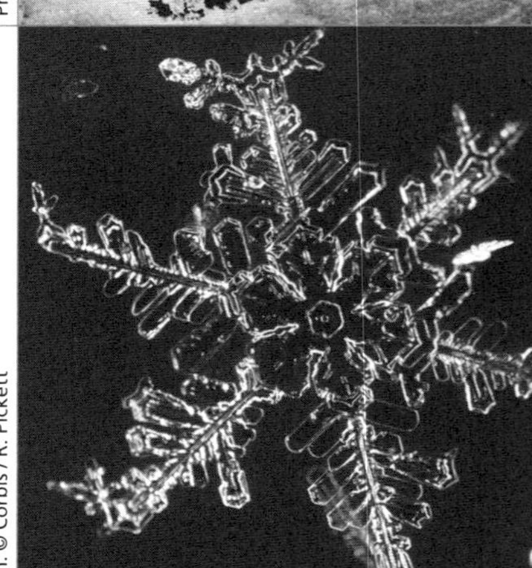

Le cycle de l'eau

Que devient l'eau qui tombe ?

Avant de démarrer

Que sais-tu de Météo France ?

....

....

Première étape

Connecte-toi sur le site de Météo France.
Clique sur l'onglet « Comprendre la météo », puis sur « Éducation ».
Clique enfin sur l'activité « Cycle de l'eau » afin de lancer l'animation qui nous intéresse.

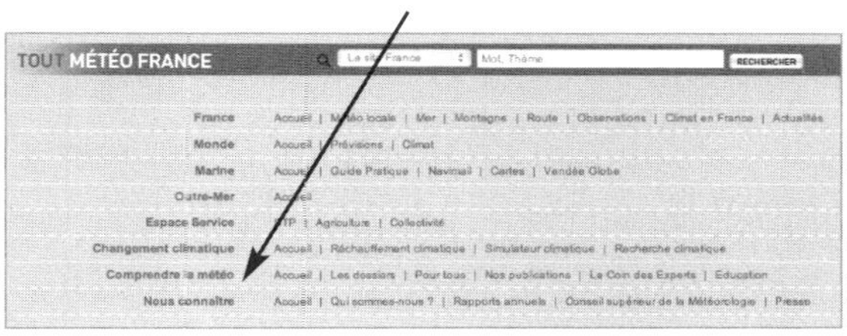

Météo France / DR

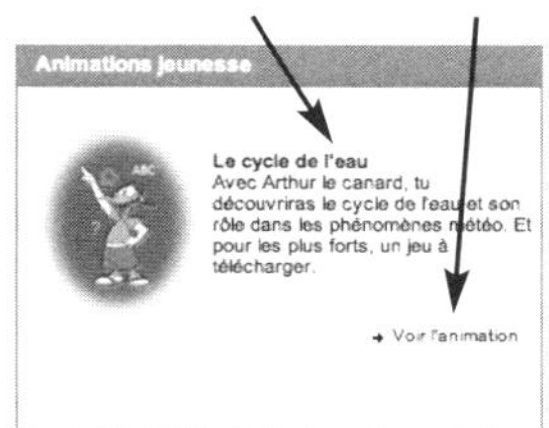

Météo France / DR

Deuxième étape

Lis l'animation portant sur l'infiltration et le ruissellement (à toi de la trouver sur l'écran).
Puis réponds aux questions du quizz.

Météo France / DR

Météo France / DR

Troisième étape : ce que tu en retiens

1. Explique ce qu'est une infiltration.

....

....

2. Comment l'eau tombée lors des averses retourne-t-elle à la mer (cite les 3 possibilités) ?

....

....

....

Quatrième étape

Il te reste du temps ? Profites-en pour tester les autres parties de cette animation !

Le cycle de l'eau

Que devient l'eau qui tombe ?

Météo France / DR

À l'aide du document :

1. Explique ce qu'est une infiltration.

....

....

2. Comment l'eau tombée lors des averses retourne-t-elle à la mer (cite les 3 possibilités) ?

....

....

....

3. Comment se forment naturellement les galeries et rivières souterraines (coche la bonne réponse) ?

- ☐ Les taupes creusent le sol et y mettent de l'eau.
- ☐ La terre dans le sol disparaît à cause des tremblements de terre.
- ☐ L'eau dissout les roches calcaires et crée des galeries.

Réponds à ces questions complémentaires (coche la bonne réponse) :

4. Pour sa consommation où est-ce que l'homme puise l'eau, le plus souvent ?

- ☐ Dans les flaques d'eau.
- ☐ Dans les nappes phréatiques.
- ☐ Dans l'océan.
- ☐ Dans les nuages.

5. Pourquoi l'eau de mer est-elle salée ?

- ☐ À cause de la lave des volcans qui se trouvent au fond des océans.
- ☐ Parce que les bateaux polluent la mer.
- ☐ À cause de l'eau des fleuves qui ont usé les roches.

6. Jusqu'où va l'eau qui pénètre dans les roches ?

- ☐ Jusqu'au niveau des océans.
- ☐ Jusqu'à ce qu'elle rencontre des roches imperméables.
- ☐ Toujours à 3 mètres de profondeur.

Le cycle de l'eau

1. Complète les cases rectangulaires avec les mots suivants (attention certains peuvent être écrits plusieurs fois, d'autres pas du tout) :

LAC – RIVIÈRE – OCÉAN – VAPEUR D'EAU – COTON – NUAGES – PLUIE – GLACIER – NEIGE

2. Souligne en rouge ci-dessus ceux qui sont relatifs à de l'eau à l'état gazeux, en vert à de l'eau liquide, en bleu à de l'eau solide, en noir s'ils n'ont rien à voir avec de l'eau.

3. Complète les cases ovales avec les mots suivants (attention certains peuvent être écrits plusieurs fois, d'autres pas du tout) :

ÉBULLITION – ÉVAPORATION – CONDENSATION – SOLIDIFICATION – FUSION – INFILTRATION

4. Parmi les mots indiqués dans la question précédente, indique celui qui fait (ou ceux qui font) référence à un changement d'état :

....

Dans la collection « Atouts disciplines »

Direction éditoriale : Sylvie Cuchin
Édition : Céline Lorcher
Corrections : Florence Richard

Conception graphique : Anne-Danielle Naname
Mise en page : Françoise Nolibois
Recherche iconographique : Valérie Vidal
Schémas des séquences 1, 5 et 6 : Laurence Dedieu (sauf pp. 21, 93, 105, 113 et 118)
Schémas des séquences 9 à 14 : Laser Graphie
Les autres schémas : Armelle Drouin

FSC www.fsc.org
MIXTE
Papier issu de sources responsables
FSC® C022030

N° de projet : 10177112
Dépôt légal : août 2008
Achevé d'imprimer en France, en mars 2011
sur les presses de JOUVE, 53100 Mayenne - N° 628238U

Sommaire

Le fonctionnement du vivant

- Comment les plantes poussent-elles à partir de graines ? 2
- Comment sont les petits des animaux à la naissance ? 3
- Tous les animaux se développent-ils de la même manière ? 5
- Comment naissent les animaux ? 6
- Qui sont les parents des petits ? Quel est le rôle de chacun dans la reproduction ? 7
- Que devient l'œuf ? Comment vivent les petits après leur naissance ? 8

Les êtres vivants dans leur environnement

- Comment les êtres vivants s'adaptent-ils à la ville ? 10
- Comment les êtres vivants s'adaptent-ils à l'hiver ? 11
- Espèces végétales invasives en France 13
- Espèces animales invasives en France 14
- Espèces menacées et protégées France 15
- Espèces en voie d'extinction en France 16
- Qui vit dans la mare ? Quelles sont les relations alimentaires entre les animaux de la mare ? 17
- Que deviennent les feuilles mortes en forêt ? 18

  Un sous-bois et un jardin public en automne et au printemps 18

  Les animaux du sol 19

  Champignons et bactéries de la litière 21

Le corps humain et l'éducation à la santé

- Comment notre bras peut-il se plier et se tendre ? 22

Les objets techniques

- Les balances 23

Le ciel et la Terre

- L'air et les mouvements 24

Comment les plantes poussent-elles à partir de graines ?

Document 1

Structure de la graine de haricot

Ph. © BSIP / Vidal

a Gousses et graines de haricot.

BIS / Ph. J.-M. Labat © Archives Bordas

❶ petite tige
❷ petites feuilles } germe
❸ radicule

❹ cotylédon

b Une graine de haricot ouverte.

Document 2

Graines de pois

Ph. © Biosphoto / B. Bartomeu

a Gousses de pois.

BIS / Ph. Jeanbor © Archives Bordas

b Une gousse de pois ouverte.

Comment sont les petits des animaux à la naissance ?

Document 1

BIS / Ph. Jeanbor © Archives Bordas

a Une portée de souriceaux.

Ph. © Biosphoto / M. Bruno

b Une poule domestique et sa nichée.

Ph. © BSIP / D. Suzio

Ph. © Biosphoto / H. Pfletschinger / A. Peter

BIS / Ph. Jeanbor © Archives Larbor

c Des têtards de grenouille.

Ph. © Biosphoto / D. Bringard

d Des alevins de poissons Combattants du Siam.

Comment sont les petits des animaux à la naissance ?

Document 1 (suite)

e Des sauterelles : jeune (à gauche) et adulte (à droite).

f Le Bombyx de l'ailante : œufs, chenille, chrysalide dans le cocon et adulte.

Tous les animaux se développent-ils de la même manière ?

Document 2

Plusieurs moments de la vie d'un chat

Ph. © Eyedea / P. Putelat / Hoaqui

a

Ph. © BSIP / J. White

b

Ph. © Corbis / R. Pickett

c

Ph. © Eyedea / H. Silvester

d

Document 3

La coccinelle : de l'œuf à l'adulte

Comment naissent les animaux ?

Document 1

D'autres petits animaux nés du ventre de leur mère

Ph. © BSIP / R. Wittek / Arco

a Agneau venant de naître et sa mère, la brebis.

Ph. © P. Wegner / Arco

b Une lapine et ses lapereaux.

Ph. © BSIP / D. Usher / Arco

c Une portée de porcelets tétant leur mère, la truie.

Ph. © BSIP / M. Delpho / Arco

d Un jeune singe accroché à sa mère.

Document 2

Éclosion d'un poussin et d'un crocodile

Ph. © Biosphoto / J.-C. Carton

a Éclosion de poussins de Foulque macroule.

Ph. © Biosphoto / T. Crocetta

b Naissance d'un crocodile.

Document 3

Têtards sortant d'un œuf sans coquille

Ph. © Biosphoto / R. Cavignaux

Éclosion de têtards de grenouille rousse.

Qui sont les parents des petits ?
Quel est le rôle de chacun dans la reproduction ?

Document 4

Ph. © Biosphoto / M. et C. Denis-Huot

a Accouplement du lion et de la lionne.

Ph. © Biosphoto / J.-L. et F. Ziegler

b Un couple de canards Colvert.

Ph. © Biosphoto / P. Vernay

c Prélude nuptial du cerf et de la biche.

Ph. © Biosphoto / C. Thiriet

d L'accouplement du taureau et de la vache.

BIS / Ph. Jeanbor © Archives Larbor

e L'accouplement chez les criquets.

Que devient l'œuf ? Comment vivent les petits après leur naissance ?

Document 5

Ph. © Eyedea / J. Cancalosi / Npl / Jacana

a Une femelle colin de Gambel sur son nid.

Ph. © Biosphoto / N. Dietmar

b Grenouilles déposant leurs pontes.

Document 6

BIS / Ph. Jeanbor © Archives Larbor

a La tétée du veau.

Ph. © Biosphoto / F. Gohier

b La première respiration à la surface de l'eau d'un jeune baleineau aidé par sa mère, une baleine grise.

Que devient l'œuf ? Comment vivent les petits après leur naissance ?

Document 6 (suite)

BIS / Ph. Jeanbor © Archives Bordas

c De jeunes chardonnerets affamés.

Ph. © Eyedea / Morales / Age fotostock / Hoaqui

d Jeunes tortues écloses gagnant la mer. Combien y parviendront sans être dévorées ?

BIS / Ph. Jeanbor © Archives Bordas

e Une poule et ses poussins.

Ph. © Biosphoto / C. Thiriet

f L'éclosion de larves de coccinelles.

Comment les êtres vivants s'adaptent-ils à la ville ?

Ph. © Biosphoto / H. Harmsen / Foto Natura

Ce panneau pour piétons est un bel abri pour nidifier !

Ph. © Eyedea / P. Roy / Hoaqui

Des végétaux à la conquête des vieux bâtiments.

BIS / Ph. Jeanbor © Archives Larbor

De la nourriture en abondance !

Ph. © REA / G. Rolle

Un pigeonnier aménagé, solution alternative à la nidification sauvage.

Ph. © Corbis / G. Brown

Un oiseau domestiqué.

BIS / Ph. Jeanbor © Archives Larbor

Un jardin bien entretenu.

Comment les êtres vivants s'adaptent-ils à l'hiver ?

Ph. © Corbis / S. Smith

a Arbres à feuillage caduc.

Ph. © Corbis / H. Spichtinger

b Arbres à feuillage persistant.

Ph. © Biosphoto / J. Lilly / GWI

c Graines en dormance.

Ph. © Biosphoto / J. Héras

d Une chrysalide en repos hiverval.

Comment les êtres vivants s'adaptent-ils à l'hiver ?

BIS / Ph. Jeanbor © Archives Bordas

e Des hirondelles rassemblées sur les fils électriques avant leur départ à la fin de l'été.

Ph. © BSIP / R. R. Hansen

f Des sansonnets regroupés sur des fils électriques.

BIS / Ph. Sonneville © Archives Nathan

g Une marmotte engraissée pour l'hiver.

Ph. © BSIP / Purestock

h Un lièvre variable avec sa livrée blanche dans la neige et ses pattes en forme de raquettes.

Espèces végétales invasives en France

Ph. © BSIP / OSF / B. Paton

Berce du Caucase.

Ph. © BSIP / J. Kaprielian

Ambroisie à feuilles d'armoise.

Ph. © Biosphoto / L. Piechegut

Caulerpe.

Ph. © BSIP / Botanicon

Buddleia.

Ph. © BSIP / Phototake / Morina

Renouée du Japon.

Ph. © BSIP / M. P. Gadomski

Robinier faux acacia.

Espèces animales invasives en France

Ph. © BSIP / H. Frei / Arco

Poisson-chat.

Ph. © BSIP / A. J. Martinez

Crépidule.

Ph. © BSIP / H. Schulz / Arco

Rat musqué.

Ph. © K. H. Thomas

Grenouille taureau.

BIS / Ph.Jeanbor © Archives Bordas

Doryphore et sa larve
sur un pied de pomme de terre.

Ph. © BSIP / Nature's images

Coccinelle asiatique.

Espèces menacées et protégées en France

Écrevisse à pattes blanches.

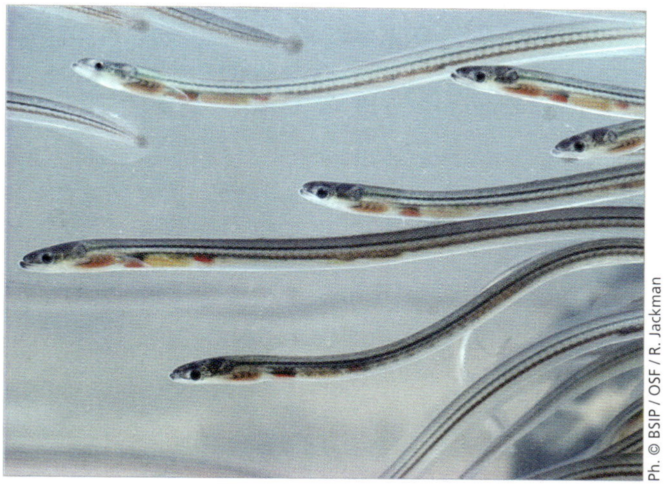

Anguilles au stade de civelles.

Crapaud commun.

Faucon pèlerin.

Rainette verte.

Sabot de Vénus.

Espèces en voie d'extinction en France

Ph. © BSIP / F. Moellers / Arco

Grenouille des champs.

Ph. © Eyedea / S. Cordier / Jacana

Cistude d'Europe.

Ph. © BSIP / D. Usher / Arco

Loutre d'Europe.

Ph. © Eyedea / S. Cordier / Jacana

Grand hamster.

Ph. © Eyedea / Mammifrance / Jacana

Vison d'Europe.

Ph. © BSIP / C. Wennter / Arco

Outarde canneptière.

Qui vit dans la mare ? Quelles sont les relations alimentaires entre les animaux de la mare ?

À la découverte du plancton de la mare

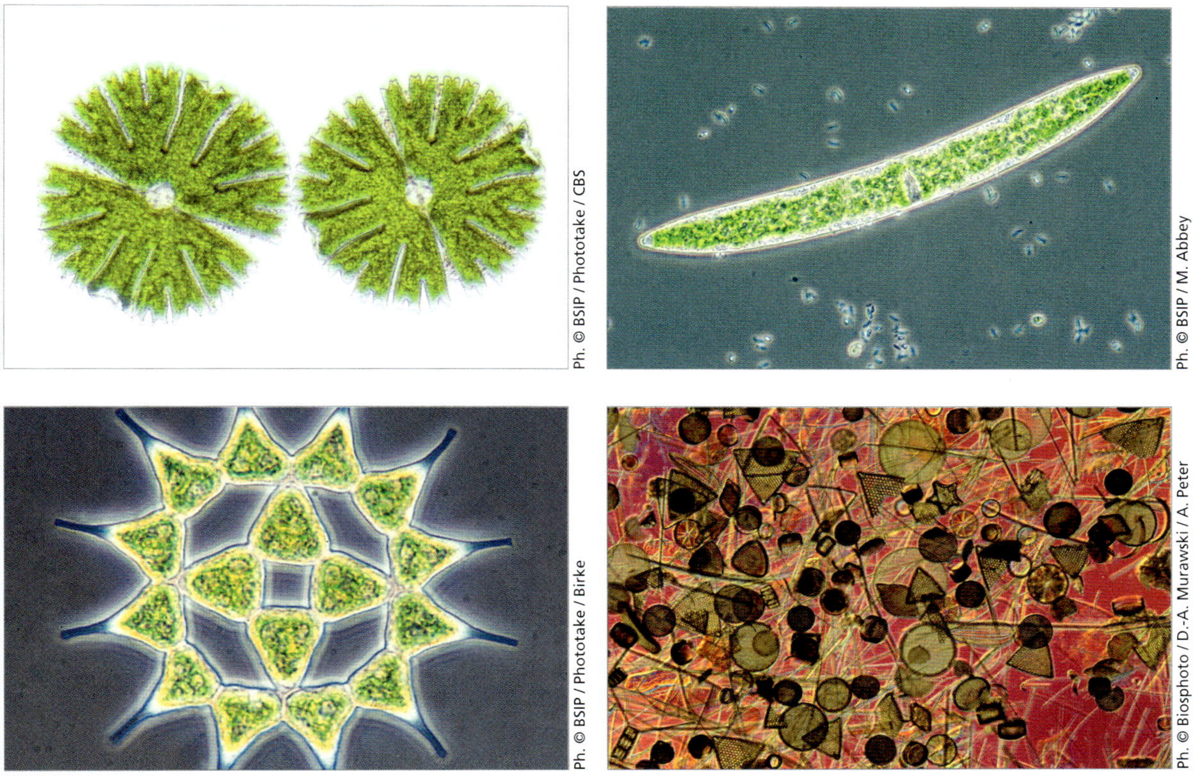

a Phytoplancton d'eau douce (taille inférieure à 2 mm).

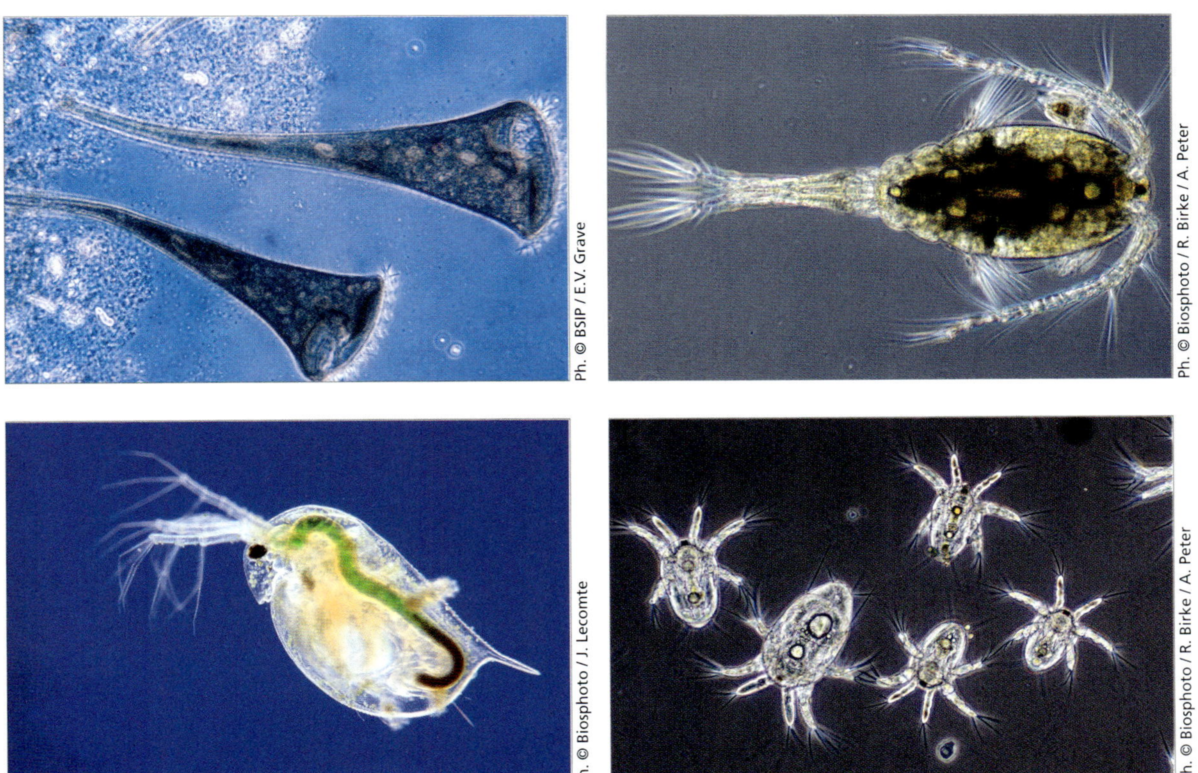

b Zooplancton d'eau douce (taille inférieure à 4 mm).

5
Les êtres vivants dans leur environnement

Que deviennent les feuilles mortes en forêt ?

Un sous-bois et un jardin public en automne et au printemps

Ph. © Corbis / M. Boys

Un sous-bois en automne.

Ph. © Corbis / J. Jaemsen / Zefa

Un sous-bois au printemps.

Ph. © Corbis / P. Johns

Un jardin public en automne.

Ph. © Corbis / J. Hicks

Un jardin public au printemps.

Que deviennent les feuilles mortes en forêt ?

Les animaux du sol

Ph. © BSIP / V. Giles

Ver de terre.

Ph. © Biosphoto / B. Bartomeu

Géophile.

Ph. © BSIP / OSF / M. Chillmaid

Limace des bois.

Ph. © Biosphoto / J.-M. Prévot

Lithobie.

Ph. © BSIP / OSF / H. Taylor

Cloporte.

Ph. © BSIP / J. Meul / Arco

Opilion.

ANNELIDES (VERS) CRUSTACÉS ARACHNIDES
MOLLUSQUES MYRIAPODES INSECTES

Que deviennent les feuilles mortes en forêt ?

Les animaux du sol

Pseudoscorpion.

Bousier.

Grillon des bois.

Staphylin.

Carabe.

Larve de coléoptère.

ANNELIDES (VERS) CRUSTACÉS ARACHNIDES
MOLLUSQUES MYRIAPODES INSECTES

Que deviennent les feuilles mortes en forêt ?

Champignons et bactéries de la litière

Ph. © Biosphoto / J.-P. Delobelle

a Feuille recouverte de filaments blancs de champignons.

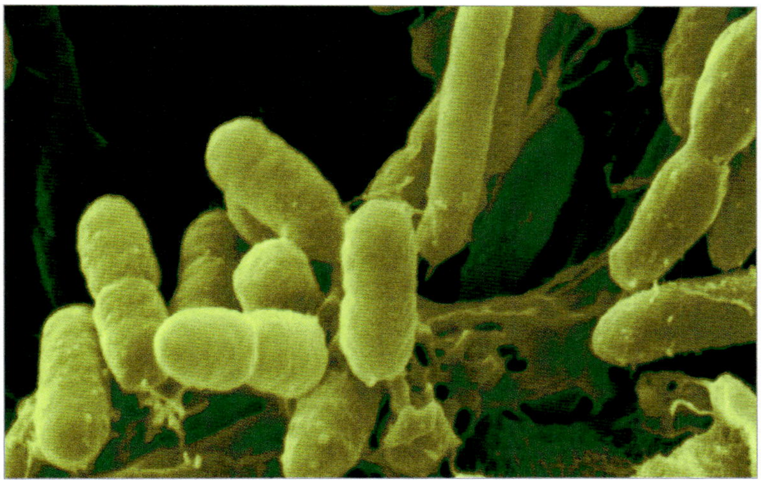

Ph. © BSIP / Scimat

b Bactéries et filaments de champignons observés au microscope électronique.

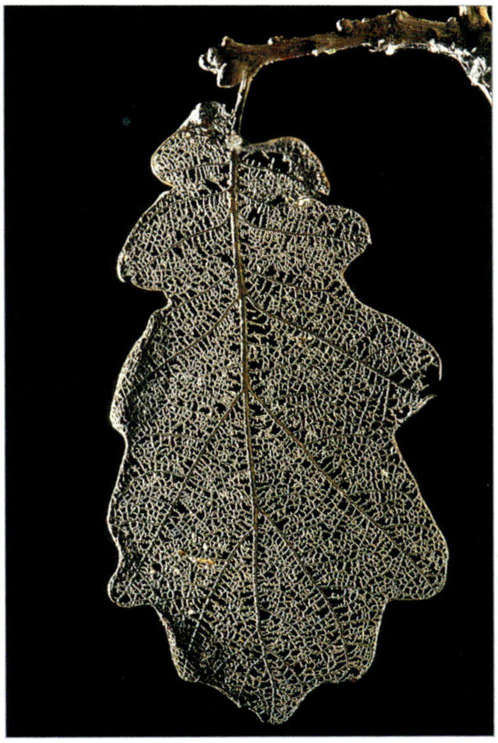

Ph. © Biosphoto / S. Vitzthum

c Allure d'une feuille après attaque par des champignons et des bactéries.

Comment notre bras peut-il se plier et se tendre ?

Document 2

Radiographies du bras et de l'épaule

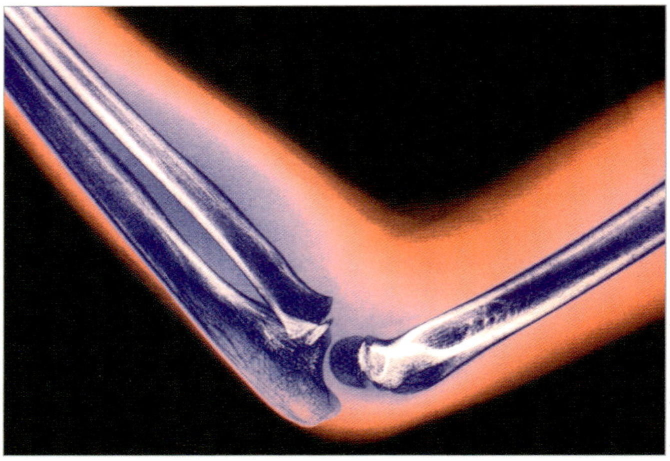

Ph. © Phanie / Joubert

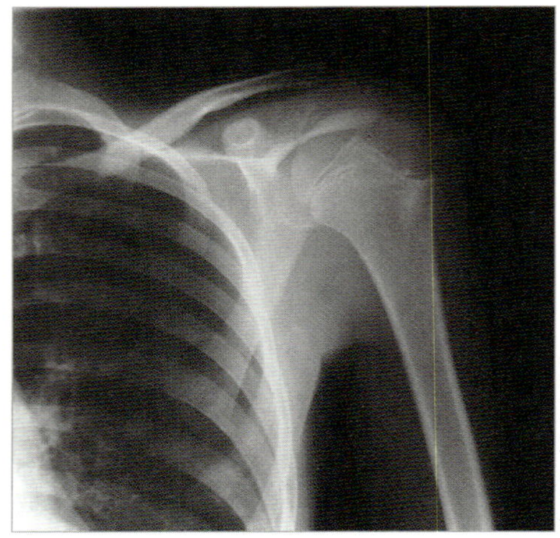

Ph. © Corbis / M. Hall

Document 3

Observation d'une articulation d'épaule de veau

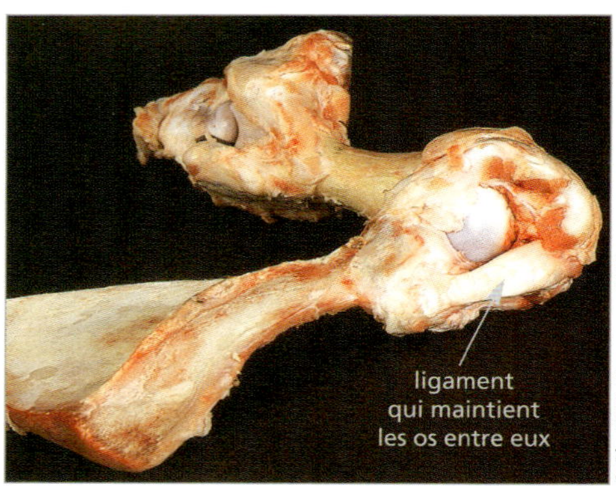

© Ph. © V. Gauvreau / DR

a Une articulation d'épaule de veau.

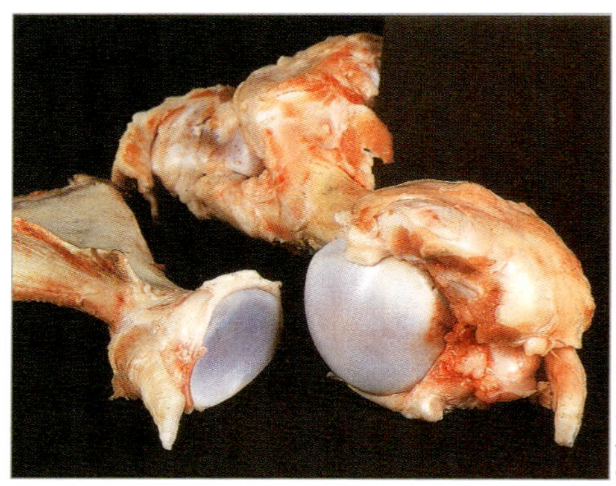

© Ph. © V. Gauvreau / DR

b La même articulation après section du ligament.

Document 4

Pattes postérieures de grenouille disséquées

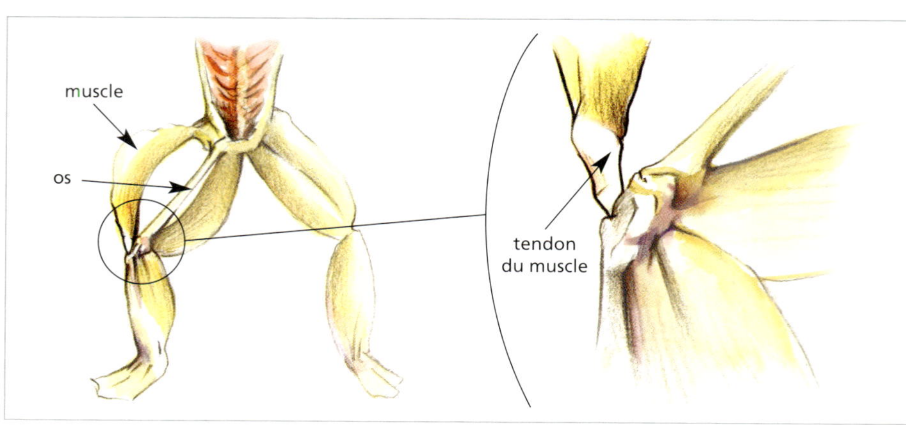

Les balances

BIS / Ph. Jeanbor © Archives Bordas

a Balance Roberval.

Ph. © The Picture Desk / Dagli Orti / coll. de la civil. gallo-romaine, Lyon

b Balance romaine.

L'air et les mouvements

Ph. © Photononstop / M. Lavalette

a Voilier.

BIS / Ph. © Marine Nationale

b Sous-marin remontant à la surface.

Ph. © Corbis / M. Goddard

c Voiture de course.

BIS / Ph. coll. Archives Larbor

d Avion.

BIS / Ph. NASA / Coll. Archives Nathan

e Astronaute dans son scaphandre.

Ph. © Corbis / P. Mastrovito

f Montgolfière.